班主任工作的60个"鬼点子"

刘坚新　郑学志　编著

中国轻工业出版社

图书在版编目（CIP）数据

班主任工作的60个"鬼点子"/刘坚新，郑学志编著. —北京：中国轻工业出版社，2020.6（2024.8重印）
ISBN 978-7-5184-2877-9

Ⅰ.①班… Ⅱ.①刘…②郑… Ⅲ.①中小学－班主任工作 Ⅳ.①G635.16

中国版本图书馆CIP数据核字（2020）第019861号

保留所有权利。非经中国轻工业出版社"万千教育"书面授权，任何人不得以任何方式（包括但不限于电子、机械、手工或其他尚未被发明或应用的技术手段）复印、拍照、扫描、录音、朗读、存储、发表本书中任何部分或本书全部内容（包括但不限于光盘、音频、视频等）。中国轻工业出版社"万千教育"未授权任何机构提供源自本书内容的电子文件阅览、收听或下载服务。如有此类非法行为，查实必究。

责任编辑：吴　红　牟　聪　　　责任终审：杜文勇
策划编辑：吴　红　　　　　　　责任校对：刘志颖　　责任监印：吴维斌

出版发行：中国轻工业出版社（北京鲁谷东街5号，邮编：100040）
印　　刷：三河市鑫金马印装有限公司
经　　销：各地新华书店
版　　次：2024年8月第1版第5次印刷
开　　本：710×1000　1/16　印张：17.5
字　　数：180千字
印　　数：12001—14000
书　　号：ISBN 978-7-5184-2877-9　定价：52.00元
读者热线：010-65181109
发行电话：010-85119832　　010-85119912
网　　址：http://www.chlip.com.cn　http://www.wqedu.com
电子信箱：1012305542@qq.com
版权所有　侵权必究
如发现图书残缺请拨打读者热线联系调换
241116Y1C105ZBW

前言：班主任工作要多一些"鬼点子"

班主任工作要多一些"鬼点子"。"鬼点子"不是小聪明，而是班主任工作的大智慧。本书是自主教育专家刘坚新老师和郑学志老师的代表作，是两位一线班主任20多年班级管理探索和实践智慧的结晶。60个"鬼点子"从"人格影响""模式创新""探索在线""实践求真""爱心启迪""应急技巧"六个方面给班主任们提供了在新形势下做好班主任工作的60个锦囊妙计，切合广大一线班主任的实际需要，是做好班级管理工作的宝贵的精神食粮。

本书真实地还原了班级管理探索的原生态。"模式创新""探索在线""实践求真"是作者20多年来的原生态的教育现实；"人格影响""爱心启迪""应急技巧"是作者反思悔悟、学习借鉴、实践摸索的智慧的升华。

本书内容丰富，语言优美，情感厚重，案例经典，方法实用，可操作性强，为广大班主任的实践操作提供了活生生的摹本、范例及有建设性意义的借鉴与指导。本书提出的班级工作方法和技巧都是作者深入教育一线实践探索的呈现，具有科学性、前瞻性和引导性。富有新意的点子、平实而深情的叙事、睿智而深刻的专家点评（郑学志撰写），处处闪烁着班主任工作智慧的光芒，引人入胜，发人深省，震撼心灵，经得起实践与时间的考验。

本书较好地实现了教育理论和教育实践的交融。"方法解读"和"专家点评"侧重于"鬼点子"的理论界定，概念明确、言简意赅、深入浅出、点评透彻；"现身说法"侧重于教育案例的完美呈现，来源于生活，实操性很强，富有故事性、趣味性和启发性，情真意切，酣畅淋漓，读之令人茅塞顿开。广大班主任完全可以参照本书的范例在班级里模拟、复制、实践和提升，做好班级管理工作。

回想本书的出版过程，我们要深深地感谢张万祥老师在班级管理研究方面对我们的引导。是他，开阔了我们的教育视野，净化了我们的教育灵魂，引领了我们的教育成长！我们还要感谢中国轻工业出版社"万千教育"编辑部的吴红主任及其团队，是他们，在我们撰写书稿的过程中，不厌其烦地提出许多中肯而有指导性的建议！

教育探索永无止境，教育艺术永远在更新。这60个来自生活、浸透着情感、接地气的"鬼点子"，其实只是五彩缤纷的班级工作艺术的冰山一角。我们诚恳地希望这样原生态的一线班主任的工作探索，能够拓宽大家的视野，能够给大家带来思考与启迪，能够点亮一线班级管理的星星之火，能够幻化出更加绚丽的班主任工作万花筒！我们相信会的，一定会的！愿我们的班主任工作再多一些"鬼点子"！

刘坚新　郑学志
2019年12月20日

目　录

前言：班主任工作要多一些"鬼点子" I

第一章　人格影响 1

点子1　角色定位法——"生旦净末丑"的定位 2

点子2　海量宽容法——有瑕疵，但还是美玉 6

点子3　灵魂追问法——不要把学生逼到墙角 11

点子4　以身作则法——用自己的故事说话 16

点子5　推己及人法——呵护孩子的自尊 20

点子6　微笑沟通法——老师的笑是最美的花朵 24

点子7　实践反思法——应当反思的是我 28

点子8　幽默点击法——幽默的批评更具有智慧 32

点子9　以柔克刚法——我的"温柔一刀" 36

点子10　自我批评法——黑板上的人头像 40

第二章　模式创新 45

点子11　货币管理法——让学生"钻到钱眼儿里去" 46

点子12　网格管理法——把班级服务做到极致 51

点子13　契约管理法——让班级树立契约精神 56

点子14　社团活动法——雾里"蓬莱" 60

点子15　按需设岗法——让生命在岗位中闪亮 64

点子16　模拟企业法——班级的企业化运作 69

点子17　虚拟经营法——巧借外力管好班 72

	点子18	正面管教法——头文字D	77
	点子19	乡土课程法——留住乡土文化的根	82
	点子20	小组合作法——"华山论剑"玩转小组合作	86

第三章	探索在线		91
	点子21	创意评语法——一语天然万古新	92
	点子22	墙壁说话法——"五彩梦"与"迎客松"	96
	点子23	班级议事法——我们相约去踏青	101
	点子24	男孩真经法——培养小小男子汉	105
	点子25	女生修炼法——让灵魂自带香气	109
	点子26	师生共读法——让书香浸润孩子的生命	113
	点子27	心灵档案法——他为什么总是有暴力倾向?	118
	点子28	时间管理法——时间都去哪儿了?	122
	点子29	优势视角法——擦亮孩子心中自信的火花	126
	点子30	变堵为疏法——走进"恋网"孩子的心灵	130

第四章	实践求真		135
	点子31	积极心理法——每一个生命都很精彩	136
	点子32	问题意识法——让"问题"成为教育契机	141
	点子33	创意生日法——让学生过一个特别的生日	145
	点子34	文化建构法——打造班级文化名片	149
	点子35	纪念光盘法——青春不散场	153
	点子36	假言推断法——暗恋	157
	点子37	危机干预法——心灵的力量	161
	点子38	旁敲侧击法——火眼金睛辨"笔迹"	165
	点子39	类比引导法——"硬骨头"折腰记	169
	点子40	目标管理法——哀兵必胜	173

第五章 爱心启迪 ································· 177

- 点子41 因势利导法——根的事业 ································· 178
- 点子42 真心关爱法——明信片里的真情 ································· 182
- 点子43 蹲身教化法——蹲下来看学生 ································· 186
- 点子44 赏识激励法——"孤岛"沦陷记 ································· 190
- 点子45 谎言激励法——孙悟空的承诺 ································· 195
- 点子46 情感共鸣法——永久的悔 ································· 200
- 点子47 认弱接近法——棋缘 ································· 204
- 点子48 情操美育法——心灵的体操 ································· 208
- 点子49 情绪调控法——不做情绪的奴隶 ································· 212
- 点子50 情感体验法——"100元"疑案 ································· 216

第六章 应急技巧 ································· 221

- 点子51 反弹琵琶法——挖掘犯错孩子的闪光点 ································· 222
- 点子52 良性惩戒法——难忘的松木板子 ································· 226
- 点子53 巧唱双簧法——我与臭鞋那场风花雪月的故事 ································· 229
- 点子54 以退为进法——退一步海阔天空 ································· 233
- 点子55 托物寓意法——智断蛐蛐案 ································· 237
- 点子56 圈内暗示法——麻雀信使 ································· 241
- 点子57 反向阻止法——"雕塑"认错记 ································· 246
- 点子58 差别强化法——手之罚 ································· 250
- 点子59 心灵对话法——与厌学孩子的心灵对话 ································· 254
- 点子60 难得糊涂法——"糊涂"的爱 ································· 259

参考文献 ································· 263
书评集锦 ································· 265

第一章
人格影响

"山蕴玉而生辉,水含珠而川媚。"魅力人格似一缕馨香沁人心脾,似一场春雨润物无声。

——章首语

- 正如俄国教育家乌申斯基所言:"在教育工作中,一切都应以教师的人格为依据。因为教育力量只能从人格的活的源泉中产生出来,任何规章制度,任何人为的机关,无论设想得如何巧妙,都不能代替教育事业中教师人格的作用。"具有什么样人格素养的班主任,就会带来什么样的教育品位。

- 古希腊哲学家柏拉图在《理想国》中曾说,一个国家其实就是一个放大的人,即国王。一个国家的国王应该由哲学王来担任,他不仅是一个智者,更是一个仁者,是智慧和德行修养都很高的"哲学王",他肩负着不断引导和教育他的子民向善的方向发展的使命。我们也认为:一个班集体其实就是一个放大的班主任,只有那些以高尚的师德、超人的才情、深厚的学养为基础升华而成的具有感召力和人格魅力的班主任,才可能担当得起学生人格成长和心灵成长的导师,才可能打造出一个纪律严明、积极上进、严谨好学、文明高尚的班集体。

- "桃李不言,下自成蹊。"一个具有无穷的人格魅力的班主任无疑就是一部最好的教科书。

点子1 角色定位法——"生旦净末丑"的定位

【方法解读】

班主任是三春的阳光，融化坚冰、驱散阴霾、赶走苦闷与彷徨；班主任是成荫的绿柳，撑起一方天地、遮挡狂风暴雨、送来丝丝阴凉；班主任是沙漠里的一汪清泉，让垂死的灵魂重新欢歌、让枯萎的生命再次枝繁叶茂、让悲伤绝望者重拾生活的勇气……教育对象的千差万别，要求我们班主任在与各种学生的交流中，不断寻找自己最合适的角色。

【现身说法】

在教育生涯中，我就曾面对过这么一次艰难的角色定位。

那一年，我初次担任班主任，也许是班级管理不到位的缘故，班级事故频发，弄得我焦头烂额。尤其是班中两名男生恃勇斗狠、酿成血案的悲剧，至今想来仍心有余悸。

那一天，站在我面前的学生甲愁眉不展、惊恐万分，与原先穷凶极恶、肆无忌惮的他简直判若两人。区派出所干警马上将来到案发现场，等待学生甲的将是严厉的法律制裁。

事情还得从头说起。下午放学后，学生甲与学生乙因为意气之争发生了口角，进而挥拳相向。学生乙人高力大，渐渐占了上风，按住学生甲一顿好揍。学生甲从没吃过这样的亏，愤愤不平之际，他到校外纠集了一伙"哥们儿"，冲进教室对学生乙一顿拳打脚踢。末了，学生甲觉得还不解恨，一刀扎进了学生乙的小腹……

作为班主任，那一刻，我的心中好似打翻了五味瓶，阵阵酸涩难受的感觉差点让我窒息。班级出了这样人命关天的大事，我难辞其咎。本校优秀班级，却出了这样的事，这足以使我名誉扫地，我痛感自己无颜见"江东父老"。

  我与学生甲就这样僵立着,都似泥塑、木雕一般半天没有言语。事情已到这步田地,我就是圣人再世也回天乏术。这时,耳边响起了低低的哭泣声,伴着压抑不住的惊恐,学生甲自知问题严重,此刻已是胆战心惊。当时,我不由得心潮翻涌,思绪难平。一个学生已躺到手术台上,生死未卜;另一个学生即将身陷囹圄,前程黯淡。我不是妙手回春的医生,可以挽救他人的生命,但我至少还能拯救眼前这个学生迷失了方向的心灵。

  我对自己该扮演的角色进行了审慎的定位。

  我可以扮演一个训斥指责者的角色,这样我自然可以尽情发泄心头郁积的怒火,然后让学生为自己酿成的恶果买单。但发泄、怒斥,无疑于事无补,只会使学生进一步滑入与社会对立的深渊。这绝不是我愿意见到的。

  我可以扮演一个不负责任、听之任之的角色,即便是天大的娄子,说到底,与我何干?大不了自此我甩手不干,不再担任让我焦头烂额的班主任,旁人最多在背后数落我几句。但一个孩子的人生也许就因为我此刻的冷漠无情、无动于衷而毁掉,我也将背上沉重的心理包袱,一辈子寝食难安。这更不是我愿意面对的。

  我也可以扮演基督教中仁慈的牧师角色,启迪感化,让学生反思内省、痛定思痛,实现灵魂的蜕变与升华。

  我更可以扮演一个家庭、社会、学校沟通交流者的角色,为学生改过自新清除无形的障碍。

  我自然也能扮演一个心理咨询师的角色,为学生打开闭塞的心扉,排除心灵的疾患,播撒三春的阳光雨露,滋润即将枯萎的生命……

  总之,在我面前站着的虽是一个犯有不可饶恕错误的学生,我却不能不审慎地选择我所该担当的角色,因为我的角色定位直接关系着学生未来的人生历程,我怎能等闲视之?于是我选择了仁慈的牧师、沟通交流者、心理咨询师的三重角色。

  我打破了这难堪的沉闷与窒息,语重心长地说道:"你聚众打架斗殴,触犯社会治安管理处罚条例,派出所民警一会儿就要带你走了,你这是罪有应得。但到派出所并不等于进了监狱,你只是暂时离开班集体,我与同学们都会等着你快点回来。你出了这么大的事,作为班主任,我也有责任,我也应该检讨,因为我平时放松了对你的要求,才导致这种事情的发生。但事已至此,你一定要深刻反思、痛改前非,绝不能让这样的悲剧再次上演。我当了十多年的老师,送过多少学生离开母校,去追寻人生的梦想,成就辉煌的事业,而今,老师却送你去……"说到此处,我哽咽了,眼泪不自觉地落了下来,伤心极了。学生甲边听着我的临别话语,边不住地点头,他已然泣不成声。

所幸学生乙伤得不重,没几天就出院了。期间,为挽救学生甲,作为班主任,我多次去拘留所看望他,平复他焦躁的情绪,勉励他改过自新。我又耐心地劝慰他心灰意冷的父母:"孩子出了这样的事,作为家长、老师,抱怨是难免的,但归根结底还是我们平时的教育工作做得不够细致。孩子是未成年人,思想不够成熟与理性,难免被冲动的情绪左右,闯下弥天大祸。作为家长,在孩子人生的关键时刻,以爱的力量拉他一把,往往就能挽救孩子。"学生甲的父母在我的耐心开导下,终于回心转意,尽力以为人父母的拳拳真爱感化孩子。同时,我还耐心地做班级学生的思想工作,要求他们不要因为这件事而歧视学生甲,更不能拒他于班集体之外,待他回来后,大家要用集体的力量拉他一把,用集体的温暖感化他,使他脱胎换骨。

学生甲从拘留所出来后,我更深切地感受到自己肩上沉甸甸的责任。我多次找他谈心,启发他:不必因为这件事而背上沉重的心理包袱。班级能够容忍同学犯错误,更迫切地期待同学改正错误。一个人犯了错并不可怕,改正了同样受人尊重。我又多次去家访,协助孩子的父母做好孩子的思想转化工作,也时时不忘提醒班级学生要善待学生甲。精诚所至,金石为开,他的情绪一天天好起来了。此后,他果然洗心革面,再没犯过类似的错误。至今想来,这应该与我当初对自己所该担当的教育角色的定位不无关系。

班主任老师们，在教育学生的过程中，您是否也从班主任的千面角色中审慎地选定在特定场合中自己应该扮演的角色呢？愿此文能令您深思。

【专家点评】

社会的进步、教育的发展，使班主任的角色从单一走向多元，从单纯走向复杂。班主任不仅承担着"传道、授业、解惑"的重任，还担负着沟通交流者、组织管理者、赏识激励者、精神关怀者、实践研究者等多重角色，而不同的角色对班主任提出的要求也不同。

本文中的班主任在面对学生发生冲突——一个学生生死未卜、一个学生即将被带到派出所的关键时刻，能够充分认识到角色定位对自己工作的要求，深刻反思，积极谋求教育方法的突破，不能不说该班主任是一个用心的班主任。而一个用心的班主任才会是一个能把工作做好、做出色的班主任。

我仔细地观察了很多班主任，也不断对自己的班主任工作进行尝试和定位，我发现，只有不断反思、不断对自己的班主任角色进行揣摩和定位，才能够真正有效地开展工作。这样的班主任，才是一个有教育艺术的班主任。

不同的角色，就是不同的世界。班主任，就在这平凡的工作岗位上，把人世间的角色尝遍……

点子2　海量宽容法——有瑕疵，但还是美玉

【方法解读】

"爱荷的人不但爱它花的娇美、叶的清香、枝的挺秀，也爱它夏天的喧哗，爱它秋季的寥落，甚至觉得连喂养它的那池污泥也污得有些道理。""花凋了呢？""爱它的翠叶田田。""叶残了呢？""听打在上面的雨声呀！"（选自洛夫的《一朵午荷》）老师们，你们爱学生吗？请以一双慧眼发现他们的闪光之处，请以海纳百川般的胸怀容忍他们的过失与缺点吧，学生需要在宽容与呵护中成长。

【现身说法】

有人恐高，有人晕血，最近我却犯了西瓜皮恐惧症——只要一看见扔在地上的西瓜皮，全身就起鸡皮疙瘩，小心翼翼地绕道而行。哎，还不是因为教室门口那几块该死的西瓜皮，让我在学生们面前出尽了洋相。

上课铃声刚落，随着"砰咚"一声巨响，我仰面八叉地摔倒在本班教室的门口，同学们像欣赏滑稽剧一般爆发出一阵开心的哄笑。是谁将几块该死的西瓜皮堆放在教室门口，让我不偏不倚踏个正着，在学生们面前狼狈不堪？那一刻，委屈、失望、愤怒、悲哀一齐像潮水般漫上心的堤岸……

我尴尬地从地上爬起来，揉揉摔得生痛的屁股，不由得发出一声低低的"哎哟"。这声"哎哟"更似一剂兴奋剂，笑声像一枚炸弹在教室里开了花。有意捉弄！幸灾乐祸！我气急败坏地将教案、教材摔在讲台上，空气仿佛凝固了一般，教室里顿时鸦雀无声。我僵立在原地，心中好似打翻了五味瓶，酸、甜、苦、辣、咸，在心中不停地翻滚。作为班主任，我很注重维护自己在学生面前的形象，可该死的西瓜皮却让我狼狈不堪。众目睽睽之下，我恨不得有个地洞钻进去，以避一时之羞，我更想将肇事者揪出来，以

泄心中之愤。与学生们朝夕相处两年多了，难道我时时不忘播撒的爱心与温情就只能收获诅咒与仇恨？我一时心灰意冷。

"老师，今天是愚人节，他们说跟您开个玩笑。不想……"班长的话打破了教室的沉寂。"愚人节？"可恶的愚人节！过什么节日不好，偏偏要过这种愚弄人的节日！要愚弄人也就罢了，为什么偏偏要愚弄到本班主任头上！既然你们做得初一，我这个班主任也就做得十五！我一时转不过弯来。

就在我愤愤不平、怒火中烧之际，日本教育家池田大作的话在我耳边回响："没必要对孩子歇斯底里地发脾气，也没必要唠叨个不停……只要有机会就自然地教导孩子，这样不就行了吗？"是呀，如果学生们一个善意的玩笑对我造成了深深的伤害，那么，作为教师，我以怨报怨的做法又是否可取呢？如果我是肇事的学生又该做何感想呢？我是否应该站在学生们的立场来考虑处理这一问题的方法呢？我的脑海中不由得浮现出儿时的一幕。

读初中时，我的班主任是个教语文的民办教师，高高瘦瘦的个子，满脸的络腮胡子。闲时爱提一杆旱烟杆子，点上一锅烟，眯缝着眼，深深地吸上一口，吐出一圈黑雾，我们背地里称他为"鸦片"。但就是这样一位"鸦片"，教学却极为认真，课文背诵抓得极严。我那时读书吊儿郎当，课文自然是背不得的。每每看到其他同学背着书包回家的高兴劲儿，我就气不打一处来，在心里暗暗咒骂。但咒骂并不起作用，课文不背完是迈不出教室大门的。夕阳涂红了半边天，我突然想起，"鸦片"家的自留地就在我放学回家的路上。正是玉米成熟的季节，微风吹过，一阵阵馨香沁人心脾。夕阳的余晖涂抹在黄澄澄的玉米棒上，闪着金色的光辉，充满了诱惑。我神不知鬼不觉地潜入"鸦片"家的自留地，摘下几根玉米棒。心想："我叫你留，你留一回我摘一回，你留两回我摘两回……我就不信你不心疼。"

要想人不知，除非己莫为。第二天，我刚走进教室，"鸦片"就把我叫到了办公室，我一时六神无主，心想：就等着挨他一顿臭骂吧。我怯怯地走到他的身边，两眼盯着地板，正眼也不敢看他一眼。半响，一个温和的声音在我耳边响起："坚伢子（我的小名），喜欢吃玉米棒吗？这是老师自家种的，我送你几根。"平静的语言中丝毫听不出有处理我的意思。我疑惑地抬头瞧去，迎头碰上"鸦片"那温和的目光，目光中有爱怜也有鼓励，有宽恕也有责备。这目光，似阳光，融化了我心头的坚冰；似利剑，劈开了我愚昧的心灵。哎，我怎么这样愚蠢呢！我怎就不能理解老师的一番苦心呢！老师留我背书，这是恨铁不成钢呀！而我……想到此处，泪水溢满了我的眼眶。我呜咽着说："老师，我错了，我误解您了，我更不该偷您家的玉米棒。""傻孩子，老师并没有责备你的意思。老师是希望你能理解我的一番苦心呀。你头脑灵活，背几篇文章不是什么难事。'少而好学，如日出之阳；壮而好学，如日中之光；老而好学，如炳烛之明。'老师老了，已经错失了人生的黄金时期。'少壮不努力，老大徒伤悲'，如今悔之晚矣。我不希望你重蹈老师的覆辙呀！"此后，我再也没有因为背书而被留校，我的学业更是突飞猛进，我一跃成为班里的优等生……

想到此处，我释然了。我何不学学老师的这一招"海量宽容法"呢？于是，我轻松一笑："真是有其师必有其徒呀。想当初，我念书时，也和你们一样淘气呢。"望着孩子们诧异的目光，我平静地讲起了这段陈年往事。我心情沉重地告诉他们："这么多年来，我一直为自己的幼稚与无知而深深自责。但我知道，无论我怎样自责也无法弥补我所犯的过错，更无法抚平我对老师的伤害。如今，我的老师已经去世了，这更成了我永远的痛。我多么希望我的学生不再重蹈我昔日的覆辙呀！"我的话还没说完，教室里响起了低低的抽泣声……

第二天早上，一群孩子手捧一束束火红的杜鹃花走进了我的办公室，他们是向我道歉来了。这艳丽的杜鹃花馨香扑鼻，上面还沾有晶莹的露珠呢。

"天空收容每一片云彩，不论其美丑，故天空广阔无比；高山收容每一块岩石，不论其大小，故高山雄伟壮观；大海收容每一朵浪花，不论其清浊，故大海浩瀚无比。"教师应收容每一个学生，不论其贤愚，故教育美妙如歌。

【专家点评】

"将军额头跑开马，宰相肚里撑开船。"宽容是对人对事的包容与接纳，宽容是一种胸怀、一种大度、一种气魄、一种关爱、一种境界。"有时候，宽容引起的道德震撼远比惩罚的作用更加强烈。"

有这样一则故事：

> 诲人不倦的禅宗大师盘圭有一名弟子在行窃时被当场抓获。弟子们纷纷要求盘圭禅师将此人逐出佛门，盘圭没有理会。不久，那位弟子再次行窃又被抓获，众弟子再度请求盘圭惩治，盘圭依然原谅了他。众弟子十分不满，联合写了陈情书，表示若再不将窃贼开除，他们将集体离开。盘圭读罢陈情书，把弟子全部召来，对他们说："你们都是明智的人，能分辨是非对错，只要你们高兴，到什么地方去学都可以。但你们这位兄弟连是非都分辨不清，如果我不教他，谁还会教他？我要把他留在这里，即使你们全部离开。"
>
> 泪水从偷窃者的眼中流出，涤净了他的灵魂。从此，他不再偷窃。

这是何等宽阔的胸襟，这是何等容人的气度！

教育者就要有如此的胸襟和气度。

教师的事业说到底是一项良心工程，它要求从业者必得有崇高的人格修养，必得有容污纳垢的宽阔胸襟。班主任在愚人节惨遭学生"暗算"，因几块事先"埋伏"好的西瓜皮摔倒在教室门口，出尽洋相。这对于一个一向维护师道尊严的教师来说，无异于当头一棒，更何况这是一个视生如子的教师呢！极度愤怒之际，教师宽阔的胸襟战胜了瞬间的愤怒，他认为，这或许就是孩子们在愚人节向老师表达的"爱"，犯不着较真。

因为宽容,一切都变得美妙如歌……

有瑕疵,但还是美玉。每一个学生都是如此。在鲜花盛开的教育之路上,作为班主任,怎能没有大海般宽阔的胸怀呢?

点子3　灵魂追问法——不要把学生逼到墙角

【方法解读】

教育工作者要不断追问自己的灵魂。曾子曰:"吾日三省吾身。"黑格尔说:"要获得对象的真实性质,我们必须对它进行反思,唯有通过反思才能达到这种知识。"教育是一项良心工程,教育者只有通过自觉追问灵魂,才能获得经验、形成信念、得到感悟,进而不断优化自己的教育工作,规避不应该有的错误和失误。

【现身说法】

凡与我相熟的人遇上我,总会奇怪地问我同样一个问题:"刘老师,你这几年的变化可真大呀,尤其是脾气,以前你是'霹雳火',现在可是一个典型的'豹子头'了哟!"我笑笑,不置可否,只是随口答道:"没有你说的那么明显吧。"其实,我何尝不清楚,这一切的改变,都是源于几年前那个叫张风的学生。

张风,男,当年15岁,典型的"班级麻烦制造者"。

期末考试那天清晨,我刚迈进学校大门,教室管理员洋洋就急匆匆地跑来向我报告:"老师,不得了了,我们班教室的门不知昨晚被谁踢开了,教室里所有同学的书都不翼而飞了。"要说出怪事,这怪事还真让我碰上了。我马上协同学校保卫科着手调查,在离学校不远的一个废品收购店里,我发现班级学生的书正堆放在那里。问到老板,老板据实回答:"昨晚半夜时分,我睡得正香,忽然听到有人敲门,说是来卖废品。我本来不想起床,半夜三更,冷飕飕的。可他们固执地一再敲门,我只好起了床。一看,原来是一堆书,一称,两百多斤,付了百多元钱,打发三个小青年走了。""来人什么模样?有没有什么明显的外貌特征?"我着急地问道。"深更半夜的,我也看得不太清楚，只是其中一个小青年的头发有点怪，像是刺猬头。"刺猬头？我着急起来，难道又是他？不可能吧，这才多久！

"哦，我想起来了，那个刺猬头，他……他左边脸上好像还有一块黑痣。"刺猬头、黑痣，有这两个典型的特征，不是他还会是谁？通过其他途径，我了解到跟张风一起偷书的还有其他班的两个学生。

在办公室里，张风冷漠地站在我的对面，昂着头，脸侧向窗外，那块显眼的黑痣就好像一面黑色的旗帜飘扬在他的左脸上。很明显，他是有备而来。

"昨晚我们班教室里的书丢了，你知道吗？"我尽量缓和语气问道。"不关我的事！"他硬生生地顶了回来。脾气火暴的我一拍桌子，怒不可遏："都说岩鹰不打窠边食，兔子不吃窝边草，你倒好，偷书偷到本班来了。""说我偷书？老师，这可是要讲证据的哟！"话都说到这个份上了，还跟我玩心眼儿，果然不是一盏省油的灯。

"你那点心眼儿老师还能不知道？！我要是不了解真实情况，怎会轻易找你谈话？你没偷书没关系，我们一起到校外的废品收购店走走不就一清二楚了？"我一字一顿、掷地有声地回应道。果然，这句话刺痛了他的要害，他那原本高昂着的头重重地垂了下去。

此刻，正值我怒火中烧之际，张风的斑斑劣迹一齐涌进我的脑海。上个星期二晚上，学生们就寝后，他带着本班的两个男生，从寝室边的锅炉烟囱管道上溜下，翻过学校围墙到街上上网，一直到学校起床铃响过才归校。不想半途被一位学校领导抓获。经过调查发现，张风用此办法出校上网已不止一次，寝室同学大都不知情，见他出去，还以为他要上厕所。那晚，他在另外两个同学面前吹牛，说上网如何精彩、里面的游戏如何吸引人，那两个学生禁不住他的胡侃猛吹，央求着带他们去开开眼界，于是……

一个月前，张风生日那天，放学铃响过后，他带着几个男生偷偷摸摸地翻围墙到校外酒吧，一人一瓶二锅头，喝得天昏地暗。末了，几个人摇摇晃晃地走回寝室，吐得一塌糊涂……

还有……

是可忍，孰不可忍！一而再，再而三，人的忍耐是有限度的。前几次，我狠狠地批评了他，见他认错态度良好，我也就网开一面，没有把他逼到墙角。而今，他是越来越不像话了，长此以往，还有什么违法犯罪的事他做不了？我必须给他一个深刻的教训！我要把他的灵魂晒出来，赤裸裸地拷问拷问！

我打电话通知家长来校，添油加醋地将事情告诉家长："这样的学生，我从教十多年还是第一次碰到。学生的书就好像战士手中的枪，你偷什么不好？偏偏要偷本班同学的书！……"我话还没讲完，张风的父亲早就一个巴掌扇过去了："造孽啊！"接着又是一巴掌。我假意劝阻，其实只不过做做样子。几个巴掌扇过去，我已是心花怒放。老师打学生叫体罚，父亲打儿子可就另当别论了。

虽然张风挨了打，但我心里还没解气。我要一不做二不休，让他自此在班级里抬不起头来，变成人人喊打的"过街老鼠"。那天，我让他坐在办公室里写检讨，一直写到我满意为止。当然，满不满意，那就完全看我的兴致了。我感觉到此刻的张风就好像一只秤钩上的老鼠，上不能上，下不能下。放学前，我把他叫到讲台上，当着全班同学的面，我绘声绘色地讲述着自己的福尔摩斯经历，我得意扬扬，张风呢，无地自容。班级同学都用鄙夷的目光注视着他。我甚至听到有同学骂出了"恶贼"这一不雅的称呼。"恶贼"就是张风？我当时觉得一点儿都不过分。检讨是在班级同学的冷嘲热讽中断断续续地念完的。我发现，张风念完检讨，回到座位上，头就再也没有抬起过，几颗大大的泪珠重重地滴落到教室的地上，这是我第一次看见张风掉眼泪。"一粒老鼠屎，坏了一锅汤。做什么人不好？偏偏要做贼！那可是一条不归路哟！我希望班级所有同学都要和张风同学划清界限。"我记得这是我对这件事的总结。

第二学期开学，张风没来报到，我以为他转到其他学校就读了。后来听学生说，他辍学了，一个人去了广东。再后来，听说他跟社会上的不法分子有了往来，偷扒拐抢已无所不能了。

自此，一丝深深的愧疚重重地袭上我的心头。如果……如果当时用的不是那样严厉的、赤裸裸的拷问方法，如果我给了他充分反思和改过的机会，而不是把他逼到墙角，我相信，一个孩子的历史将要重写。我相信会的，一定会的！

这件事成了我教育生涯中的一个隐痛，此后，无论遇到多么调皮的学生，我都会用冷静、和善的态度慢慢感化对方，我要经受得住暗夜里对自己灵魂的追问。

【专家点评】

印第安人曾有一个习惯，走一段路就坐一会儿，好让自己的灵魂赶上来，避免身体和心灵分离。作为教育工作者，我们也很有必要适时停下脚步，回头看看自己的灵魂有没有跟上教育的步伐。

灵魂追问是对教育问题做出决策并评价这些决策的后果的过程，坎贝尔将其称为"一个人内心的对话"。教育者灵魂的追问一般有三个层次——技术层面、情境层面、辩证层面。

技术层面的追问其实就是反应，即对刺激的简单回应；情境层面的追问针对有关理论与实践之间的关系，进而找出最佳方案，建立起观念、理论与实践之间的桥梁；辩证层面的追问重在对道德伦理的追问，它是追问的最高形式。

教育家杜威、伊比、约翰逊等都指出了灵魂追问过程的循环性。追问的第一步与问题有关，即追问问题情境。第二步是了解问题，对问题进行定位和定义，有观察、反思、数据收集、考虑道德原则等过程。第三步是对问题的科学研究。最后是对问题的评价，如果这一流程失败，那么问题会重新被建构并重复以上过程。

追问的过程不仅是内省的过程，更是内"醒"的过程，也就是解剖自我、唤醒自我的过程。追问源于心灵的力量，是心灵成长的原动力。它可以使我们正本清源、刨根究底，帮助我们超越世俗的功利，最大限度地接近幸福和快乐的本源；它可以让教育工作者不断超越烦琐的教育实践，提升教育情怀，找到自尊、自信、自我超越的基点和源泉。

愿我们都能够追问灵魂，洗涤内心的尘垢，做一个大写的"师者"！

点子4　以身作则法——用自己的故事说话

【方法解读】

教育家第斯多惠说过:"谁要是自己还没有发展、培养和教育好,他就不能发展、培养和教育别人。"班主任在班级内的一切行为都是教育行为。班主任在班级工作中所表现出的学识修养与人格魅力,学生在耳濡目染中或多或少都会受到影响。对学生进行教育时,与其板着面孔训斥,不如以身作则引导。

【现身说法】

莫老师从来没有像现在这样强烈地感受到一笔好字对于一名教师的重要性。

也许是命运多舛的缘故,去年的一场车祸让他永远地失去了右手。常人做事,不用右手,左手照样能做,写字却不同,除非你是个天生的左撇子,何况莫老师的左手还不怎么灵活。"都五十好几的人了,再干几年也就退休了,不能写就不要勉为其难了吧。"老伴劝他。"莫老师,鉴于你的特殊情况,学校特批你讲课时可以少写字、少板书。"校长也特地关照他。

可作为一个与粉笔打了几十年交道的老教师,他对粉笔有一种特殊的感情。真要他丢下粉笔不去写字,就好像叫一个上战场的战士不要带枪。"不板书还教什么书?不板书岂不误人子弟?"左手写字就是再难,莫老师也豁出去了,他决定向自己的惰性发起挑战。

残酷的现实常常会摧毁人们心中美好的理想与憧憬。莫老师做梦都没有想到,左手写字竟如此之难。每当夜阑人静,想着自己白天在黑板上"惨不忍睹"的表演,痛苦与自责就会涌上莫老师的心头。他不由得又想起课后学生们的议论:"莫老师写的字的特点你发现没有,怎么一律向左微倾,就好像是一个个喝多了酒的醉汉在练醉拳呢。"事实确实如此,也怨不得学生把自己的字当作课后的笑柄。

如果不是亲眼看见了最近学生们课堂作业字迹越来越潦草,莫老师也不会如此自责。他的"醉拳"与"扛枪"绝技在班级内悄然流行。许多同学的字慢慢地也跟着"练起了醉拳"或"扛起了枪",对此,他们一个个还暗自得意:"班主任就是这样写字的,班主任都能'练醉拳''扛枪',我们咋就不能呢?"莫老师十分苦恼:"让我怎么教育孩子们呢?我还有什么资格训斥孩子们写字不认真呢?'上梁不正下梁歪',确实如此。"学生们的变化才是最要命的。

真的无法可想了吗?不是说"只要功夫深,铁杵磨成针"吗?没有什么事是不可能的,只要信心不倒。莫老师不由得想起了高飞的老鹰。

老鹰是世界上寿命最长的鸟类,它能活到70岁,却在40岁时必须做出困难但重要的决定。40岁,老鹰的爪子开始老化,无法捕获猎物。它的喙变得又长又弯,几乎无法啄食。它的羽毛长得又浓又密,让它飞起来十分吃力。它必须做出两难选择:等死或经历一个十分痛苦的更新过程。

老鹰不愧为鸟类中的强者,它义无反顾地选择了痛苦的生命更新。它在悬崖绝壁上筑巢,用喙狠命地击打岩石,直到其完全脱落,然后等待新的喙长出来。它再用新的喙把老化的指甲一根一根地拔出来,新指甲长出来后,它便把羽毛一根一根地拔掉。5个月后,新的羽毛长出来了。老鹰于是得以重新在天际翱翔,过完剩余的30年。

堂堂七尺男儿,竟然还不如一只鸟?老鹰能重新谋生、拔羽再来,作为一名身负重任的教师,难道就不能将左手打造成右手?世上最怕"认真"二字。莫老师勇敢地向自己发起了挑战。

"最近班主任的字好像不再'扛枪'了,你说奇不奇怪?""是呀,这老头施了什么魔法,写的字竟然不再东倒西歪了。""他不说,难道我们不会'刺探敌情'吗?"不知是谁探测到莫老师写字的秘密,班上同学一个个兴奋莫名。"绝密消息,千万不可走漏了风声。""明天早上,大家早点赶到学校，到时必定有好戏上演。"

清晨，月亮还在云朵里穿行，启明星还在东方的天空眨巴着眼睛，学校里一片宁静，四年级二班教室的灯却亮了。同学们挤在窗口向里望去，眼前的一幕情景深深地震撼了这些稚嫩的心灵。班主任莫老师面对黑板站着，仿佛一尊凝重的雕塑，神情是那样庄重而肃穆；他空荡荡的右手衣袖在晨风中飘动，宛如一只展翅欲飞的巨鸟在扑扇着翅膀；稀疏的白发恰似一枚枚闪亮的银针在日光灯下散发着耀眼的光芒；青筋暴起而又长满老茧的左手就像一根盘根错节的老藤不停地在黑板上方游走。与其说他是在练字，不如说他是在接生一个个"新生儿"，那样仔细认真。"这一笔写歪了""这一笔写得不到位""这一行字排列得不整齐"……莫老师喃喃低语，他不时停下手中的粉笔，仔细审视着这些方块字，如同一个慈爱的老母亲怜爱地打量着风尘仆仆归来的孩子。他不停地在黑板上写了擦，擦了写。每个字他都写得那样认真、那样到位。

"哎哟！"同学们以为是哪个同学不经意中发出了一声痛苦的叫唤，大家相互用探究的目光对视一眼，这才明白，声音分明是从讲台上传来的。只见莫老师的脸色突然变得十分苍白，他无力地蹲了下去，左手紧紧地护着腹部，有同学知道，老师胃痛的老毛病又发作了。"老师！"几十个声音几乎同时响起，也就在这一瞬，几十个身影涌进了教室……

从此，班级里的同学一个个都爱上了书法。

不知是谁说的："身教犹如绵绵细雨，润物无声，恰似'此处无声胜有声'。"说得多好。说一千道一万，还不如老师以身作则来引导。

【专家点评】

教育家陶行知说过："要学生做的事，教职员躬亲共做；要学生学的知识，教职员躬亲共学；要学生守的规矩，教职员躬亲共守。"身教胜于言传，教育者身上表现出的某些行为细节，常会对学生的行为产生长久而深远的影响。

儿童和青少年的模仿力很强,班主任的行为细节对学生的日常行为最具有熏陶作用。因此对于班主任来说,在学生们面前的一言一行都应严谨规范,堪为师表。一个人一生的许多习惯,都是在学校教育过程中养成的。"养成教育"最难,因为它是一个长期的过程,是一个包罗万象的过程,但却是学校教育不可缺少的一个重要组成部分。一张白纸能写最美最美的诗歌,能画最美最美的图画,也能满纸涂鸦。学生们就是那一张张的白纸,教育者既能够让纸上开满鲜花,也能让这张纸面目可憎,这全在于教师如何引导。

　　案例中,右手伤残的班主任克服了年事已高、学用左手写字的诸多困难,艰难的磨剑历程使他的左手字迹发生了蜕变,而这一变化让学生们心中满是疑惑,于是有了学校清晨班级里发生的惊心一幕。与其说班主任是在练字,不如说他在完成一次生命的蜕变与升华,这是一名即将退休的老教师在用生命谱写的一首感人至深的歌。他就像一只春蚕在吐尽自己的最后一根丝,他也像一只飞蛾终于冲破了生命的羁绊展翅高飞。这样血性的生命之歌怎能不让学生们感念一生呢?无须过多的说教,这一幕就够了,这一幕足以改变班级学生们的学习理念。

　　孔子说:"其身正,不令而行;其身不正,虽令不从。"说的大概就是教育者的以身作则吧!

点子5 推己及人法——呵护孩子的自尊

【方法解读】

子贡问曰:"有一言而可以终身行之者乎?"子曰:"其恕乎!己所不欲,勿施于人。"两千多年前的圣人孔子先用"恕"字,再用"己所不欲,勿施于人",高度概括和浓缩了一个放之四海而皆准的人生准则:做人要推己及人,自己不想要的,不要强加给别人。

【现身说法】

自尊是人生长河中那朵翻滚的最动人心魄的浪花,自尊是人生柔弱的藤蔓上绽放的那朵最娇嫩的鲜花,自尊是光洁的荷叶上滚动的那颗最晶莹剔透的露珠。自尊无价。

晨读的铃声响了,小D还在教室外徘徊。已是初夏时节,看着自己头上这顶不伦不类的瓜皮帽,他心虚了。急骤的铃声仿佛紧急的命令,又似重重的铁锤击打在他的心上,在教室外徘徊终究不是办法,他把心一横,举步向教室走去。

他刚冲到讲台边,有同学就像发现新大陆似的高声向全班同学报告:"哎哟,大家快来看新奇,从不戴帽的小D今天粉墨登场,头戴一顶瓜皮小帽来班上饰演小丑了。哇,活生生一个七品芝麻官唐成啦!""真的,演唐成根本就不需要化装。"有同学随声附和。"说不定这是一项国外进口的帽子呢,中间安装了空调,冬暖夏凉。上贴狗皮膏药包治偏头风、高血压、神经官能症等诸多疑难杂症。"有同学为这顶来路不明的帽子大唱"赞词",台下笑声一片。

"我说哥们儿,别搞得神秘兮兮的好不好?五月天戴帽子,恐怕另有隐情吧。前几天学校放假,你老兄是否从别处'进口'癞子移植在头上?这年月，长癞子可是一件风光无限的大好事，恭喜你马上将要成为校际名人，用得着如此故弄玄虚吗？这不是'此地无银三百两'吗？"不知哪个走漏了风声，有同学揭穿了帽子下隐藏的秘密。

"哦，长癞子。快摘下帽子让全班同学一饱眼福，说不定你那亮丽的疮疤一闪，比一盏100瓦的日光灯还亮呢！大家说，要不要他摘下帽子来个当场表演？"教室里充满了快活的空气，同学们好似鲁迅先生笔下的未庄人对阿Q头上的癞子极感兴趣一般。可怜的小D，本想借帽遮羞，不想反倒欲盖弥彰了，成了众人取笑的对象。他僵立在讲台边，委屈的泪水像断了线的珠子，扑簌簌往下掉。一转身，他飞快地逃离了这是非之地。同学们一惊一愣，接着是一阵开心的哄笑。

班主任是个干瘦的中年汉子，班上闹哄哄的气氛惊动了他。在窗外，他目睹了这一幕闹剧，本想冲进去训斥一顿，但他转念一想，事已至此，即使大发雷霆也于事无补。他决定课堂上再寻找机会好好教训教训这些毛头孩子。

上课铃响过，班主任干咳一声准备开始讲课。这时，他的目光忽然在教室一角的一个空位子上停住了，教室里静静的，同学们都心知肚明，气氛一下子紧张起来。今天，班主任似乎心里不怎么舒坦，说话都阴沉沉的："小D咋没来上学？"班上没人吭声。良久，班长站起来，声音干涩地回答："他早上来过。""早上来过咋不见人影？"班主任穷追不舍。"因为他戴了一顶帽子。"班长声音低低的，一种不安的情绪瞬间在教室里弥漫开来。"哦，原来他戴了一顶魔帽，来到教室后跟大家捉迷藏了。说不定他现在就在我们某个人的身后呢，只是我们看不见他。"班主任恍然大悟似的说。教室里静得能听见人的心跳。"不是这样的，是因为……"纪律委员欲言又止。"到底因为什么？"看来班主任是要打破砂锅问到底了。又是长久的沉默，一个声音从教室的一角飘出来，好像在寂静的水面投下了一枚炸弹，掀起了轩然大波："因为有人讥笑他头上长了癞子。""哦，原来如此！"班主任发现新大陆似的说，"果然是一件值得嘲笑的事。癞子是身上长的一种病毒,我们同学中是不乏十全十美的完人的,也许他们从来就不知病痛为何物。他们打小开始从没尿过裤裆,从没流过鼻涕,从没长过痱子、癣疥,也从未得过伤风感冒。他们当然有资格嘲笑别人头上的疮疤了。"同学们一个个低头不语,也许他们都在深思自己是否已修成了这种金刚不坏之身。答案无疑是否定的。班主任继续不冷不热地说道:"我终于明白了,我们有同学看别人是条虫,看自己是条龙;看别人是猪八戒、马大哈,看自己是孙悟空、阿凡提。别人有优点、长处,他视而不见、充耳不闻;别人有缺点、短处,他幸灾乐祸,唯恐天下人不知晓。"字字句句似投枪、似匕首,直刺入那些冷嘲热讽者的心窝。有人终于坚持不住了,涨红了脸,似在扪心自问;有人伏在课桌上,不敢正视班主任的眼睛。"设身处地为别人想一想吧。假如你不幸头生疮、脚化脓,人人对你冷嘲热讽,你受得了吗?自己不想得到的,为何要强加于人呢?身体的残缺并不可怕,可怕的是心灵的残缺。也许你无意伤害对方,但对方却因你不计后果的嘲弄变得焦头烂额,深深的苦痛从此会像影子一样追随着他,你逗了一时的痛快,却让别人用痛苦为你买单,你们说这样公平吗?"教室里响起了低低的抽泣声。紧接着,一个、两个、三个……全班同学都站了起来,并表示了自己深深的悔悟……

下午放学时,班长走进班主任的办公室:"老师,给我们一个改过的机会吧。今天下午我们想请您带着我们做一次'负荆请罪'的家访。"班主任走进教室,只见班上变成了帽子的海洋,每个同学的头上都顶着一顶帽子。看着帽子下一张张诚恳的脸,班主任什么都明白了。他转身把从家中翻出的一顶多年不戴的瓜皮小帽,戴在头上,走在队伍的最前端,他决心要将小D请回这个班集体,一定,一定。

【专家点评】

儒家经典《论语》有言:"夫子之道,忠恕而已矣。""己所不欲,勿施于人。"站在别人的角度思考问题,以忠恕之道待人,是古今中外所推崇的处世典范。

推己及人,必要有悲天悯人的情怀。生老病死、荣辱得失于人生最平常不过了。善良豁达者常会为他人祈福,心胸狭隘者眼见他人深陷痛苦的泥潭,反倒幸灾乐祸、落井下石。

苏霍姆林斯基说过:"人类有许多高尚的品格,但有一种高尚的品格是人性的顶峰,这就是个人的自尊心。"尊严是人类的道德底线,是人生最隐秘、最脆弱的珍宝。推己及人就是要最大限度地呵护他人的人格尊严。

孩子的心毕竟太肤浅、太近视、太单纯。眼见同班同学大热天头戴帽子,各种新奇的想法很自然地在孩子们的心中萌发,有同学更以了解了事情的真相而引以为豪,于是全班同学像"斗地主"一样讥笑头长癞子的同学,这当然让人受不了。在课堂上,班主任通过追问头长癞子同学缺课的原因,很自然地挖掘出同学们心中的阴暗面,再运用推己及人的办法让同学们认识到自己狭隘的自私心理。全班"负帽请罪"也就不足为奇了。

一个能尽力呵护学生内心深处最隐秘的自尊的班主任,又何愁不能赢得学生真心诚意的尊重和爱戴呢?

点子6 微笑沟通法——老师的笑是最美的花朵

【方法解读】

笑是师生心灵沟通的桥梁,是师生情感联系的纽带,是化解师生矛盾于无形的秘密武器。宽容一笑、善意一笑、爽朗一笑……教育中有了笑,你将发现你所从事的是一项多么美妙的事业。

【现身说法】

"花朵把春天的门推开了,绿荫把夏天的门推开了,果实把秋天的门推开了,飞雪把冬天的门推开了,甜甜的微笑把心的门推开了。"在教育教学中,教师的微笑是开启学生智慧之门的金钥匙,是融洽师生关系的润滑剂。

一、三个"泥巴鬼"的故事

想起这件事,至今我还暗暗发笑。

今天的上课气氛不太对头,上课铃声都已经响过两分钟了,学生们还在低低地窃笑。带着疑问,我扫视了一眼全体学生,发现我们班无端添了三个"泥巴鬼",全身都是泥巴,连眉眼都叫人无法分辨。唉,这群毛头孩子,在短短的课间10分钟里竟玩得如此"人模鬼样",真叫人哭笑不得。

课后,三人来到了我的办公室。原来,课间休息时,他们几人经常在校园一角玩游戏。今天,不知是谁心血来潮,提议打泥仗,结果都变成了"泥巴鬼"。上课铃响后,他们急着往教室里赶,自然就让大家"一饱眼福"了。虽然我事先做好了严肃处理这一问题的思想准备,但看着眼前孩子们战战兢兢的模样,我的心仿佛被一根针深深地刺了一下,教育家马卡连柯对此类问题的处理建议浮上了我的心头:"要尽量多地要求一个人,也要尽可能地尊重一个人。"对学生的严格要求与对学生的尊重和爱护是相互依存、相互促进、相互转化的，没有以爱为基石的严厉，不可能培养出学生的优良品质。教师以关爱与尊重为底色的温和的微笑，何尝不是一种无声而亲切的语言，何尝不是一曲动人的音乐？不经意间，一抹淡淡的微笑从我的眼角荡漾开去。几个"泥巴鬼"也长长地舒了一口气，态度自然了许多。我不失时机地启发他们："适当地做做游戏，是开启人类右脑半球的方便窍门，关键是'玩'应该进入更高层次。比如把玩泥巴换成制作各种科技成果模型，把捉迷藏换成做智力迷宫游戏……天真无邪的童心并没有什么错，相反，它却是一个人成才必备的一种重要素质。生物学家达尔文曾因把一只打屁虫咬在嘴里而烧伤了舌头，俄国作家托尔斯泰曾认真地与一只蜥蜴谈过心，俄国短篇小说家契诃夫曾想把日光和帽子一起戴在头上……"在我的引导之下，不久之后，"泥巴鬼"们在班级里成立了课外科技兴趣小组，在全县的科技模型制作比赛上还夺得了一等奖呢！

二、屁股后的"刘麻子"

谁希望自己的诨号被粘在自己的屁股上，然后带着它招摇过市呢？我就曾被自己的学生如此捉弄过。

语文课上，我正在给学生们讲《水浒传》中《花和尚倒拔垂杨柳》一节。说到激动处，我不由得从椅子上站起身来，背对学生，做出拔树的姿势来。课堂上爆发出一阵狂笑，我自认为是自己精彩的讲述与表演的缘故，因而拔得更加起劲。笑声更像逐浪的小舟，节节攀升。我猛然醒悟，这笑声似乎变了味，其中隐含了某种嘲笑的成分。我转过身，用疑惑的目光打量这些"不怀好意"的学生。这时，班长冲上了讲台，从我的身后，确切地说是从我的屁股上撕下了一张纸条，上面清清楚楚地写着"刘麻子"（本人小时得过麻疹，故得此诨号）。一定是哪个调皮的学生事先把涂了胶水的纸条放在椅子上，被我准确无误地坐上去粘住了。我又好气又好笑，想不到我这不雅的诨号这么快就已成为学生们的笑谈。可即便如此，也犯不着当着班级这么多同学的面让我下不了台呀。想把老师当猴耍？"刘麻子"也是你们能叫的？我恨不得马上揪出肇事的学生给他点颜色瞧瞧。

就在我怒火难平之际，一名优秀教师面对此类课堂小插曲的处理建议陡然在我的心底闪现。我自然能够揪出肇事的学生以泄心中之愤，但那样做只能在学生面前彻底暴露自己的狭隘、睚眦必报。不就是一个友好的玩笑吗，作为班主任值得这样较真？与其在学生心目中栽种阴郁沉闷，还不如栽种一抹爽朗的微笑。想到此处，微笑又重新回到我的脸上："谢谢本班哪位同学为本人所做的免费广告宣传，使我'刘麻子'三个字在同学们心目中留下了深刻印象。长得丑，不是我们的过错，一个人更应该注重自己后天的道德修养。只有高尚的情操才能震撼人心。我更希望我们班的这位广告天才，把心思用到学习上去，长大后成为一名真正的广告人。"同学们对我的潇洒态度及话语报以热烈的掌声。在友好的气氛中，我继续讲下一节《花和尚大闹野猪林》……

课后，肇事的小A向我表达了深深的感激与悔悟之情。一切尽在我的意料之中。学生是很容易被感化的，只需要我们用对方式与方法。

【专家点评】

心灵若是堆满垃圾，心胸则容易狭隘。心灵若是一尘不染，心胸则无限宽广。甜甜的微笑是宽广而善良的心中流露出的最祥和的语言，甜甜的微笑是激越的人生河流中最摄人心魄的那一朵朵浪花。用微笑化解人世间的纷争，滋润愚昧的灵魂，人间将不再有眼泪与仇恨；用微笑去面对别人的愚弄，你将收获理解与真诚。

你会微笑吗？也许你会十分不屑于理会我提出的这个"傻问题"，而在教育教学中，这个问题几乎会时时摆在我们的面前。教师的笑是人间最美的花朵。微笑着看学生，是一种理智的宽容；微笑着看学生，是师生情感沟通的不二法门。

上述两则案例中，《屁股后的"刘麻子"》一"案"更富于戏剧性。班主任兴致勃勃地给学生们说书，即兴表演的拔杨柳动作却引起学生们喝倒彩。百思不得其解之际,班长给他揭开了谜底:完全是因为飘扬在班主任屁股后写有"刘麻子"字样的小纸条。面对这种羞辱,任何人都难免生气。可贵的是班主任不仅能忍,更能巧妙地以微笑的态度、幽默的语言引起肇事学生深深的反思,赢得全班学生热烈的掌声,确实不简单。教育者宽广的心胸、高尚的职业道德与修养也深深地震撼了读者的心。这样的教师正是我们教育界的脊梁!

老师们,在你将知识传授给学生的同时,不妨也将你的微笑带给学生吧。这样,你的一个微笑将变成千万个微笑!

点子7　实践反思法——应当反思的是我

【方法解读】

实践反思是一种事后反思。"前事不忘，后事之师。"反思不是为了揭开心灵的伤疤，而是为了把蒙在心灵上的黑布撕开；反思也不是为了暴露自己的丑陋，让自己难堪，而是为了保持敢于对自己的过去进行"格式化"的清醒和勇敢。

【现身说法】

"老师，我向您坦白，都是因为传销，是传销害了我和我全家。"听着电话那端传来的压抑不住的低低哭泣声，我一头雾水，小聪成绩下降厉害是因为传销？早听说传销是"洪水猛兽"，果不其然。但是，这孩子平时相当老实听话，绝不可能跟社会上的不法分子有来往呀！正在我胡思乱想时，小聪呜咽着替我解开了谜团："我在广东打工的父母加入了传销团伙。他们不再管我读书了，呜呜……"

一语惊醒梦中人。怪不得前段时间这孩子变得怪怪的。

"老师，最近晚上我常常失眠，听着同寝室其他同学均匀而有节奏的呼噜声，我的思绪乱极了。"早自习时，小聪红肿着双眼，神情木然地站在我的面前。"睡不着？是不是因为晚上思维太活跃？也许你是属于夜猫子型的人，一到晚上就格外兴奋。不要急，慢慢适应学校的生活吧。"我安慰他。他嗫嚅着，似乎有什么难言之隐，转身走出了我的办公室。我在心底暗自好笑："这孩子，多老实，绝不可能有难测的心事。"

月底，寄宿生的生活费该缴清了。可这个月，小聪的生活费却迟迟没有缴，我问他，他总含糊其词地答应，钱却始终拖欠着，我略略感到有点奇怪。这孩子不像拖沓的人，平时缴费都挺积极的，这个月是怎么了，也许是孩子的父母事情忙，忘记了吧？

这天，我到寝室查夜。王二毛扯开嗓子向我抱怨："老师，寝室里臭烘烘的，还让不让人睡觉？"我用鼻子嗅嗅，果然有股刺鼻的酸臭味，叫人恶心。"集体生活要讲究个人卫生。"我以为是班级有名的懒虫们衣裤鞋袜没洗的缘故。"是因为寝室的角角落落堆满了垃圾。"有学生进一步说明真相。垃圾？难怪这么臭。"都这么大的人了，还好意思跟老师说。把垃圾清理出去不就行了吗？"我不以为然。"老师，您再仔细看看。"有学生提醒我。我打着手电筒朝寝室的角落照去，只见角落里堆满了颜色不一、大小不等的塑料瓶子以及废旧的纸张和书籍。"谁的？"我问道。"老师，对不起，我不该将这些捡来的废品长时间堆放在寝室的角落里。"是小聪的声音。瞬间，我明白过来，多懂事的孩子。为了缴生活费，竟然不顾脸面，利用课余时间捡拾废品。真是个能干的、体贴父母的孩子。我又怎忍心严厉指责呢？生活费我替他缴了，但我并没有往深层次去想，我认为孩子的父母在外混得再差，供孩子上学应该没什么问题。国家对义务教育阶段的学生实施"两免一补"，学校的生活费也不贵，一个月不过百十来元。这样好的时代，作为家长不可能眼睁睁看着孩子失学，更何况这是个多么懂事的孩子呀！

小聪令我出乎意料的事还真不少。这不，接近期末，学校学科竞赛又拉开了帷幕。前几期，每次这样的活动他都能让我收获不少惊喜，可这次，他却很使我失望，连一个名次都没获得。也许是这孩子发挥失常吧，看着他闷闷不乐的神情，批评的话语我怎说得出口呢？没想到，他的期末成绩更让我大跌眼镜。

原来这一切都是因为可恶的传销！

"听人说，我父母因为传销花光了家中所有的积蓄，甚至连每个月打工的血汗钱都赔进去了，还借了一屁股的债。他们不会再管我了，我要失学了。呜呜……"

听着电话那端让人撕心裂肺的哭声，尴尬、羞愧、自责，各种复杂的情感一齐涌上我的心头。担任班主任这么多年来，我一向自视甚高。我广泛涉猎教育理论，认真研究学生心态，密切关注学生精神健康，真心实意做孩子最真心的朋友。在学校、社会中，我口碑极佳，父母们争着把自己的孩子往我所教的班级里送。教育成绩也有目共睹，在整个中心学校，甚至全县，我所教的班级都是相当优秀的。实际上呢，因为骄傲，因为懈怠，因为不思进取，我已被这个时代抛得好远。我不了解这个复杂的社会，我一向高高在上，并没有真正走进学生的内心世界，有什么真心话，他们总吞吞吐吐，不肯告诉我，不让我为他们排忧解难。眼前的事实就是明证。还说是省级优秀班主任，我真的做到爱生如子了吗？我真的深入学生的灵魂了吗？如果是我自己的孩子出现这种种反常的行为，我会如此草率地想当然吗？我会让问题就这么一直拖延着，折磨孩子这么长时间，而我的内心竟毫无触动吗？如果不是学生主动向我坦陈一切，也许就算学生失学了我还被蒙在鼓里，我能够算是一个全心全意为学生着想的好班主任吗？我的班级工作做得多么不到位！

我还有什么脸面被人尊称为"人类灵魂的工程师"，被学生赞美成春蚕、蜡烛、铺路石？

我不能眼看着一个祖国未来的栋梁之材在我的眼皮底下夭折，我更不愿因此而背负一份让自己不时经受灵魂拷问的"债务"。我问清了孩子父母的联系方式，通过电话交谈、面对面交流等方式让孩子的父母猛醒。他们一家子又回归到正常的生活轨道上来了。小聪呢，也没有让我失望，后来终于以优异的成绩进入高一级学校深造，听说学业成绩一直名列年级前茅。

【专家点评】

"反思—实践—再反思"，在实践中学会反思，在反思中优化实践，应该成为这个时代每一位班主任行动的指南。

面对失败的教育个案，采用简单的怨天尤人来推卸责任，轻易地把工作中存在的问题敷衍过去，从而减轻自己的挫败感，这绝不是一位优秀的班主任应该采取的态度。优秀的班主任会直面现实、追根究底、深入反思、认真分析失败的原因,迎难而上、积极应对。因为反思、直面,他们的班级工作也将做得更加出色。

本文中的学生小聪接二连三的异常表现都未引起班主任的足够重视。学生失眠,班主任认为是他是夜猫子型的;学生生活费缴不上来,班主任认为是学生的父母太忙,一时疏忽;学生捡废品缴生活费、比赛考试失误,班主任都没有找学生认真了解情况;直至学生期末考试彻底考砸了,才向班主任吐露实情。了解真相后的班主任无比羞愧、自责。可喜的是他经过反思,及时采取措施补救,才避免了"悲剧"的继续上演。

当然,反思的过程是痛苦的,层层剥茧般深入皮肉,直至灵魂;反思的过程又是快乐的,从内疚、痛苦、焦虑到豁然开朗、柳暗花明,深沉的内省洗净了灵魂的污浊与丑陋,避免了错误的扩大和蔓延,教师在挽救学生的同时也实现了灵魂的自救。我想,教育者之所以伟大就源于斯吧。

"以铜为镜,可以正衣冠;以古为镜,可以知兴替;以人为镜,可以明得失。"睿智明察如唐太宗治国尚不忘反思内省,何况卑微渺小如我等——天底下最小的官——班主任。

点子8　幽默点击法——幽默的批评更具有智慧

【方法解读】

苏联教育家斯维特洛夫说过:"教育家最主要的,也是第一位的助手是幽默。"幽默,是敲击学生心灵的鼓点,是活跃班级气氛的催化剂。在教育中巧用幽默,既避免了沉闷枯燥的说教,使教育内容趣味化,教育过程形象化,又拉近了师生的情感距离,轻松地化解师生之间的隔阂。

【现身说法】

想起这件事,至今我还暗暗发笑。因为巧妙、幽默而成功的批评方式,成了教育生涯中令我回味无穷的"丹青妙笔"。

鼓掌叫好声,呐喊助威声,桌凳倒地发出的骇人的"噼啪"声,伸手去捡掉在地上的书本,结果被踩了手指而发出的高分贝的"哎哟"声……真是声声入耳。中午休息时,没有了班主任"监控"的教室,顿时成了娱乐场、竞技场。各种闹剧都粉墨登场了。

听了班长"十万火急"的"军情报告",我心急火燎地往教室赶。

现在的孩子都人小鬼大,当面老实规矩,背后上房揭瓦。说过多少次了,不准中午休息时在班上追追打打、瞎折腾,你看,他们就是不听。为此,我没少处罚学生,可效果总不明显,难道是我教育方法不当,或者处理不够严厉?

疯狂的"狼追小羊"游戏正进行得如火如荼。只见"狼"们一个个龇牙咧嘴、穷凶极恶,在教室里放肆地抓捕着弱小的"猎物"。因为追捕,撞翻桌凳,撞得别人仰面八叉,"哎哟"喧天,撞飞了别人写字的圆珠笔,踩坏了别人的笔记本、书籍者大有人在。有些狡猾的"狼"干脆爬上桌子,居高临下,表演"空中飞'狼'"绝技,吓得那些胆小的"羊"们像无头苍蝇到处乱窜。

更绝的当属"纸弹互射"游戏了。"射手"们将折叠好的"纸弹"准确无误地击中"目标"的额头、嘴巴、鼻子、耳朵、眼睛……最高明的"射手"常成为众人追捧的对象,精彩的表演赢得满堂喝彩;而那些倒霉的"目标"自然成为众矢之的,一个个鼻青脸肿、洋相百出。

刚走进教室,我即遭遇了两次袭击:一个学生撞到我身上,让我体验了一回360°大旋转的滋味;一枚"纸弹"准确无误地击中了我的额头,让我真正尝了一回"晕"的感觉。我哭笑不得。几乎同时,学生们明白过来了,一个个似定住的木偶般呆立当地。"狼"们停止了穷凶极恶的追捕,"羊"们也不再惊慌失措,"射手"们扬在半空的手突然静止,仿佛被谁施了"定身法"。教室里异常安静。

眼见到反差如此之大的现场,我的头脑一下子清醒过来。对犯错学生一贯采取的严厉的训斥方式已让我变成了一只"纸老虎",学生只是口服而未心服。粗暴、简单的训斥,无异于对孩子活泼天性的扼杀,眼前的乌烟瘴气就是明证。

面对此类场景,是否还有更为妥帖的处理方式呢?在思绪混乱中,我不由得回想起那次对班级某些学生胡乱模仿别人作文一事的处理方法。在作文课上,我先引入这个话题,然后说:"一味模仿别人的文章最后要变成猪。"全班同学惊讶不已,等待我的高论。我不慌不忙地说:"我给大家说个笑话,有学生模仿许地山的文章《落花生》写作文。《落花生》中写道:'花生味美,花生可以榨油……父亲说,你们要像花生一样。'这个学生写了篇文章《猪》。他写道:'猪肉可以吃,猪粪可以肥田……父亲说,你们要像猪一样。'你们说,老是模仿别人的文章最后会不会变成猪?"全班同学哄堂大笑,此后,班级乱模仿别人作文的现象就少得多了。为什么一则简单的笑话竟然有如此神奇的教育效果呢?大概正如老舍先生所言:"用幽默的方式指出他人的过错,比直截了当地提出更能为人所接受。"现存的妙招不用,为何厉声责骂,让师生的情感打一个大大的折扣呢?

想到此处，我释然了。我微微一笑，幽默地说："狮王一出，谁与争锋？'狼'们、'羊'们，且听我'狮王'命令，教室是学本领的地方，吵吵嚷嚷成何体统，不如将追逐的战场搬到室外，免得影响他人。教室也不是练靶场。我们班武林高手云集，摘叶飞花，取人性命，刚才老朽我就遭了一记'小李飞刀'，如今额头还隐隐作痛，还望各位武林英雄手下留情，老朽我这厢有礼了。"说罢，面对全班同学，我深施一礼。"哈哈，哈哈哈……"一连串的笑声分明是孩子们发自内心的舒心的表决宣言。随后他们马上开始打扫"战场"。

说来也奇怪，自从这次事件后，我们班再难见到把教室当"游乐场""竞技场"的情况了。嗨，还是幽默的办法好呀。

【专家点评】

清朝学者李惺说过："攻人之过勿太严，要思其堪受；教人以善勿过高，要令其可从。"学生是成长中的蓓蕾，过严、过高的要求反而会摧残了孩子的天性，限制了孩子活泼的思想与行为。即便是指责过错，多一分幽默，少几分严厉也未尝不可。教育即生活。

哲学家苏格拉底有一位脾气特别暴躁的太太。一天，苏格拉底正在与客人闲谈，太太突然跑进来大闹，并随手将脸盆中的水泼在苏格拉底的身上。这对一个有血性的男子汉来说是无法容忍的，何况还当着客人的面？谁知，苏格拉底却笑了笑，说："我早知道，打雷之后，一定会有大雨。"一言解僵局，他的妻子也不由得笑出声来。幽默既让大哲学家摆脱了窘境，更给后人留下了无限遐想和回味的空间。做人有如此的胸襟，还有什么样的仇怨不能化解，还有什么样的人心不能征服？

学生是有思想、有个性、有情趣追求、有分辨能力的鲜活的生命个体。班主任的幽默实际上也是班主任人格修养的一部分。班主任虽不是演员，但在处理班级事务时，学生无疑是用观众的心态来看待的。观众大多喜欢戏剧中的喜剧角色，因为他善用幽默。班主任放下矜持的身份与架子，把自己当作学生中的一员,巧用幽默,其说服教育效果绝非刻板的说教可以比拟。

老师们,愿您的教育艺术中也多一点幽默。

点子9　以柔克刚法——我的"温柔一刀"

【方法解读】

诸葛亮《将苑》有言:"善将者,其刚不可折,其柔不可卷,故以弱制强,以柔制刚。"柔弱的态度、似水的温情是班主任转化"问题学生"的有力武器。

【现身说法】

"最是那一低头的温柔,像一朵水莲花不胜凉风的娇羞。"温柔,让多少英雄心醉神迷,让多少硬汉乖乖缴械投降。作为班主任,在问题学生的转化工作中,我也曾巧用"温柔一刀",取得了魔法般的效果。

"新官上任三把火",我这个新班主任上任的第一把火就差点让自己的愤怒给浇灭了。

英语课上,我正在给学生们讲解语法,同学们一个个聚精会神地听着,唯有小A趴在课桌上,两眼望着窗外,一副"身在曹营心在汉"的模样。

小A,皮肤黝黑,四肢粗壮,性格暴躁,且蛮不讲理,好惹是生非,故学生们戏称他为水泊梁山的"黑旋风"李逵。面对这样一名学生,哪个班主任不头疼?今天,本班主任上任的第一天就遇上了这"黑旋风"挡道,不让他低头认栽,又怎能在学生中树立威信?我决定先啃啃这块"硬骨头"。但我也深知,以硬碰硬,只能落个"两败俱伤"的结局。我只得委婉地提醒道:"窗外迷人的风景让我们留待课后再慢慢欣赏吧。'书中自有颜如玉'呀!"我这招不点名批评,可是给小A留足了面子,他应该会识趣的吧,我期待着。可事情并不如我意料的那样简单。小A,偏是个"死猪不怕开水烫"的角色,他似乎没有听到我善意的提醒,干脆趴在课桌上翻起了"小人书"。众目睽睽之下,我顿觉颜面扫地,第一招宣告失败。

一招不灵，我只得另辟蹊径。我于是边讲课，边走到他的身边，轻轻地敲了敲他的桌子——意思很明显：你"黑旋风"的头再难剃，这个面子总该给老师吧！我期待着他的迷途知返。忍让，有时可收获理解，有时却收获肆无忌惮。面对我的容忍，小A顺着竿往上爬，趁我转身时，他从盒子里摸出两把木板斧，在我背后挥舞。他滑稽的表演，逗得全班同学哈哈大笑。他还真以为自己是水泊梁山的"黑旋风"了，两把"板斧"不离左右。可惜我又不是"神行太保戴宗"，要让他心悦诚服还真不容易，我假装没事一般继续授课。我等待着他的良心发现。

多年的教学经验告诉我：面对学生的恶作剧，教师一定要调整好自己的心态，要使自己处于理智状态，切不可做了情绪的俘虏，简单冲动地处理师生关系。以高压或粗暴的方式处理问题，或许能让学生暂时服从，但他的心中依然潜伏着反抗的火种，这星星之火若成燎原之势，又岂是一时扑灭得了的？班上复归平静。但表面上的平静并不能阻止恶作剧的继续上演，我的"无能"与"软弱"更助长了他的气焰。趁我转身在黑板上板书之际，尖利的口哨声划破了教室的宁静，同学们都将目光投向了小A，几个平时与他"臭味相投"的学生也趁机起哄，教室里乱成了一锅粥。看来，这假"李鬼"要变成真"李逵"了。老虎不发威还以为是病猫，一股无名火"腾"地直冲脑门，我三步并作两步冲到了小A的座位旁，一把抓住了他的衣领，准备好好教训这个放肆的学生。小A呢，也猛地从座位上站起来，大声地回应着我的挑战："怎么，要打架吗？单挑就到外面去吧！我'黑旋风'什么都怕，就是不怕打架！"说完，挽起衣袖，露出粗壮的手臂，在坚实的胸脯上重重地拍了两下，一副有备而来的模样。

说真的，对付"黑旋风"这种自认为有点三脚猫功夫的学生，我还绰绰有余。我在大学练过几年散打，同时对付两三个人都有点胜算，何况他呢！但一名教师与学生单挑，传出去岂不是笑话？这家伙今天阴阳怪气的，看来是有预谋的，他是事先挖好了陷阱，单等着我往里跳呢，我岂能让他牵着鼻子走？人是有感情的动物，教师更是感情丰富的一群人，面对学生的挑衅，情绪不激动那是假话，关键在于如何控制自己的情绪。英国作家狄更斯说过："感化在效果方面，自古以来都比由偏见、愚昧和残酷而发明的腰衣、手铐、脚镣大不止一百倍。"教师就应该有教师的素质和修养。关键时刻，理智战胜了感情，我毅然决定用一个优秀教师豁达大度的胸怀去感化他，用似水的柔情去征服他。想到此处，我当着他与全班同学的面做出了一个出人意料的决定："单挑就算了吧，老师年老体衰，不敢跟你比试。再说这么多同学还等着上课呢，无端耗费别人的时间，无异于谋财害命！"对我这一不卑不亢的表态，全班同学报以热烈的掌声。形势急转直下，"黑旋风"眼看孤掌难鸣，只好垂头丧气地瘫坐在座位上。这招"四两拨千斤"一举定乾坤。看着同学们渴求知识的眼睛，我又满怀教学的热情……

课后，"黑旋风"被我叫进了办公室。我轻声说："老师不是完人，老师也难免冲动、急躁。但今天课堂上的表现，你说句良心话，到底我们俩谁是谁非？如果老师错了，我愿意当着全班同学的面给你赔礼道歉。"我柔弱而诚恳的态度终于感化了这个大大咧咧的"黑旋风"，他望着我，眼里涌出了泪水，抽噎着说："老师，我为自己在课堂上的胡闹向您道歉。我还算是人吗？面对您的一再退让，我怎能得寸进尺呢？我一定痛改前非，重新做人！"他果然没有食言。此后，他像变了一个人似的，还成了班上的纪律标兵呢！如今想来，当时，幸亏我用的是"温柔一刀"的战术啊！

【专家点评】

道家的创始人老子在《道德经》中曾说："天下莫柔弱于水，而攻坚强者莫之能胜，以其无以易之。弱之胜强，柔之胜刚，天下莫不知，莫能行。"柔弱胜刚强，天下人都知道这一道理，却很少有人去应用它。中华人民共和国成立后，荣获第一批"全国优秀教师"称号的霍懋征对"柔"在教育中的妙用深有认识："'精诚所至，金石为开'，字在'金石'，而义喻育人。钢铁虽硬，只要百炼，便可'化为绕指柔'；儿童再'顽'，只要下到了功夫，也有'金不换'的时候。"柔弱,同样是教育者手中一把无坚不摧的利器。

文中的"黑旋风"劣性十足,是匹不好驾驭的"野马"。班主任新"官"上任,就险些在他面前栽了跟头。新班主任的第一堂课,他就事先挖好了陷阱——故意激怒班主任,让班主任在一团乱麻似的情况下情绪失控,与学生发生不应有的冲突,从而使班主任下不了台,在学生面前丧失威信。这样一来,他就可以在班上为所欲为了。虽然事先班主任也做好了"以柔克刚"的心理准备,但学生步步升级的恶作剧险些让他情绪失控。他冲上去抓住学生的衣领,想发泄一下心中的愤怒,这正中学生的圈套。值得庆幸的是这位班主任有着宽阔的胸怀,在被激怒时尚不忘自己的教书育人身份,及时识破学生的"伎俩",再次坚定不移地执行既定方针——"以柔克刚",不跟学生一般见识,更没有跟学生"火拼"。教师崇高的精神境界深深地震撼了学生们的心,全班同学掌声雷动,"黑旋风"的"阴谋"最终败露。他不得不重新审视自己的灵魂,从而认识到自己行为的荒唐可笑,彻底改过自新。

这是一则多么生动而完美的"以柔克刚"的教育转化范例!

点子10　自我批评法——黑板上的人头像

【方法解读】

班主任不是圣人,在工作中出现错误和失误在所难免。面对错误,尤其是面对班级管理工作的错误,班主任完全不必讳言,而应该坦然承认,进行自我批评。这样丝毫无损于班主任的形象,反而更表现出班主任坦荡磊落的胸襟,使班主任更容易赢得学生的尊重。

【现身说法】

班主任严厉的尊容被画成漫画上黑板了。消息像长了翅膀,瞬间在班级里播散开来。

这是一个粗眉毛、大眼睛、鹰钩鼻、天青色脸、凶巴巴的人头像漫画,蹲踞在黑板上,虎视眈眈地盯着台下的学生们,让人胆战心惊,仿佛就是班主任严老师的翻版。

讽刺挖苦班主任,这还了得!这是典型的"老虎头上捉虱子"!严老师处罚学生的严厉可是全校闻名的,在他当班主任的班级哪个学生不是毕恭毕敬?这事要是让他追究起来,说不定全班同学就倒霉了。大家不由得都倒抽了一口凉气。

"谁画的,站出来,班主任马上就到了,我们可不想做你的替死鬼。"教室的角落里飘出一个胆怯的声音。是啊,这话说到了全班同学的心坎上,众人的目光在教室里扫视,焦急地搜寻着肇事的对象,希望他发发慈悲,主动"投案自首"。

张扬害怕了,鬼使神差,下午趁教室里无人,自己一时意气用事,稀里糊涂就这么画上了。唉,要是现在,就是借几个胆子给他,他也不敢呀!他正想跑上前去擦掉那幅"杰作",可已经来不及了,严老师早已轻咳一声,站在了讲台边。只见他不自觉地往黑板上瞧了一眼,两道剑眉顿时挤成一簇,额头青筋绽起,严肃的脸也变得通红。同学们伏在桌上,一个个诚惶诚恐,大气都不敢出,凭经验,大家都知道,暴风雨即将来临。

"谁画的,站出来!"仿佛平地上响起一声惊雷,震得人鼓膜打战。众人一个个伏在桌上,都变成了缩头乌龟,不敢正视严老师的眼睛。这时间,班级一片死寂,只听得见众人喘气的声音,夹杂着蚊虫不识趣的嗡嗡声。虽说早就见识了严老师的八面威风,但像今天这样气冲牛斗、大动肝火,大家还是第一次见到。众人皆在心底暗暗祈祷:肇事者,你既然有胆量冒犯"圣驾",奈何在这节骨眼上拉着大家一起下水?要是严老师实施可怕的"连坐",那该如何是好!

又是长久的沉默,窗外寒凉的秋风发动了突然袭击,直吹得人牙齿打战、骨头发软。

"是我画的。"一个声音好像从地窖里冒出来似的,轻得像微风拂过林梢,像夜雨沾湿了芭蕉。这四个字,虽然说得很轻,但在众人听来,其威力不啻几吨炸药爆炸,一个个头晕目眩、脑袋嗡嗡作响。好小子,算你还有点良心,没有拉着我们给你垫背。众人松了一口气,抬头往声音的发出地望去。只见教室临窗的座位上一个矮个子男孩站起来,他那样胆怯、那样瘦弱,似乎严老师吹一口气都能让他跌个嘴啃泥。情况明摆着,这是一场实力悬殊的较量,而且伴随着一个不存在任何悬念的结局。

站起来的男孩叫张扬,人如其名,班级典型的刺头儿,大事三六九,小事天天有。为这,他可没少受班主任严老师的剋。但面对今天这阵势,张扬显然底气不足。为啥?他这明显是无事找事,故意跟自己过不去。你画画好,什么人不好画,也不至于在黑板上画班主任的尊容呀。侮辱老师,有你的好果子吃!众人都暗暗替张扬捏一把冷汗,也都在耐心地等待班主任严老师对他的宣判。

奇怪的是,对手出现了,严老师反而变得平静了,他在讲台上踱着方步,反剪着手,陷入了短暂的沉默。而后,好像下了极大的决心似的,从嘴里蹦出了这么几句:"你说说,什么动机?只要你能让我心服口服,这件事我就网开一面,不再追究。"果然姜还是老的辣,打一巴掌揉三揉,又打又拉,还怕不把你收拾得服服帖帖?学生们暗暗佩服严老师的游刃有余、波澜不惊。

班级学生的脸上也随着这一幕"戏剧"的发展不断更新着表情:苦闷、钦佩、幸灾乐祸、如释重负……大家静候着"戏剧"高潮的到来。

"我是想让老师能笑起来。"张扬把心一横,他今天豁出去了,大不了是一顿臭骂、一顿狠批。众人没有料到,这个天不怕地不怕的张扬今天是要一条道走到黑了。班主任是什么身份?天地君亲师,高高在上,还值得为你这样的升斗小民奉献笑容?做梦吧你!与班主任打交道两年多了,有谁看见他脸上露出过半点笑容?没有。有谁敢当着班主任的面给他提半点意见?没有。战战兢兢两年多都过来了,眼看就要毕业,你小子大概是头脑发热了,找个医生给你开个退烧的方子吧。退一步讲,班主任要是随便把笑容奉献给了学生,他以后的班级工作还怎么做,他还管得了这个班吗?现在的学生天不怕地不怕,你松一尺,他进一丈,哪个学生不对严老师这一套管班绝招钦佩有加?哪个家长不是争着把孩子往严老师的班级里送?这是典型的挑战权威,挑战极限!众人眼睁睁地看着张扬飞蛾扑火。

预料中的电闪雷鸣没有出现,又是一段长时间的沉默,学生们一个个心都提到了嗓子眼。良久,一个声音撕破了这难堪的沉默:"孩子,我佩服你,从教十七年来,这是我听到的第一句真心话。你是我教过的第一个敢直言指出我的个性缺陷的学生。我不是不会笑,但在教育和生活中,我是不敢笑,我深恐我的笑声泄露了底细,使你们看清了我的真实样貌,那样,我还管得了这个班吗?我岂不是误人子弟!"严老师揉了揉眼睛,显然情绪已激动到极点,"我也不愿过这种双面人的生活呀,但这样的生活,作为教师,过的又岂是我一人!我初出道时,老班主任们就向我传授了这一秘诀。这样的秘诀辈辈流传,我们就是缺少考虑学生的心理感受。我不知道我的笑容在同学们心目中的分量如此之重,就算是从此被你们识破我的庐山真面目,今天,我也要真心地向同学们展现我的真实情感。你们将发现,笑对老师来说其实很平常。"

惊讶、激动、感动、共鸣……各种复杂的情感在学生们的心头涌起。眼看就要毕业了,大家就要各奔前程了,想不到,在今晚,这个特殊的时期,竟以严老师的自我检讨作结,这是大家无论如何也想不到的。蓦然间,大家的心头滚过了一阵暖流,原本残存在心间的对严老师的怨恨和不满此刻都烟消云散了,取而代之的是严老师对班级学生的付出。是他,经常备课到深夜;是他,为班级的一切操碎了心;是他,牺牲休息时间为大家补课;是他,背着生病的学生上医院……

"嘿嘿嘿,哈哈哈……"突如其来的笑声陡然在学生们的耳鼓响起,是那样开心、那样惬意、那样酣畅淋漓!笑的不是别人,正是严老师。

"哈哈哈,哈哈哈……"短暂的迟疑之后,整个班级都被笑声淹没了。同学们站起身来,一个个开怀大笑,班级变成了笑声的海洋。

这迟来的笑,你飞吧,飞进每个人的心窝,长久地存留;这迟来的笑,你游吧,游到心之所属的快乐岛,春光无限。

张扬快步往讲台方向走去,同学们发现,他郑重其事地在人头像的嘴角添上了一道笑纹,立时,一个笑容可掬、和蔼可亲的人头像出现在黑板上,就像讲台上严老师的翻版。

教室里爆发出一阵热烈的掌声。

【专家点评】

批评是指对别人的缺点或错误提出意见,自我批评是指个人对自己的缺点或错误进行自我揭露和剖析。班主任的自我批评就是不为自己的错误粉饰太平,敢为自己的错误买单,深刻检讨工作的失误(甚至污点),站在为学生服务、有利于学生成长的角度,不计较个人的名利得失,不抱怨客观环境或条件的影响,它体现了一个教育工作者真正的良知。

蔡元培先生说:"教师的工作非为既往,也非今天,而专为将来。"班主任对自己工作中出现的问题和错误进行深刻检讨和自我批评是十分必要的。这样既避免了错误的蔓延,又为后续的对症下药、采取补救措施奠定了基础。

敢于自我批评,敢于揭露自我内心的阴暗面,敢于高标准要求自己,这是一名优秀班主任的人格魅力和底气所在。唯有这样的班主任才能真正成为学生的良师益友,才能不断超越自我,实现灵魂和人格的蜕变。

第二章
模式创新

墨守成规、不知变通，是庸师；高屋建瓴、不拘一格，方显大家本色。

——章首语

- 听过这样一个篮球理论：如果你身高为175～185厘米，那么告诉你，突破才是你的王道，不管你是分卫、控卫，还是小前，只有勇敢地扎到内线，才有你的一片天地。在美国职业篮球联赛中，身高2米以下的球员都应该有一手突破的绝活，这样才能得到球队的认可。可以说，除了中锋这样背对篮筐的位置外，所有的位置都应该以突破为王道，否则在外线是无法发挥大作用的。其实，这个道理对于我们做好班主任工作，何尝不是一样的呢？

- 班级管理模式是班级在具体管理活动中的基本框架和运行程序。传统的班级管理模式以教师为中心，它忽视了学生在班级管理中的主体作用，没有充分考虑不同学生的思想性格、文化素质、道德水准、心理动态的差异，不利于学生的个性化发展。《新课程标准》指出："教师是决策者，而不再是执行者。"创新班级管理模式就是遵循"以人为本"的教育基本原则，建立以学生为主体、全体师生共同参与的班级自主管理模式。

- 我们穿越黑暗狭长的走廊，走向灯火通明的厅堂，在通道的尽头，是否有一扇古老的紧锁的门？在门外，是否有我们期盼的来自另一个世纪的海、星空和花园？

点子11　货币管理法——让学生"钻到钱眼儿里去"

【方法解读】

班级货币管理就是借鉴货币的价值尺度、流通手段、贮藏手段等职能，将银行运转的理念引入学生的成长教育，将班级学生的行为表现转换为可以计量的班级虚拟货币，通过班级虚拟银行管理系统的运作，让学生在班级银行存入和支出、贷款和偿还、储蓄和评比，实现对学生的量化考核。

【现身说法】

听说我将银行系统的货币管理模式搬到班级，用钱币的敏感性刺激和鼓励学生的好胜心、积极性，有学生笑我："老师，您是要让我们'钻到钱眼儿里去'哟，铜臭味太重了，有'拜金主义'的嫌疑啊。"我说："古人有言，'书中自有黄金屋，书中自有颜如玉'。自古以来，读书和经济就是挂钩的。何况在当前这个经济高度发展的时代，理性合法的'拜金'没有错啊，让大家在耳濡目染中了解金钱的重要性，学会简单的理财，通过科学规范的方式在教室里过一把挣钱的瘾，既新鲜刺激，又激发大家的好胜心，不也是件很好的事情吗？"

听了我的解释，教室里瞬间沸腾了，孩子们积极性高涨，兴奋得不得了，都希望自己一夜暴富，成为银行大亨，成为比尔·盖茨，期待之情溢于言表。哦，孩子们小小的心中原来竟酝酿着一股这么浓厚的挣钱的原始冲动啊！好不容易等学生们平静下来，我让大家思考怎样创办班级银行，如何规定挣钱的方式、挣钱的数额、班币的制作等问题，教室里再次乱成一锅粥，人人都想当行长，掌握别人的"生死大权"，人人都想轻松实现从赤贫向富豪的蜕变，人人都想成为这场新的班级管理模式实验的弄潮儿。

一番紧锣密鼓的准备工作过后，我们班级的货币管理改革试点终于提到实践操作层面了！

有货币的流通就离不开银行的枢纽、中介作用。要用班级货币管理班级就必须设置班级成长银行。我们的班级成长银行不是在大街上设置营业点,直接与学生储户进行现金交易。它是一种虚拟银行,就是把每个学生的成长当作一座无形的银行,将学生每一次的作业、测试,每一堂课的纪律表现,每一个课间、午休、节假日的学习和活动情况都以班币的形式存入银行,将学生在班级内承担的相关职务、取得的特殊成绩、所做的好人好事也都以相应班币发到学生手中或存入班级银行。对学生迟到、早退、缺交作业、捣乱课堂纪律、打架斗殴等违纪现象都采取支付班币或从银行扣款的形式。

班级成长银行设置了领导和管理机构。班主任任金融顾问,班委会干部负责"银行"的整体运作及具体组织和管理工作,同时提供必要的指导和服务。

班级设"总行","总行行长"由班长担任,下设大堂经理、储蓄员;总行下面分设学习、纪律、卫生、活动、生活、体育六大分行。分行行长分别为各部门主管负责人,另各招聘大堂经理、储蓄员,并明确每个岗位的职责。

有班级银行就必须有在班级银行流通的货币,有班级法定存折、储蓄印章。首先是币值确定的问题,这个问题很简单,经过商议,大家一致同意沿用目前我国流通的货币币值形式,即1元、5元、10元、20元、50元、100元。考虑到目前市场上的货币流通情况,1角和5角就不用了。

币值确定后,每张班币的模板制作就成为一个不可回避的难题。大家都是外行,对人民币模板制作一窍不通,怎么办?为难之际,有同学说:"就用我们国家通用的人民币模板吧,上面有毛主席图像,深得人心,样式也好看。"这个意见提出来后,班级里马上有反对的声音,机灵鬼徐珊珊说:"人民币用开国领导人头像是遵从国际通例,设计人员鉴于领袖肖像的独特性与防伪性,英镑用女王像,美元有华盛顿、林肯像。班币的设计应该体现班级的特色和风格,套用人民币模板显得不伦不类,会丧失班币发行的意义。"大家觉得有道理。

又有同学提议："班币就用班主任的头像吧,班主任是我们班的权威和核心,我们大家都自觉接受班主任的领导,这样应该能行。"我一听这馊主意,马上表态："这不行的,我虽然是班主任,但也是班集体中的普通一员。况且,在教育中学生是主体,班主任只担当引导者、服务者的角色,怎么能喧宾夺主呢?依我看,班币上应该用我们班同学的头像。"大家一听,觉得我说的有点道理,于是积极商议用哪些同学的头像。

经过长时间的酝酿,最后,大家达成共识:班级流通的最大面额100元币,就用班级集体照,50元币就用班委会干部集体照,20元币及以下就用班级活动照。

因为是引进银行货币管理模式,与"钱"打交道,所以免不了一部分人先富起来。这部分先富起来的同学其实都是班级里的骨干和核心,把这部分同学的积极性进一步激发出来相当重要,它能够起到很好的带动和示范作用。

我们班每月一次的富豪排行榜活动人气越来越旺。我们会在每个月第一个星期一的班会课发布班级富豪前十强。为了能够进入前十强,学生们想方设法往自己的账户上存款,在学习、纪律、卫生、活动、生活、体育方面展开全方位的竞争。

班级也特地为荣登富豪榜的同学颁发纪念品和荣誉证书。

荣 誉 证 书

××同学2019年10月在班级各方面表现优秀,荣登161班班级富豪前十强第 × 名,特颁此证。望再接再厉。

六里桥中学161班班委会

很自然地，有幸荣登富豪榜的同学马上就成了班级同学们心目中的偶像、父母眼中的"成功人士"、老师们心目中的优秀学生。在这种"一切向钱看"的大环境下，几乎没有不想挣钱的学生。挣钱多少就是一个人能力大小的试金石啊。学生们都想通过这种方式证明自己，竞争自然就白热化了。

钱是用来流通和消费的，我们的班币也不例外。正常的班币流通充分地激发了学生们挣钱的积极性。看得见的好处、实惠的消费，让学生们怦然心动。我们班级的班币主要有以下四个消费渠道——兑换心愿、购买"房产"、在跳蚤市场购买实物、经营"开心农场"。

我谈谈班级购买"房产"的问题。

长时间以来，座位问题让我伤透了脑筋。学生诉苦，家长打电话、套近乎、提条件，作为班主任，座位问题成了我的一大心病，谈座位色变。但自从实行用班币购买班级"房产"（即座位）以后，座位问题对我而言不再是问题，它甚至成了我手中的一张王牌。不信，请看。

每月一次的班级"房产"拍卖活动开始了，那叫一个火热啊。每处"房产"都明码实价，考验着众人的购买力。苦情计、说好话、提条件，在本班主任这里无效，要说人情，跟有购买力的富豪们说去。我这个班主任省心不少。

黄金地段的"房产"所有权竞争一向最激烈。其单价可以是郊区的几倍、十几倍、二十倍，但即便价格高，也挡不住富豪们的热情，就像当今的中国，北上广深房价最高，但很多人就是挤破脑袋想在这些地方购房。为什么？因为在这些一线城市，社会资源更丰富，提供的社会保障和服务也更优越，划算啊。

【专家点评】

班级货币管理创新了教育激励的手段和模式，跳出了积分制管理以学生积分为评价标准的局限，是在积分制管理模式基础上的求新求变。它运用经济激励机制，充分地激发了学生们的学习热情和积极性，顺应了班级评价多元性的要求；运用货币的相应职能，让班级虚拟货币产生了某种购物功能和评价价值，较好地诠释了货币管理的精神，能更好地营造育人环境和氛围，助力学生成长。

班级货币管理也有局限性。它让学生的一切行为都与货币挂钩，过分放大货币的社会性功能，容易让学生产生金钱万能的心理误区，不利于学生思想的纯洁性和公益性，从学生健康人格培养的长远角度来看是不利的。

虽然班级货币管理模式是积分制管理模式的变异，但它在操作规则、流程、机制等方面都没有摆脱积分制的影响。实施时间一长，难免会让学生产生模式疲劳、审美疲劳，效果就会大打折扣，因此，不断创新该模式的内容和形式很有必要。

点子12　网格管理法——把班级服务做到极致

【方法解读】

班级网格化管理就是借用城市网格管理模式的成功经验，不改变班级现行管理体制，以小组和信息应用为基础，按一定标准，将班级学生分成若干网格单元，消除各网格单元之间组织资源的分割和实体资源的分散，不断完善网格单元的服务、管理、监督环节，实现网络单元间信息资源的有效交流和整合，提升班级服务管理的效率和质量，把班级服务和管理做到极致。

【现身说法】

传统班级管理模式的不足之处显而易见：主要依靠班主任和班委会管理，管理方式粗放、不精细；先进技术运用不够，管理手段落后，信息闭锁，传递不及时，管理被动滞后；各职能部门职责划分不清，管理缺位严重；缺乏有效的监管评价机制，不能充分激发学生的参与热情；各部门职能交叉，界限不清，协调性差，不能实现全方位的监督和统一指挥。

有没有一种全新的管理模式能真正适应现代班级管理的需要呢？有一天，我陡然发现了社区管理平台有种网格化管理模式，这种模式与以前我所探究的任何一种模式都截然不同，它变常规的"管理"概念为"服务"概念，强调一站式服务，很人性化，深得民心，是近几年才在国际管理领域兴起的一种全新模式。详细了解了这一模式的管理机制和流程后，我的内心有个坚定的声音在向我呼喊："再试一次吧，你一定会成功的！"是啊，班级管理模式的探索没有止境，没有最好，只有更好。摆在我面前的是一条全新的探索之路。

班级网格化管理一般设置四级管理体系，即班主任、班委会、格长、网格各职能工作人员。所有管理体系中的人员在身份和地位上与一般学生没有区别，都以服务班级全体同学为神圣职责。班主任属于班级网格管理的顾问和总设计师，重点解决班委会上交的网格管理疑难杂症；班委会属于网格管理中的综合服务指挥中心，跟常规管理中的班委会体系大同小异，也设班长、团队委、学习委员、纪律委员、卫生委员、体育委员、生活委员、活动委员，其职能也仿照常规班级的班干部职责，负责班级的总体管理，把握班级发展的大方向，培训网格管理人员，解决格长上交的疑难问题，统筹协调各网格之间的合作与竞争；格长是网格管理的直接责任人，规划和掌控网格的健康运作；网格各职能工作人员具体落实网格内的各项工作。

网格内各职能工作人员主要配置六种力量，即网格信息员、网格宣传员、网格监督员、网格调解员、网格服务员、网格志愿者，主要承担网格内的调查、统计、宣传、调解、信息收集、心理咨询、专项服务、监督等职能。

班级网格工作有如下流程：网格中心负责人即班委会成员，是班级网格管理的大本营和坚强后盾，引领网格成长，解决网格间的疑难问题，做好对各网格的综合评估。班委会以下分设四个网格，网格内的一般问题，格民直接向所在网格的信息员反映，由网格内各职能工作人员直接处理，并将处理结果做好记录；网格内需协调和处理的工作，网格各职能工作人员现场受理，并带动网格内一站式服务；网格内发生的突发事件，各职能工作人员和格长处理不了，需立即上报上一层级分管责任人（即班委会），由网格协助班委会共同紧急处理。如果班委会还处理不了，就将问题上交给班主任，由班主任斟酌处理。网格管理过程中要形成视频、语音或文字记录，并对记录材料存档，以便及时查阅。

这种信息传递的形式，离不开现代移动通信工具的运用。因此，让所有格民养成良好的移动通信工具使用习惯十分重要。开始的时候我也有点担心，担心学生们抵御不了网络强大的信息功能、游戏功能的吸引力，乱用、误用网络，如果这样，我们所谓的网格化管理就会弄巧成拙。于是，班级内多次召开移动通信工具使用规则发布会。以下是几条硬性规则：

(1)上课时间,所有走读的网格格民将所携带的移动通信工具自动上交到网格服务员手中,由网格服务员统一保管。如果网格内发生突发事件,需要使用移动通信工具,由网格服务员发放到相关责任人手中。

(2)每天下午放学后,走读生从网格服务员手中领回移动通信工具,寄宿生需在晚餐后到网格服务员手中领取,至晚自习前十分钟主动交回。在这段自由使用移动通信工具的时间里,任何人都不得用移动通信工具玩游戏,只准在班级网格平台进行学习研讨或查看班级网格相关信息,如违反该规则,则取消第二天规定时间段使用移动通信工具的权利。若一周内违反两次以上,则取消接下来半个月的使用移动通信工具的权利。

(3)网格格长和信息员、监督员密切关注格民使用移动通信工具的情况,若有违反者,轻者责令改正,屡教不改者移送班委会或班主任处,甚至要接受禁用移动通信工具的处罚。

(4)所有格民有责任规范自己在家使用移动通信工具的行为,养成使用移动通信工具的良好习惯。班委会和格长通过班级家长群及时与家长联系,了解格民在家使用移动通信工具的情况。对于家长反映不能正确使用者,应要求家长没收移动通信工具,相关格民无权将移动通信工具带到班级。

因为措施够硬,执行到位,所以我们班级在推行正确使用移动通信工具这一环节上基本成功了。很少有学生因为不规范使用而被取消移动通信工具的使用权。

通过规范班级学生移动通信工具的使用,我认识到,对孩子们来说,网络和移动通信工具不一定就是洪水猛兽,重要的是班级的正确引导,只要形成良好的使用网络和移动通信工具的班级氛围,在潜移默化之中,孩子们自然就会学会正确使用。

此前,在我的班级里,任何一种管理模式都没有脱离小组的概念,小组是班级运行的最基层的管理和组织单位。班级中的一切活动、一切变革都在小组内贯彻落实。学生们在小组内合作、竞争,在小组内交流、展示,在小组内吸取成长的力量和泉源。

但"网格"概念彻底颠覆了我的思维定式。班级网格以对网格全体成员全方位服务为宗旨,以助力格民健康成长为目标,格民无论有何种需求,都可以在网格内得到较好的帮助和服务,能更快、更好地实现整个网格体系内成员的整体素养的提升。在网格模式中,格民的构成既考虑到学生学习状况的层次性,也兼顾学生性格、爱好、特长、座次、宿舍安排等实际情况和需要,它更像在班级中形成的小社会,纵横交错,内涵丰富,底蕴深厚。网格内优势互补,网格之间既能够形成良性竞争,也能够协同配合、共同提高。

班级网格管理将信息技术引入班级管理平台,网格间、网格内建有QQ群、微信群,方便网格人员之间的交流沟通、信息共享。网格也为每个格民建有电子信息档案,及时记录格民的学习、生活、奖罚、思想动态等情况,更有利于全面把握格民的成长现状,采取有针对性的帮扶疏导措施,让帮扶工作更显实效。

网格管理改变了常规管理中杂乱无序、不重视积累的通病,实现了管理规范,积累丰富,有理有据,有板有眼。班级网格化管理基本避免了传统管理中存在的诸多问题,它以解决班级发生的问题为主线,以明晰的班级管理数据为基础,对班级实行动态跟踪、全程监管、全方位立体式服务。

班级网格化管理实现了班级管理从粗放向精细的转变,实现了班级工作重点从以管理为主向以服务为主的过渡,使班级管理服务延伸到班级的最末梢,极大地提高了管理的有效性和针对性,让班级内的每个学生都能够享受最优质的班级团队服务,轻松实现学生和班级整体素质的巨大提升。

【专家点评】

从长远的角度来看,虽然班级网格化管理模式的提出超越了当前国内班级管理的现状,但这种管理模式在班级内的推广和运用是必然的。它顺应了信息化时代教育管理发展的大趋势，将班主任工作从传统的琐碎、复杂中解脱出来，从简单机械、技术含量低的日常管理中解脱出来，让班主任工作变成一种有涵养、有品位、有智慧、有创新的受欢迎的工作。

班级网格化管理实现了工作决策以经验为主向以民主科学为主的转变，管理者面对面听取意见，并引进信息管理技术，减轻了管理工作量，使工作决策建立在广泛吸纳民意、民智的基础上，促进了决策民主化和科学化，使班级管理格局从相对封闭向更为开放转变。

网格化管理模式充分调动了班级全体学生参与班级管理的热情。每一个学生既是服务者也是被服务者，既是管理者也是被管理者，实现了所有成员人格和身份的平等。民主开放、公平公正、积极上进、乐于奉献、团结协作、亲密无间成为班级中的常态。班级成为真正意义上的学生成长的沃土和乐园！

点子13 契约管理法——让班级树立契约精神

【方法解读】

班级契约管理是以国家相关教育法规为依据,以自由、平等、守信为基本理念,以培养全面发展的现代型人才为目标,以班主任与学生在平等基础上制定共同遵守的班级管理规则为重要手段,以实现学生独立人格的良好发展为目的的一种班级管理模式。

【现身说法】

班主任当久了,长期以来充分享受着来自学生集体层面的服从和仰视,对班级和学生已经在无意识中有了某种控制的欲望,觉得自己是"如来佛",学生只不过是"孙猴子",逃不出自己的手掌心。但自从实行契约管理以来,我的这种优越感荡然无存。班级契约成了强加到我身上的枷锁和镣铐,我再也不像以前那样威风八面了,开始学习用民主平等的口吻和身份与学生交流。说实话,刚开始还有点不习惯,甚至当我这个班主任没有按照契约精神办事的时候,学生们还会主动找我的"麻烦"。

星期天,我和班级二十多个学生约好到我县(湖南省邵阳县)著名的红色革命旅游点——塘田战时讲学院及我县著名景点——响水洞旅游。

塘田战时讲学院旧址位于我县塘田寺镇对河村夫夷河畔,原为清末太子少保席宝田的别墅,是晚清风格的建筑。它是抗日战争时期,中共湖南省委和中共代表徐特立委派马克思主义史学家吕振羽负责创办的一所军政大学,被誉为"南方抗大"。它为我党培养了245名干部,教育和组织了群众,建立了空白地区的党支部,为抗日战争和解放战争的胜利做出了杰出贡献。

出发前,我便和班级内参加活动的同学订下了活动契约。

六里桥中学174班塘田战时讲学院、响水洞游学活动契约

甲方：(班主任签名)

乙方：(参加活动学生签名)

　　为陶冶同学情操，开阔同学视野，活跃班级文化，班级特组织同学开展塘田战时讲学院、响水洞游学活动。甲乙双方明晰责任和权利，遵照契约执行，以便顺利完成游学活动。

　　1.甲方负责与活动地点的相关人员取得联系，熟悉活动线路，保证活动顺利开展，如不能做好，罚扫教室一天。

　　2.乙方自觉服从团队活动要求，不能随意离开集体单独行动，注意活动期间的安全问题，做好游学活动的素材积累。若有违反，按情节轻重处以罚扫教室一天甚至一周、不准参加下次班级组织的类似活动等处罚。

　　3.甲乙双方同心协力开展游学活动，遇有紧急情况要相互协商，妥善解决，切忌想当然，主观臆断，带来不必要的麻烦和损失。若有违反，罚写千字反思材料。

甲方：(签名)
乙方：(签名)
2019年5月12日

　　在塘田战时讲学院，我们参观了气势恢宏的清代古建筑，欣赏了张震将军在讲学院大门边的题词，聆听了清代太子少保席宝田的传说。吃过午饭，我们又在清代古建筑花园桥与明清古井花园留影，在端良亭上缅怀革命英烈，在芙蓉峰上体验了一把"一览众山小"的豪情。

　　下午两点左右，按原计划，我们将到离此15千米左右的响水洞旅游。响水洞是我们县的一处风景名胜，可以媲美桂林的七星岩、张家界的黄龙洞，只是由于地方经济落后，没有开发出来罢了。无奈我们打探行程时，当地老百姓竟然一问三不知，我们只好匆匆踏上归程。

回到学校，班级契约执行大使开始找我理论："老班，这次行程路线是您负责设计的，大家寄予厚望的响水洞没有去成，按您与大家签订的契约，您说该怎么办？"我马上回答道："怪我事先没有充分了解旅游行程路线，给大家的活动带来了遗憾，按契约，我该打扫班级教室一天。"学生们欢欣鼓舞。说真的，这些孩子要抓住我这只"洞庭湖的老麻雀"的短板还真没那么容易，现在好不容易天遂人愿，你说他们开不开心？

第二天一早，学生们还没有起床，我一个人早早来到教室，开始热火朝天地干起来，扫地、倒垃圾、擦玻璃、擦桌椅，一丝不苟。正当我一个人干得起劲儿时，有早起的同学来到教室，一看我真的为班级打扫卫生，一个个大吃一惊："老师，我们也就随便说说，您怎么认真起来了？您这样为班级打扫卫生，我们可担待不起啊。您快休息，我们自己来。"

我呵呵一乐，说道："君子一言，快马一鞭，我与大家白纸黑字签下的契约难道是一张废纸吗？该休息的是你们，让我来。"

学生们可不管我怎么说了，一窝蜂似的全部走进来，拿起卫生工具开始清扫。我脸一沉："难道大家要陷我于不守信义吗？'信义'两个字是做人的根本，如果今天该我做的事大家为我做了，那就是我不守信义了呀，叫我以后怎样在社会上抬头立足，怎样取信于班级同学？我们班的契约式管理还怎么实施啊？你们这样做，不是在帮我，是在害我，也是在害全班，让大家以后都以我这个不守信的班主任为榜样。你们说，班级的乱局是不是要从此开始了？请你们马上离开教室，由我一个人完成卫生打扫工作。"

话说到这个份上，学生们再也不好出手帮我了，都自觉地走出教室，等我打扫完卫生后才进来。下午，为了避免早上的"误会"再次上演，我又在班上大肆宣扬自己的观点，学生们听后思想渐渐有所转变，放学后真的再没有同学提出要帮我了，我一个人规规矩矩地打扫完班级的每个角落，累得上气不接下气。但我觉得值，因为我用汗水让契约的观念在学生们的心中深深地扎下了根。

【专家点评】

　　法国著名教育家、启蒙思想家卢梭在《社会契约论》中反复追问一个问题：人们如何才能生活在一个有秩序的群体中，并且仍然能"自由如初"？最终，他对这个问题的回答就是"社会契约"。社会契约就是要求社会中的每个人都要受自己诺言的约束，信守约定。这既是古老的道德原则，也是现代法治精神的要求。

　　在社会生活领域建构契约交往方式有利于权利与义务的平衡，有利于效率与公平的统一，有利于自由与秩序的结合。现代班级管理也需要契约精神。卢梭说："师生之间应该建立平等的契约式关系。"也就是说，师生之间应该在彼此信守契约的基础上，建构一种民主、平等、诚信的关系。班级契约主要有以下四种表现形式——班集体正式契约、班集体心理契约、个体正式契约、个体心理契约，各种表现形式在班级管理中都有具体的运作方式。

　　班主任在实施班级契约管理前要充分准备，要有基本思路、框架、形式、副本及草案。班主任要充分相信学生，放权给学生，发挥学生群体的积极性。只要是学生能做决定的，班主任绝不掺和；只要是学生能做好的，班主任绝不越俎代庖。班主任还要加强与学生的沟通，引导学生慢慢树立契约意识、责任意识、自主意识，以身作则，恪守班级约定，让公平、公正、民主、守信的契约精神在班级全体学生的心中扎根。

点子14 社团活动法——雾里"蓬莱"

【方法解读】

社团,是纯真天性里孩子二次飞翔的舞台;社团,是兴趣碰撞下成员再次组合的乐园。绚烂的童年需要梦想的起航,课余的生活需要诗情的浸染。社团,圆满了梦的希冀,成全了美的熏陶。诗词歌赋、琴棋书画,种种经典元素如雨后春笋;动感体育、手工制作,科科创意活动似破土萌芽。社团活动的基地,成了童年梦想启程的跑道;社团寻梦的旅程,成了缤纷年华精彩的诠释。

【现身说法】

明初文学家韩宜可有首描绘蓬莱仙境的诗,曰:"闻道蓬莱别有春,五云深处隔凡尘。松迷鹤径浑无路,花暗箫声不见人。沧海日华翻贝阙,三山霞气逐飙轮,刘浪自是神仙侣,何用天台更问津。"从来就不敢想象,如此妙不可言的人间仙境,竟与我们近在咫尺。

星期天,我们班级的郊游社团组织全体团员去踏青。到哪里去呢?就到离我们学校十几千米的红旗、双江水库去。据说,那可是我们这个地方的神仙宝地,常年弥漫在云雾里,美轮美奂。

郊游社团组委会成员事先拟定了详细的活动方案。

活动主题:领略自然风光,凝聚社团力量。

活动宗旨:走进自然,感悟生活,体验浪漫。

活动意义:促进社团成员交流,营造社团和谐氛围,培养实践能力,感悟自然神奇。

活动时间:星期天上午八点出发。

集合地点:镇百合大楼广场前。

活动策划：全员包车，租用一辆镇公交公司的大巴。行车途中，社团成员每人准备一个互动节目活跃气氛。准备野炊工具一套，水杯若干，干粮若干，相机两部，晕车药若干，止泻药、医用药棉、纱布若干。制定详细的旅游路线图。在南镇街集体开餐一次。下午五点左右返程，写好游记及感悟。

上午八点整，社团负责人在镇百合大楼广场前清点人员，将大部队细分为两组，男生一组，女生一组，各组选出两名负责人，协调沟通，统一行动，做好后勤服务，预防安全事故。

大巴车上，大家兴致勃勃。男生组的几个同学向女生组发出"英雄帖"："节目互动哪家强？有我161班好儿郎！"几个男生纷纷表演起自己精心准备的互动节目——唱歌、跳舞、说段子、扮鬼脸，赢得大家一阵阵喝彩。女生组自然不甘落后，开始原生态山歌对唱："今日大家乐悠悠，红旗双江库区游。风光旖旎神仙地，半山腰中在招手。""库区修建好艰难，手提肩挑加蛮干。人定胜天创奇迹，造福百姓人人赞。"

进库区的路是毛坯路，车不能行，大巴车只好停在半路上。男生组和女生组整理好队伍，向库区步行前进。

因为沿途岔路比较多，大家一时摸不准方向，组委会马上组织几个同学先去探路，向当地老百姓打听路线和路程。

大家走走停停，用了1小时的时间。这时，先头部队传来消息：到了，看到深山里的水库了。大家一窝蜂似的向前奔去。只见一道大坝耸立在云天之间，将群山间的峡谷拦腰截成两节。大坝两边，是云雾缭绕的高山，刀劈斧削似的。我们在感叹人力伟大的同时，对大自然也增添了很多敬畏之情。

这时，社团组委会向大家下达指令：所有人员必须有序游玩，不准单独行动，不能脱了鞋子和衣服到浅水处游玩，安全是红线，任何人都不能触碰！是啊！我们学校自建校开始好像还没有听说哪个班主任组织过这样的活动。为什么？不是不能，是不敢！学校三令五申，一切教育活动要以维护学生的生命安全为第一要旨。标新立异，只顾出风头，万一发生安全事故，那可是吃不了兜着走。

但不能因为有压力、有阻力就"因噎废食"，好的教育活动和形式、有利于学生成长和进步的教育手段，还是必须要运用的。只要我们做足了准备，充分发挥学生社团的主体作用，事故的发生率就是极低的，基本上可以杜绝事故的发生。我当班主任二十多年，组织这样的活动几十次，实现了零事故。

组委会又规定了具体的游历行程：在红旗水库坝基整队合影留念，沿山路上行到双江水库，再选定宽阔一点的地方合影留念。负责拍摄的同学，尽量多拍一点大家互动的小插曲，以备毕业时制作毕业光盘。

虽然有严格的团队活动纪律要求，但身处这样优美的大自然，大家仍然兴奋得不得了。看，水库的水真清啊！没有一丝杂质，没有一点污染，碧绿一片，如锦如缎。水深处，波光粼粼，深邃黝黑；水浅处，晶莹剔透，游鱼可数；水滞处，平光如镜，毛发可见。

水库周围的奇峰呢，还要调皮地在水中照个影儿呢。薄雾中，山色如黛，烟雨朦胧，有凌空而起的俊秀群峰，有破岩而出的苍翠古树，有五彩斑斓的陡峭石壁。它们或如碧莲出水，亭亭玉立；或如潜龙抬头，爪尾隐藏；或如骏马凌空，昂首嘶鸣；或如丹青壁画，粉墨纵横……

大家摆着各种各样的姿势，或三三两两，或单独留影，要把这纯美的自然风光载进生命的日历中珍藏。

这时，有同学提出，听说双江水库上游有一株树龄达两千多年的银杏树，要三人才能合抱，树身有个空洞，可以摆张桌子在里面吃饭，无数旅游爱好者都会到那里合影留念，现在我们好不容易到了双江水库，不去看看这么大的古银杏树太可惜了。

怎么办？社团组委会立马组织大家讨论。根据集体意见，距离只有两千多米，可以前去。但考虑到有几个同学身体不适，不做硬性规定。不愿去的，社团再选派得力干将和这些同学原地待命；愿意去的，整理好队伍，马上出发。

结果，社团二十多个同学人人要去，包括原先几个喊累的同学。走了大约半小时，只见在南桥镇马皇村罗汉山上，一株20多米高的古银杏树拔地而起，胸径将近4米，冠幅为东西20米、南北22米。据国家林业部门权威专家考证，这株古树为春秋战国时古越人所种，距今约2500年。大家都为之惊叹，深深地吸了几口气，希望把古树的仙气带进我们的生命里。

【专家点评】

学校既是对学生进行文化科学知识教育的主阵地，也是学生兴趣爱好形成的主要场所。班级学生社团就是学生根据自己的兴趣、爱好、特长、个性等，通过自愿报名、社团招募，由班主任共同参与并组建起来的集知识学习、社会实践、资源共享、技能提升、情操陶冶、自主发展等为一体的成长共同体。

社团文化是班级文化的重要组成部分，它主要由学生创造，又对学生产生深刻的影响。在新形势下，班级要坚持社会主义核心价值观，班主任要把握班级学生社团的航标，对社团组织进行目标调控，使社团活动贴近学生的思想、学习和生活，丰富学生的内心世界，培养学生的兴趣爱好和特长，活跃校园文化生活，顺应时代潮流，符合社会发展需要。

学生社团也是第一课堂的延伸和补充，班级要组织内容翔实、形式多样、积极健康、格调高雅的社团活动，在友好、理解、互动的氛围中，陶冶学生的情操。

愿我们的校园处处绽放社团之花，愿社团成为孩子们生命成长中的一抹蔚蓝、一种点缀、一道彩虹！愿社团成为孩子们精神成长中的星星草绿、人生履历中的翩飞彩蝶，使他们受益终生！

点子15　按需设岗法——让生命在岗位中闪亮

【方法解读】

有需求就设置岗位，这是班级岗位设置的基本原则。班主任应该根据班级管理的实际需要设置岗位，或增或减，保证班级常规事务有人负责，有人落实，不留真空领域，不留空白地带，让每一个学生都能够在班级事务中历练。

【现身说法】

班级常规管理缺位严重是令所有班主任头痛的问题，我也不例外。怎么办？我决定在班级内采取按需设岗的办法来解决这一疑难。我根据班级常规管理的需要，设置尽可能细致的岗位，让班级的每一个学生都能找到自己最适合的岗位，在岗位上锻造，在岗位上闪亮。

一、哪些岗位是必不可少的？

新学期开始，我在班级内开展了相关的民意调查活动，让学生们各抒己见。

上一届的班委会核心人员班长刘东杰表明态度："我觉得班委会中班长、学习委员、纪律委员、卫生委员、体育委员、生活委员、文娱委员、团支书这八个岗位缺一不可，都是实打实要做事的，建好了班委会，班级最基本的运作就有了保障。""请大家对设置这八个岗位表明自己的态度。"我征询学生们的意见。"唰"的一下，班级内的54名同学都高举小手，班委会这八个岗位定下来了。

"班委会只是班级管理的基本框架，除了这八个岗位，还有哪些岗位是必不可少的？"我让学生们继续发表自己的看法。

"科代表这个职位太重要了,它既是我们班级同学和科任教师沟通的桥梁,也是班级同学各科学习的领航员。上学期,如果没有科代表们的鼎力支持,我这个学习委员还不成了孤家寡人?我们班现在开设了九门功课,这九个科代表也是缺一不可啊!"上一届学习委员坦言自己的看法。"大家意下如何?"我话音刚落,班级同学又齐刷刷地举起了小手,又是全票通过。

"小组长在班级里不算官,但我觉得这个职位也十分重要,收发作业,检查功课,管理组内卫生、纪律,都是需要实实在在落实的。"上一届的小组长媛媛诉说着小组长的工作日常。"班级有八个小组,每个小组分设纪律卫生、学习两个组长,全班共需设置十六个组长,大家觉得有必要吗?""很有必要,小组长也是班级最一线的服务者,我们组内同学有困难,第一个想到的就是寻求小组长的帮助。"学生君君畅言自己的心声,其他同学也纷纷附和。

二、班级需要增设哪些岗位?

上一届班长提出,班长一个人抓班级全盘工作有点力不从心的感觉。名义上班长是一人之下,几十人之上,但真正落实到班级日常管理工作中,又有点孤家寡人的味道,班级是不是可以考虑为班长这个职位增设两个助理。一方面,"三个臭皮匠,赛过诸葛亮",人多力量大,智谋多;另一方面,也便于加强对班级干部团队的总体管理。

班级内多数同学赞成,少数反对,少数弃权,留待我最后裁决。我表明自己的想法:"可以尝试设置助理职位,做得好了继续保持,做不好再更换方式。"同学们表示接受。

上一届纪律委员也开始抱怨:"我在班级里基本上变成了'过街老鼠',很不讨人喜欢。我强烈建议,班级从各组抽调一个骨干,组建班级纪律管理团队,这样让纪律管理真正落实到小组,更加公开透明、公平民主。""如何?"我把决定权抛给大家。"支持!"全班同学也用简洁的两个字回应。

"要说班级最忙的职位,我个人认为非'卫生委员'莫属。一大早来到学校,我就要一个个通知同学们做哪一项卫生工作,有时由于疏忽,通知不到位,班级就会留下卫生死角。晨洁、午扫、晚理,天天循环不断,一个人操心这么多人的卫生清理工作,确实太累了。我建议,班级制作一个卫生岗位责任表,班级卫生工作责任到人,卫生委员只负责督促检查。这样既减少了工作难度,又更好地落实了班级卫生工作。"上一届卫生委员在大倒苦水的同时提出了改革方案。

"这个思路我赞成!责任到人,按岗追责,很先进的管理办法!大家觉得怎样?"我直接表明态度。"好是好,不过卫生工作分配要尽量做到公平公正,并尽可能照顾一下有困难的同学,就像我,家离学校比较远,只能做一些简单轻松的事。"洋洋说。"没问题,我们赞成!"绝大多数同学表示同意。

接下来,文娱委员提出组建班级小记者团队,及时报道班级内的好人好事、优秀典型;体育委员提出组建班级社团活动小组,让班级的课后活动更加丰富多彩;团支书提出组建班级团委,加强对班级团员同学的管理和引导,发挥好团员在班级内的先进带动作用……

三、学生自选岗位,班级适当调整

哪一个岗位是你最心仪的?哪一个岗位是你最合适的?请提交你的志愿。班级大大小小的岗位公布后,同学们发现,班级竟然可以提供这么广阔的天地让大家去锻炼。志愿很快收集回来。卫生岗位人定一岗,有重复或缺位现象,班级再做调整。其他的管理性岗位也很快梳理完整,班级智囊团——我这个班主任的"贴身护卫",牺牲一个下午的休息时间,为班级内的每一个同学都找好了自己心仪的管理岗位。班委会干部和各科代表基本沿袭了上一届的名单,因为这样的工作没有一定的经验确实不是那么容易做好的。对小组管理有兴趣的同学就出任组长一职,让他们在小组服务中磨炼;热心肠的就到纪律委员麾下领命;喜欢文体活动的就由文娱委员和体育委员任命……

岗位名称设置也精彩纷呈。卫生一项设了讲台保洁员、黑板保洁员、前后门保洁员、窗户保洁员、教室卫生巡视员、公共区卫生巡视员等；纪律一项新设了八位纪律钦差大臣；文体两部新设好几个社团团长，如剪纸社团团长、骑行社团团长、乒乓球社团团长等。

四、明确岗位，表格公示

班级岗位职责一览表（部分）

姓名	岗位	职责
刘东杰	班长、讲台保洁员、骑行社团团长	班级管理、讲台保洁、骑行活动
莫一鸣	班长助理、黑板保洁员	协助班长管理班级、黑板保洁
陈 阳	班长助理、班班通管理员	协助班长管理班级、开关班班通
邓慧婷	学习委员、阳台保洁员、剪纸社团团长	学习管理、阳台保洁、剪纸活动
陈嘉欣	纪律委员、前窗保洁员、女排队长	纪律管理、前窗保洁、女排训练
莫乐意	卫生委员、公共区保洁员	卫生管理、公共区保洁
蒋 超	体育委员、公共区保洁员、篮球队队长	体育组织、公共区保洁、篮球活动
吕 玥	生活委员、垃圾桶保洁员、野炊社团团长	生活管理、垃圾桶保洁、野炊活动
周玉敏	文娱委员、图书角保洁员、合唱队队长	文娱活动、图书角保洁、合唱训练
毛丽丽	团支书、板报保洁员、志愿者队长	团委活动、板报保洁、志愿活动
陈其羡	数学科代表、前后门保洁员	数学作业收发、前后门保洁
刘诗语	语文科代表、后窗保洁员、班刊组稿员	语文作业收发、后窗保洁、班刊组稿
刘阿明	一组学习组长、教室地面保洁员	一组学习督查辅导、教室地面保洁

班级的按需设岗实践很好地保证了班级内每名学生有事做，每件事有人做，每名学生都有具体的职责和岗位，班级管理焕发出勃勃生机。

【专家点评】

"麻雀虽小，五脏俱全"，班级虽是极小的组织单位，但需要用人的岗位其实很多。小到日常的班级卫生工作、作业收交、课文背诵等都需要人去落实。岗位设置不明确，往往会陷入"三个和尚没水喝"的怪圈，严重影响班级管理效率。

按需设岗就很好地解决了这一疑难。班级需要什么岗位就设置什么岗位、落实什么工作，真正做到人人有事做，事事有人做，事事落得实，事事做得好。

这一方法具体有三个原则。

（1）按人设岗，主要指向班级的值日生工作。班级通过调整岗位数和人数的比例，确保一人一岗。这样就设立了每个人在班级里尽义务的底线。

（2）按需设岗，根据班级工作的实际需要设置岗位。有需求，才设置，不必强求，更不要没事找事做。同时，需求是会变化的，或增或减，岗位的设置也应随即变化。

（3）因人设岗，根据学生的兴趣爱好和特长，为他们量身订制岗位。按"学生能做什么就安排什么"的原则操作，发现人才，人尽其才，让每名学生都尽最大可能为班级建设添彩！

点子16　模拟企业法——班级的企业化运作

【方法解读】

模拟企业法是以学生就业为导向，以提高学生专业技能和职业素养为主要目标，以角色模拟为载体，以提高学生责任感、综合素质和竞争能力等为目的，吸取企业先进管理理念，通过模拟企业的管理组织架构、人事考核制度、企业文化活动等营造职业化环境，开展班级管理活动的一种班级管理模式。

【现身说法】

再过一年，学生们就要奔赴各自的岗位，去开创自己崭新而丰富的职场人生。前几届毕业的学生不时向我大倒苦水："老师，我们陡然从职业学校走进职场，真有点不适应。我们学校是否也能让同学们模拟一下工作场景，免得到时进入企业灰头土脸，不能尽快适应？"是啊，作为职业学校，我们也许只是注重了技能培训，而对于学生进入企业后能否适应公司的工作和管理，我们想得很少，现在完全有必要让学生先在学校练练兵。

首先是企业领导班子人员的设立。我在班级里做动员工作："为了让大家在以后的工作岗位上更加得心应手，我们的班级管理将模拟企业运作模式。我也诚恳地希望，几年后、十几年后、二三十年后，我们班里能够涌现出一批优秀的董事长、总经理！现在就是我们追梦的开始。"班级里掌声雷动，同学们摩拳擦掌，都憋足了劲。通过班级同学间的酝酿和竞争，参照企业管理模式，我们班级的"企业管理机构"产生了。

董事长是企业的掌门人，要管的事千头万绪，就由班级人脉丰富、乐于助人、技能扎实、众望所归的陈良才同学担任。我们又分聘董事会和分公司经理，各分支企业及职能办公科室也纷纷组建——技术科、生产科、研发科、销售科、人事科、财务科。技术科负责活动的开展和组织，生产科负责作业的发布和收回，研发科负责疑难问题的协调和处理，销售科负责跳蚤市场的运作，人事科负责岗位的设置和落实，财务科负责同学虚拟货币的量化。班级的企业化运作开始了。

经过企业管理模式的改革，原先的班委会成员变成了公司的主要负责人，并组成了董事会，各小组就是分公司，原来的小组组长们现在荣升为分公司经理。为此，我们班级还特地举办董事长、董事会、各分公司经理就职宣誓活动。头衔一变，果然连说话都底气十足，一个个表决心，谈规划，还真像那么回事儿。认真细致的刘丽丽当选为卫生管理董事，一整套公司管理和运作模式立马出台，奖优罚劣，奖勤罚懒，一点也不含糊。对班级工作比较热心的陈佳琪当选为纪律董事，马上参照公司纪律运作方案，一本正经地跟大家三令五申："别怪我没有提醒大家啊，我这个人，对事不对人，一切按公司的纪律要求办，若有违反，别怪我不讲情面。"

财务管理是公司的命脉，我们公司的财务管理架构为财务副总一名，下设财务主办会计和副主办会计各一名。财务主办会计下辖综合统计、生产统计、财务统计、出纳会计、主办会计各一名。我们的财务工作就是对大家在学习、纪律、卫生、体育、活动等各项工作中的表现进行统计，体现每一个成员的劳动价值，为企业薪酬的发放提供客观、公正的第一手材料。

薪酬制度是企业运作的关键。各分公司为不同职位设定了不同的薪酬。不同的岗位有不同的操作规范和要求。薪酬怎么发？我们的班级货币也随即诞生。这种班级货币是一种虚拟货币，我们也按照市场通用的人民币设定班级货币的币额。企业也遵循"多劳多得、少劳少得、不劳不得"的劳动分配制度，为不同岗位、不同员工提供客观公正的"薪酬"。

班级公司运作之初，员工思想开小差很正常。有学生抱着无所谓的态度说："都是假的，我们辛辛苦苦在'公司'里上班，最后一分钱也得不到，我个人的'工资'你们想扣就扣吧。"了解到这一不认真的思想动态，我及时找该学生沟通，我也当着学生的面打电话和家长沟通："我们班级需要把你儿子在班级所挣的虚拟货币和每月你给他的生活费、零花钱挂钩，虚拟货币挣得多,你可以适当增加供给,少的话可以适量减少供给。"家长连连说好。学生呢,只好老老实实地将班级虚拟货币当真金白银来挣。

分公司经营不善怎么办?我们的分公司就是班级的小组。小组成员懒懒散散,纪律松懈,学习不努力,公司效益肯定差劲。董事会于是限令分公司整改或关闭。关闭的公司,公司人员将面临下岗,也就是小组人员将解散,无工可打,下岗失业。这是多没面子的事!就有这么一家分公司,公司人员组织纪律性涣散,学习不努力,卫生一团糟。怎么办?我召开分公司会议,要大家想办法让公司起死回生:"别的分公司红红火火,有声有色,你们公司咋就混得这样差劲呢?还好,现在只是班级模拟,如果真的是私营公司面临倒闭,大家该怎么办?"分公司人员这下着急了,纷纷出谋划策,想办法让公司走出困境。"不是公司劳动卫生差吗?好,下周开始,班级公共区的卫生归我们公司包了,如果班级排名有所提高,我们公司的效益和大家的工资还可以涨一点,何乐而不为呢?"果然,分公司人员上下齐心,夺了全班第一,公司经营马上恢复正常。

当然,一个公司要想健康正常地发展,其员工激励机制也是必不可少的。我们也出台了"能者上、庸者下"的激励机制和"让一部分人先富起来"的政策。这样,一个比较现代化的公司基本上运转起来了。我们相信,经过公司的打磨,我们的孩子在未来的职场生涯中一定会越来越优秀,他们也一定会有底气、有信心迎接社会的挑选和挑战!

【专家点评】

模拟企业法来源于德国的行动导向教学法,而且它根基于项目教学法。该方法将企业运作的一些基本做法和要求引入班级管理,让学生在未进入企业前就开始模拟和适应企业的运作模式,为他们建立一个提前实习的缓冲地带,为其将来进入企业工作打下良好基础。班委会是"董事会",每个小组是班级的"分公司",学生们能够在职业角色体验的游戏中学会管理、学会做人、学会经营自己的人生。

点子17　虚拟经营法——巧借外力管好班

【方法解读】

传统意义上的班主任就是"苦""累""忙""烦琐""全能"的代名词。班级的虚拟经营就是将与班级管理核心内容关系不大或者无关的一些内容，从班主任的日常工作中分离出来，让科任教师、学生、家长甚至社会团体来做，让班主任集中精力做好育人的大事。

【现身说法】

常规的班级管理是个复杂而精细的工程，条分缕析，内容繁多，这也让很多班主任苦不堪言。有没有更好的办法让班主任从这种烦琐、复杂、低效的班级常规管理状态中解放出来，让班主任回归班级管理的核心事务呢？班级虚拟管理就是一种不错的尝试。

分清班主任的中心工作和核心任务很有必要。根据《教育部关于进一步加强中小学班主任工作的意见》，班主任的基本职责主要包括：做好中小学生的教育引导工作，做好班级的管理工作，组织好班集体活动，关注每一位学生的全面发展，做好学校基层的组织与协调工作。其实，这段话明确指出班主任的中心工作是组织和培养班集体，班主任的核心任务是促进班集体成员全面发展。因此，我们完全可以把与这两个主要工作无关或关系不是很密切的内容，从班主任工作中剥离出来，启用科任教师、学生、家长及社会力量，回复班主任的核心功能，解放班主任。

一、借力科任教师，做好后进生转化工作

学生小A在数学课上和数学老师"杠"上了。最近几天，他的数学作业又没有交。数学老师一气之下要他站起来，并当着全班同学的面狠狠地

批评了他。不料小A当堂就怒怼道："不交又怎么样？！"数学老师很生气，把他送到我的办公室，说："刘老师，这个学生我没法教了。以后我的数学课他就不要进教室听课了。作业不交，他还说不交怎么样。这样的学生我还第一次遇到。"

好言安慰了数学老师后，我和小A谈了不交作业的严重性。希望他向数学老师道歉，改变学习态度。"我不会道歉，作业我不会做，他在课堂上批评人的话太难听了。"小A寸步不让。没办法，解铃还须系铃人。课后，我找到数学老师深入交谈了帮助小A的问题。"这个学生基础差，态度也差，没办法教。"数学老师也寸步不让。两个当事人态度都这样强硬，我这个中间人就为难了。没办法，我只好用央求的语气对数学老师说："就算帮我私人一个忙吧。这孩子本性不坏，又是单亲家庭，他的作业问题必须要你亲自想办法才能解决。"看我这样，数学老师也是通情达理之人，回答我："好吧，尽我所能。"

上自习课时，数学老师把小A喊到我的办公室，诚恳地说："上次我们师生之间的冲突主要还是怪我。我没有了解到你的实际困难，平时也没有想办法照顾你的学习情况，我向你道歉。希望从今以后，我们师生好好合作，一起学好数学，认真完成作业。你看行吗？"看到老师这样诚恳，小A激动地表态："老师，我错了，我不应该不完成作业，也不应该在课堂上顶撞您。我一定改。"

在接下来的日子里，每天数学课课前十分钟，数学老师一定会把小A叫到办公室，拿出他前一天的作业，耐心地向他讲解出错的地方。无奈小A这孩子基础太差，以前落下的功课太多了，无论数学老师如何努力，有些问题他还是听不懂。有一天，数学老师无奈地对我说："刘老师，对不起，你交给我的任务我完不成了，小A这孩子基础实在太差，我也没办法啊。""你看降低一点对他的要求如何。这孩子落下的功课太多，我们班学生的基础普遍较好，作业题对他来说有一定的难度啊。"我建议道。"我试试。"数学老师回答。

自此，我发现，为了小A，数学老师另外又准备了一套作业题，这套题目容易一些，要求低一些，听着小A在办公室里和数学老师愉快的对话，我知道，这孩子彻底改变了，他的数学成绩开始稳定提升，作业每天都能按时完成。上次班级数学测试，他考了60分，这可是破天荒的事！

二、借力学生自主，实行班级常规管理

班级常规管理中的许多工作，班主任其实都可以借助于班级学生团队的力量来完成。我的做法就是在班级里推行自主管理。

第一步是成立班级自主委员会，它与常规管理中的班委会差不多，不过手中的权力比班委会大一些。班主任不在，班级自主委员会就全权负责班级管理工作。

第二步是岗位到人，对班级岗位实行精细化分工，做到"人人有事做，事事有人做"。

第三步是成立班级兴趣小组。为什么要成立这样的小组？除了课堂上的45分钟，学生需要在闲暇时有事做。管理学生的闲暇时间最靠谱的办法是什么？当然是组建兴趣小组（如班级的"英语角""奥数组""快乐作文小分队""历史大观园""篮球队""排球队"……）。

第四步是建立班级志愿者团队。班级里有些常规工作有同学没有落实到位怎么办？志愿者团队这时就派上用场了。卫生工作不到位，志愿者们默默地做好了；有同学完不成作业，志愿者们挺身而出……

三、借力家长团队，开发班级活动项目

家长团队也是班级管理的优质资源。有些班级活动，没有家长的参与还真不行。像班级的游学活动，班主任可以积极邀请家长参与，这样家长就会在无形中为活动的开展提供有力的支撑。如果需要车，家长团队可以提供；如果需要活动设备，家长团队可以想办法解决；如果担心学生的安全，家长团队可以全程跟踪护航……班级要开展法制教育讲座，有

同学的父亲就在派出所工作，到很多学校做过讲座；班级要开发"百家讲坛"栏目，家长们就八仙过海，各显神通，纷纷根据各自特长来班级登台献艺……

在充分借助于外力资源的情况下，我发现，班级的虚拟经营越来越有声有色。科任教师的积极性被调动起来了，除了辅导学生功课，更多的科任教师也参与了学生的心理辅导工作，他们甚至愿意配合我这个班主任进行家访。学生团队也发挥出超乎想象的管理能力和创造力，班级的常规工作井井有条，比我这个班主任单打独斗强多了。家长们参与班级活动的积极性空前高涨，他们经常和我网上聊天，做下次活动的准备工作。此外，我们还想办法引进了外班的优秀资源进入班级空间，我们和本校一个高年级班建立了友好班级，不时邀请他们班的学生来我班辅导同学功课、举办班际联欢活动。学校领导、学校有名气的老师也都接到了我班的邀请函，时常来我班参与活动、开专题讲座……

班级管理还是虚拟经营好啊！我这个班主任主要就起一个总设计师的作用！

【专家点评】

虚拟经营源自"虚拟企业"的概念。1991年美国学者肯尼斯·普瑞斯等提出了"虚拟企业"的概念，随后全世界范围内刮起了一场虚拟经营的浪潮。从价值链和供应链的角度考察，虚拟经营的精髓是将有限的资源集中在附加值高的功能上，而将附加值低的功能虚拟化，利用供应链的整合，实现战略联盟的"多赢"。

班主任在班级里的虚拟经营实际上就是对班级工作实施选择性管理。"有所为，有所不为""好钢用在刀刃上"，要把班级管理的有限资源投放到最能产生教育效益、最不能代替的项目上去，追求资源和效益的最大化。

教育现象是复杂的社会现象，教育行为多是精神形态的创造性劳动，具有无限的多样性。班主任的虚拟经营就是借助于各种"为我所用"的力量,让班主任工作走个性、特色、品牌、专业发展之路。荀子说:"君子生非异也,善假于物也。"班级虚拟经营不正是这样吗?

点子18　正面管教法——头文字D

【方法解读】

正面管教是一种既不惩罚，也不骄纵的管教学生的方法，它以相互尊重与合作为基础，把和善与坚定融为一体，在学生自我控制的基础上，培养学生核心素养的发展。正面管教能够赢得师生合作，会给教育带来积极的感觉。用正面的道理影响学生、说服学生、教育学生，远比叱骂、指责、惩罚效果更佳。

【现身说法】

每每听到歌手周杰伦的《头文字D》，我的心头总会涌起一种似曾相识的感觉，很自然地回想起"头文字D"在我们班级引发的闹剧。

那天早自习铃响过，别的班级书声琅琅，秩序井然，唯独我们班，一反常态，乱哄哄的。远远地，我在操场上看到，教室里帽子飞舞，活脱脱的"空中飞帽秀"。一大早大概是哪几个同学心血来潮，又把什么闹剧带进了班级。为了弄清事情的真相，我决定做一回不太光彩的事情——偷听"墙角"。

"我的帽子呢，快还给我，班主任马上就要到了。"迪急急地哀求着。

"急什么急，这样有个性的发型，让班主任见识一下也好，我敢打赌，班主任肯定也是头一回见识到如此时髦的发型。"学生杰嬉皮笑脸地回敬道。

"还有我的帽子呢，求求你们了行吗？"辉的声音里带着哭腔。

"都什么季节了，吹空调都嫌热，穿短衣、短裤还热汗淋漓，你偏偏要戴什么'博士帽'，是不是有点不伦不类？"学生宇笑着又将辉的帽子丢给另一个同学了。

"哪个要是再乱丢我的帽子,我可要骂人了。"鸥抢不到乱传的帽子,差点口出粗言。

这时候再不出面,还真不知这混乱局面要延续到几时了。我轻咳一声,走进了教室,"空中飞帽秀"马上停止下来,几顶帽子也陆续传回到了几个学生的头上。

"一大早的,早自习铃都响过好久了,教室里沸反盈天的,到底有啥开心的事?"我明知故问道。

"老师,是几顶帽子,挺时髦的。"快嘴李岩打机关枪似的向我反映道。

我抬眼望去,见几个戴帽子的同学头压得低低的,脸上露出恐慌的神色。我知道有戏了。

"几顶帽子?有什么稀奇的,这热天戴太阳帽可是别人的自由,怎么这么多人跟着起哄?"我故意为这几个学生开脱道。

"老师,您看错了,不是太阳帽。"教室后面传来纠错的声音。

"哦,是我刚才看走了眼。这样热的天气,把冬天戴的皮帽子都翻出来了。真有点另类。"我不冷不热的话语引得班级爆发出一阵哄堂大笑。

"岂止另类,简直不可思议。老师,您看看帽子底下,隐藏着秘密呢。"班长文提醒我道。

"哦,真的吗?我们到办公室里谈谈。"几个学生跟着我走进办公室。

"你们几个把帽子拿掉,让老师见识见识帽子下面的秘密。"我轻描淡写地说道。三个戴帽子的同学见瞒不住了,一个个垂头丧气地把帽子从头上取下来。从前面看,三个人似乎并无特别之处,只是新理了头发,比以前精神一些。既然前面看不出来,我叫他们集体向后转。三人迟疑了半天才转过身去。好家伙,秘密原来隐藏在后脑勺上。你猜怎么着?只见三人的后脑勺上,都新剪了几个奇怪的字母。迪的后脑勺上是"L""Y""D",辉的后脑勺上是"X""H",鸥的后脑勺上是"J""F""O"。我细细一品味,哦,原来是这么一回事。迪的名字是刘玉迪、辉叫许辉、鸥叫蒋飞鸥,后脑勺上几个奇怪的字母原来是每个人姓名拼音的首字母!我一时哭笑不得。才多大的孩子，刚刚读初一，追时髦竟然追到这种程度了！

"理发，本无可厚非。但我想不通的是，你们几个为什么理了发还要在后脑勺上剪几个个性化的字母？"我态度和善地盘问道。

"我们本不想这么剪的。昨天下午放学后，我们几个相约去理发，刚剪好了头发，准备回家。这时理发店走进了几个小青年，嚷嚷着要剪'字母头'，并揶揄我们说：'你们真是土老帽，都什么年代了，还剪这样的平头！周杰伦的歌《头文字D》听过吗？说的就是该怎么剪头发，看哥哥们剪的"字母头"，才真叫时髦呢。'我们感到新奇，就站在那里看，剪完后觉得确实不错，也想剪，但考虑到会遭到老师和同学的不理解，也就放弃了。不想，那几个小青年嘲笑道：'我们早就晓得你们几个是土老帽，不敢剪，果然让我们猜中了。哈哈哈。'这时，刘玉迪不服气地说：'谁怕谁，不就是几个字母吗？你们剪得，我们就不敢剪？师傅，我们仨也剪一个。'于是就……"

真是一群又可笑又可气的孩子，跟人家赌气赌到这个份上了。我心平气和地继续问道："周杰伦的《头文字D》，你们听过没有？""我们没有听过，但听着这怪怪的歌名，想必是在头上剪一个字母D吧。"三个人老实地回答道。

听着这不伦不类的回答，我笑道："这首歌我唱给你们听听，你们看是不是讲剪头发的事。"我于是高声唱道："在那用秒数传递信息的时代，快来参加那激动人心的比赛，在那冲向终点的辉煌瞬间，凝聚成一生难忘的美好童年……我们是不惧怕黑夜的赛车手，雷速登上不尽的程途……"唱完后，我看着他们疑惑的眼神，问道："这首歌是不是讲剪字母头的问题呢？""不是。""那讲的是什么呢？""赛车的事。""对呀。你们看你们错得多离谱。"三个人不好意思地笑起来。

"既然你们觉得剪字母头没什么大不了的，为什么今天上课又戴帽子呢？"我继续说出自己的疑惑。

"我们回家后这字母头被奶奶发现了（三个人都是留守儿童，父母都到外地打工了，孩子由爷爷、奶奶照顾），奶奶拿着棒棒追着我们打，说怎么见人。我们想想也是，只好戴帽子来学校了，希望等头发长起来，后脑勺上的几个字母就看不清楚了。不想，刚进教室，帽子就被同学们摘下来了，于是就发生了刚才的一幕。"三人说着流下泪来。

听完事情的原委，我陷入了深深的思索。说实话，剪"字母头"的三个学生平时在班级里还是比较老实听话的，虽说不时会耍点小聪明，但爱动脑筋、爱标新立异是孩子的天性，本无可厚非。作为班主任，我也不想我们班级的学生一个个一本正经、少年老成。但今天的标新立异似乎又该区别对待。其一，剪稀奇古怪的发型，学校是绝对禁止的；其二，学生年龄小，还没有练就一双识别善恶美丑的火眼金睛，价值取向有时难免出现失误。现在的社会鱼龙混杂，保不准孩子不受社会某些别有用心者的蛊惑。我必须给他们及班级同学念念紧箍咒，实行正面管教，防患未然。

这时，我态度严肃起来，严厉地说："听起来你们这件事好像情有可原，但仔细分析起来，事情并没有这样简单。从根本上说，还是你们自己的思想认识问题。小青年剪'字母头'，那是他们的自由，没有人会干涉他们。因为，他们已走入社会，只要不干违法犯罪的事，剪什么样的发型，完全可以凭自己的个人喜好。但你们就不同了，你们现在还是受教育者，还没有走入社会，生活在学校这个大集体中，受着学校组织纪律的约束，凡事应该三思而后行，而不能凭个人喜好，凭一时之勇。所幸你们只是剪了个怪发型，问题还不是太严重。要是听凭别人的唆使，真的做出其他违法犯罪的事，问题可就真的不好解决了。有人说，从伟大到可笑只有一步，一步不慎，往往后悔终生。如果下次再遇上类似的情况，还真不知你们会犯怎样愚蠢、低级的错误呢！"他们三个人起初对我的批评好像还不太信服，但听到后来，不由得一个个汗毛倒竖，心服口服地说："老师，谢谢您的教育，我们当时还真没有这样想过。我们以后再也不敢了。"

"是啊，现在的社会很复杂。网黄毒、偷扒抢，在某些人眼里是时髦的代名词，某些不法分子往往打着时髦的幌子引诱青少年上当，我们绝不能掉以轻心，放松对自己的要求，要学会保护自己。"我语重心长地启发道。

"老师，我们懂了，都怪我们没有严格要求自己，以至于上了人家的当。我们这就上街把后脑勺上的几个字母处理掉。"三名学生坚定地说。

【专家点评】

正面管教是美国教育学博士、杰出心理学家、教育家简·尼尔森在她的专著《正面管教》中提出来的。在学生越来越难教育的今天，严厉和骄纵的教育方式必然会不断受到前所未有的挑战，而且这些挑战付出的代价将是沉重的。因此，作为班主任，我们应该积极地探索新的教育方式，而正面管教则给我们提供了另一种视角，值得深入研究和实践。

很多人认为学生进入学校的目的就是学习功课，而各种纪律规定应该以学生取得优异的学习成绩为目的。因此，教师们普遍实行的是以奖励和惩罚为基础的管教方法，其目的是控制学生。然而，研究表明，除非教给孩子们社会和情感技能，否则他们学习起来会很艰难，并且纪律问题会越来越多。

专注于解决问题是正面管教的主旨。很多班主任认为只有两种管教方式可用：逻辑后果和"暂停"。他们的"暂停"是惩罚性的，而逻辑后果往往是经过拙劣伪装的惩罚。

正面管教是一种不同的方式，它把重点放在创建一个相互尊重和支持的班集体上，激发学生的内在动力去追求学业和社会的成功，使教室成为一个培育人、愉悦和快乐的学习和成长的场所。不惩罚也不骄纵，正面管教倡导的是和善而坚定，并且把有价值的社会技能和人生技能教给孩子。

总之，对学生的教育，我们应该以正面管教为主，让学生的价值取向回归正确的轨道。

点子19　乡土课程法——留住乡土文化的根

【方法解读】

乡土文化是我们民族精神和物质的交融,是我们民族文化的根。但随着城市化进程的加快,乡土的淳朴日渐浸染于城市的浮华,传统意义上的乡村正在消失,乡村学校日趋减少。乡村的消失和乡村学校的减少是否意味着乡村土生土长的乡土文化也将消逝?乡土课程的开发还有必要吗?还有价值吗?让我们行动起来,把乡土文化的根留住。

【现身说法】

在教育中,我发现一个怪现象:我们的学生对养育自己的这片土地了解得很少,有些甚至一无所知,他们不懂地方的历史,更不懂地方的文化,传统文化几近失传。像我们这个地方的蓝印花布、布袋戏,已经申请了全国的非物质文化遗产,但是学生们几乎并不了解;我们这个地方的扎故事,也是名声在外,结果我跟学生提起,大家好像听天书一样。由此可见,乡土课程的建设刻不容缓。

一、乡土文化的挖掘和整理

民族的,才是最宝贵的。失去了千百年口口相传的一些优秀文化,就是动摇了我们民族的根本。饮水思源,树高千尺也忘不了根。作为一名基层教师,我觉得在学生幼小的心灵里扎下传统文化的根刻不容缓,也是教育工作者的职责。所以,我主动引导学生关注我们地方的山歌文化、谜语文化、民间传说。

我们班级成立了专门的山歌文化、谜语文化、民间传说收集整理兴趣小组,并设有组长、采风大使、采风副使和整理大使。大家团结协作,深入民间，愉快地做着一件件看似不可能完成的事；但我们乐此不疲，因为大家都认识到，这是一件有意义的事，这也是我们应该承担的社会责任。

大家走村串户，深入采访乡村中了解很多掌故的老人，让老人们开启尘封的记忆，还原原生态的乡土山歌、谜语、民间传说。经过大约一年的走访，仅原生态山歌，我们师生就搜集整理了上千首。

以前我们这个地方的很多青壮年都到广西做小生意、挑盐，所以我们这里的山歌与广西山歌就发生了有趣的文化交流和碰撞。比如下面这首山歌表现的就是挑盐夫妻之间的深情："椆树扁担软绵绵，打发丈夫去挑盐。早回三天不要紧，迟回三天当半年。床上眼泪洗得澡，地上眼泪划得船。"这首山歌大胆夸张，淋漓尽致地突出了妻子在家无时无刻不担心丈夫的生命安危，同时也表现了挑盐的辛苦、艰难。从这个角度来说，山歌表现的主题具有深广的社会意义。

又比如："读的书多胜大丘，不种不做也有收。日里不怕强盗抢，夜里不怕贼来偷。""年轻做事不认真，如今年老打单身。三餐茶饭冒人管，天光到黑冒人问。"这两首山歌流传至今，具有一定的教育意义。第一首用通俗易懂的语言，说明了读书的价值；第二首教育年轻人做事要吃得苦，这样才不至于孤身一人，过苦日子。

再比如这首山歌："高矮篱笆两堵墙，苦瓜丝瓜栽两行。郎吃苦瓜苦想妹，妹吃丝瓜思情郎。"它通过谐音双关的手法极其真切地将男女相思之情展现在读者的面前。这样一份爱恋，淡淡的，又带点忧伤，多么美好，多么富有生活情趣。更关键的是，它与我国《诗经》里的哀而不伤的写法何其相似，大有异曲同工之妙。

这些山歌都是我和我的学生从民间收集整理出来的，可以说，它们是真正的民间优秀文化。鲁迅先生说："乡民的本领并不亚于大文豪。"像这样的优秀山歌，土色土香，生活气息浓郁，表现手法独特，极富生命力，也正因如此，它们才能在民间口口相传，传唱几百年，长盛不衰。

至于民间传说，这两年，我和我的学生主要收集整理我们这边一个叫

"念满先生"的人的故事。这个人很不平常,曾做过魏源的侄儿魏松涛的师爷。魏松涛到陕西甘肃地区当巡抚,剿灭当地马姓土匪,用的就是他的计谋。晚年他回到家乡,人老了,又没有后人,生活比较凄苦,但他不为凄苦生活所累,总能让生活多出一些笑料。他惩治贪心的人,惩治地主老财,为普通百姓主持正义。早些年他的故事在湖南和广西的很多地方都有流传,但随着民间讲故事艺人的仙逝,这些传闻慢慢丢失了。如今我们到故事发生地去采访,很多老人都不在了,年轻的人只晓得几个相当流行的脚本故事,确实是一大憾事。

搜集整理这些乡土文化的过程,其实也是陶冶师生情操、净化师生灵魂的过程,也是很好的学习过程。它让我们了解到先人们丰富多彩的原生态生活,了解到先人们对家乡的热爱、战天斗地的勇气、乐观的生活态度、穿透时空的智慧……激励我们珍惜时光,努力学习和工作,创造更加幸福和美好的生活。

二、乡土课程的设计和实施

最原始、最乡土的文化素材掌握了,乡土课程的设计和实施就显得简单一些。因为同学们在走村串户的乡土文化采访过程中耳濡目染了很多乡土文化的原创作品,人人都积累了一定的乡土文化底蕴。我们要让优秀的乡土文化在学生们的心中扎根,为乡土文化的延续做一点力所能及的事,保留这种原生态的文化。

在班会课上,我们班级举办了乡土山歌大赛。

首先,我这个班主任扯起鸭公喉咙来一首乡土山歌:"山歌好唱口难开,杨梅好呷树难栽。米饭好吃田难种,鱼儿好呷网难甩。"

接着,请出家长代表中的山歌高手登台表演:"妹在河边洗茼蒿,洗起茼蒿满河泡。哪个呷了茼蒿水,郎得相思妹得痨。郎得相思易得症,妹得痨来把命交。"

学生们的山歌对唱是高潮:"你唱山歌冒我多,我的山歌用船拖。拖了三船零一担,还有三船零皮篓。""一把麻子甩上天,我唱山歌万万千。哪个若要唱赢我,还要跟我学三年。"

课余,我们师生还将这些收集整理到的山歌制作成图片,发到班级家长群和学习群,在社会上收到了很好的反响。至今,我只要走到大街上,总有人会和我打招呼:"嗨,刘老师,唱首原生态山歌听听。"我摆摆手,说实话,我五音不全,这个丑就不献了。

【专家点评】

"一方水土养一方人",我们的民族有着浓厚的乡土情怀。我们的民族智慧、民族情感、民族性格就是从厚厚的土地里生长出来的。消逝的乡村改变了乡土,却舍弃不了那一段情缘、那一种感觉、那一种情意。落叶归根,无论我们走得多远,飞得多高,乡土永远是我们割舍不了的情结。传承乡土文化是传承中华传统文化、保持民族文化多样性和丰富性的重要手段。

物质形态的乡土文化以物的形式在乡村的自然空间保留着,它们是先人的思想、情感、智慧的遗存,包括留存于乡村生活的建筑、自然风光等;非物质形态的文化是一套行为系统,包括乡土社会的伦理规矩、风俗礼仪、人文逸事等。

乡土课程的价值在于让学生了解我们的文化是从哪里来的,我们对待事物的态度、行为方式是如何形成的,我们民族精神的基底是怎样的。从本质上看,乡土课程是研究和继承中国农民生活道德的课程,是事关我们民族的灵魂安顿与文化归宿的课程。

美国前总统尼克松在《不战而胜》一书中说:"当有一天,中国的年轻人已经不再相信他们老祖宗的教导和他们的传统文化时,我们美国人就不战而胜了。"传统文化是我们民族的核心竞争力,建设特色鲜明的、独一无二的、无可替代的乡土课程,必将在未来的岁月照亮我们后代的灵魂!

点子20 小组合作法——"华山论剑"玩转小组合作

【方法解读】

小组合作法是指在将班级分成若干个合作小组的基础上，学生以小组为单位参与班级管理全过程的教育组织方式。相较于传统的班级管理方式，小组合作更凸显学生的主体地位，更有利于促进学生个体间的沟通交流，让学生在组间和组内的竞争与合作中获得品质、能力的成长，最终通过小组的有效自治实现班级的有效管理。

【现身说法】

金庸先生的武侠作品中有个经典情节叫作"华山论剑"。"华山论剑"前后一共有三次，以第一次"论剑"在武林中引起的反响最大，这在金庸先生的武侠巨著《射雕英雄传》中有精彩的描写。"东邪"黄药师、"西毒"欧阳锋、"南帝"段智兴、"北丐"洪七公、"中神通"王重阳，五人在华山之巅斗了七天七夜，争夺《九阴真经》。他们五人统称"五绝"，最终王重阳击败其余四人获胜。

第二次"华山论剑"，王重阳已逝，郭靖后生可畏，脱颖而出，被武林尊称为"北侠"。第三次"华山论剑"，"西狂"杨过、"中顽童"周伯通也展示了惊人的实力。因此，统观金庸先生笔下，能够在"华山论剑"中被武林人士认可的英雄人物一共八位，除"五绝"外，另有"北侠""西狂""中顽童"。

我本非武林人士，为什么要操这份闲心？实在是迫不得已。班级同学近来被网上一个"华山论剑"的游戏迷得神魂颠倒，我们班级正好要进行小组合作探究，因为小组间存在竞争关系，和"华山论剑"相似，我便想顺便借用一下各位英雄的名号，来激发各小组的战斗力。

我们班级共48名学生,我们初定8个小组,每个小组6人。组名即为"东邪""西毒""南帝""北丐""中神通""北侠""西狂""中顽童"。就这样,我们班级的"华山论剑"开始了。至于"武林至尊"的名号能被哪一个小组获得,是要凭实力说话的。

一、民主选举小组负责人

根据学生们在班级中的表现以及学习成绩、组织纪律、管理能力、协调能力,我初步拟定16名比较优秀的学生为小组负责人候选人。先由每位候选人进行1~2分钟的竞聘演讲,再由班级同学根据自己的意愿投票选举产生8个小组负责人,即我们传统意义上的组长,也就是各组最有实力参与真正的"华山论剑"的人。听说能够挂上"东邪""西毒"等赫赫有名的武林人士的名号,各位参选者竞聘十分卖力,有人甚至制作了简单的个人当选优势视频,在班级的班班通播放。

经过激烈的角逐,8个小组负责人产生了。这8个"武林高手"在讲台上一字排开,站得笔直。底下同学起哄:"亮招!"高手们一个个毫不示弱,你展示"降龙十八掌",我演练"双手互搏",你一招"打狗棍法",我一招"一阳指"……场面好不热闹!

二、填报小组申请志愿

由于各组组名带有明显的个性色彩,加上各组负责人的亮相,填报小组申请志愿的喜剧化色彩也比较浓。"我性格里有点'邪'气,小组申报第一志愿非'东邪'组莫属,希望我运气好,能够入负责人的法眼。"吕小莹欢快地说。"我最喜欢靖哥哥的'降龙十八掌',申报的第一志愿非'北侠'不可。"吕倩坚定地表态。"哈哈,'一阳指'太厉害了,'南帝'定了。"莫玮婷边说边直接亮招。"还是王重阳的'九阴真经'最厉害,'中神通'就是你了!"……同学们的一、二、三志愿很快就填写完成了。

三、统计志愿

这个过程比较简单，大家的志愿被统一收上来，再由四五个大家信得过的同学将每个人申请的一、二、三志愿统计好，静候挑选。

四、录取组员

做好了前期准备工作，各小组负责人登场，挑选自己组的得力干将。这个过程有点复杂，我负责全程跟进监控。"东邪"组负责人因为也姓欧阳，还在班级现场表演了一招"蛤蟆功"，圈粉无数，第一志愿填报这个组的有12人。负责人轻松挑定6人，扬扬得意。其他组的负责人一看不得了，他们组把优质组员挑完了怎么办？不是说要基本做到"组间同质"吗？这个搭配怎么行？我于是好说歹说，让欧阳梅另外搭配了三个各方面表现弱一点的同学，这才平息了其他组负责人的怨言。

除此之外，还有几个小组负责人同抢一个优质组员的问题。大家你争我夺，互不相让。我只好出面，根据"各小组优势资源基本平衡"的原则进行调整。更麻烦的是，班级里有两个平时表现比较差、违纪比较严重的同学，他俩被留到最后，哪一个小组的负责人都不愿接收，怕影响小组的士气。我只好让这两个"被遗弃者"与小组负责人约法三章，以观后效。同时我还向大家说明，如果这两个同学确实在小组起的负面作用比较大，不排除让他们自己组建"流浪小组"的可能，等他们改造好了才能归队。

当然，绝大多数同学还是如愿以偿地被分到了自己选择的小组，过了一把"江湖瘾"。

五、小组基本建设

小组组建成功了，小组的基本建设便提上了日程。小组名称已得到了大家的认可，不必再费心。组徽、组训、组规、口号、小组目标还是要有的。"北丐"组选用经典的"打狗棍"图案作为组徽，十分精致，并喊出了响亮的口号:"武林至尊,唯我北丐。""中神通"组一看不爽了,这不是摆明了向我们挑战,来句口号压压"北丐"的气势——"神通不是吹的,来战有去无回!""西毒"组不淡定了,直接喊出:"西毒西毒,非同凡俗。蛤蟆功夫,谁敢不服!"笑晕一大群……

六、组内互助

由于小组的组建遵循了"组内异质,组间同质"的原则,所以小组内部人员的素质差别比较大。具体来说就是,小组六人中有两个优秀生、两个中等生、两个薄弱生。组建小组就是要发挥小组的互助作用。在一般情况下,我们是让优秀生帮中等生,中等生帮薄弱生。这样就起到了强优(强化优秀生)——争中(争取中等生)——推后(推动薄弱生)的效果。这种分层次帮扶的形式,针对性较强,有助于组内人员的相互提高。

七、组间竞争与合作

小组合作模式的重心是小组间的竞争与合作。对于小组间的竞争,我们采取量化计分的形式,谁好谁坏,谁优谁劣,谁有实力争得武林至尊的桂冠,最后要靠实力说话,让对手心服口服。小组只有靠勤练内功、抓管理才能出成绩。对于小组间的合作,我们主要靠班级愿景来引领。我们在小组竞争中重点强调班级愿景,让小组成员真正意识到"班级的总目标,就是全班的根",小组的"分"是为了全班更好的"合"。我们还将小组活动是否指向班级目标作为我们每一次制度改革、评价、奖励的参考,将组与组的关系定位为合作关系。小组间的互助也可以计分,甚至是比较高的分数。同时,我们还在班级里表扬这种合作,为做得好的小组颁奖。这样,小组间的竞争与合作关系就变得很和谐了,班级也变得更加生机勃勃了。

【专家点评】

班级管理模式必须突破长期以来以班级为最小单位进行管理的局限性，进行有效改革。小组合作法就是一个重大突破，它是一种更精致、更实用的班级管理方法。

小组合作法将社会心理学的合作原理纳入教育管理，强调人际交往对认知发展的促进功能。基本做法是将全班学生依学业水平、能力倾向、个性特征、性别（甚至社会家庭背景）等方面的差异组成若干个异质学习小组（每组3～6人），将学生个体间的竞争关系改变为"组内合作""组际竞争"的关系，将传统教育教学中师生之间单向或双向的交流改变为师生、生生之间的多向交流。它不仅提高了学生学习的主动性、积极性，提高了教学效率，还促进了学生间良好的人际关系，促进了学生心理品质的发展和社会交往技能的进步，让班级管理变得更加科学高效。

开展小组合作，班主任的作用不容忽视。班主任要不断强化对小组的控制力、影响力，根据班级的实际情况，适时调整，不断优化，让班级小组合作焕发出更强的生命力。

第三章
探索在线

我要走遍世上的每一条路，经历浮沉的悲伤、莫名的哀愁、无尽的喜悦，只求放手一搏，体验人生，追求灵魂中的星辰。

——章首语

- 在《火星救援》里，马克有这样一段自白："对于我去的任何地方，我都是史上第一个到达的人。走出火星车，我是第一个到达这片土地的人。对于任何一座山而言，我也是第一个攀登它们的人。"这也正是探索未知的魅力所在，你可以是规则的创造者，在这个意义上而言，我们和大航海时代的船长们是一样的探险者，而成为真正的"Navigator"（领航员、导航者），不仅仅需要探索未知的勇气。
- 英国著名作家毛姆说："一把刀的锋刃很不容易越过；因此智者说得救之道是困难的。"刀锋在这里象征人类自身生命中的障碍，虽然它很难越过，得救之道非常困难，但勇者、智者终究能跨越过去。"读书、思考、实践、完美，也许在那许多死胡同的一条胡同里，可以找到适合我的别样的天地。"
- 无论是班级常规管理，还是班级文化建设，我们永远不可能做到最好，总还有未知的方式和方法值得我们去探索，总还有一种更贴近师生灵魂，更适合当下实际需要的做法在那里呼唤，我们永远在路上。探索是孤独的，探索是令人肃然起敬的。教育因探索而生动，教育因探索而完美！

点子21　创意评语法——一语天然万古新

【方法解读】

评语是教师对学生学习活动的一种评定性语言。它是学校教育活动的一种重要的评价手段,在对学生进行素质评价的过程中,它具有其他评价方式不可代替的地位和作用。它可分为操行评价、学科评价、即时评价、作业评价等多种方式。写评语其实就是换一种方式和学生交流。一份好的评语,能打动学生,让学生记一辈子,甚至可能开出教育之花。

【现身说法】

很多班主任对学生评语的撰写毫不重视,每一届、每一学期的评语毫无创新,千人一面,言语生硬,样式呆板,几句套话,永不过时。轻松打发班级几十个学生,甚至从教一辈子,评语自始至终就是那几句口水语。

我从未怀疑过评语的强大力量,"罗森塔尔效应"告诉我们:赞美、信任和期待具有一种能量,它能改变人的行为。我始终相信:哪怕是小小的评语,也能点燃学生的希望之火,让自我成长的动力萌芽,然后茁壮成长。

我从未觉得评语难写,因为每个孩子身上都有闪光点,只要加以挖掘,并恰当地指出他的不足,一份评语也就完成了。事实上,我很喜欢写评语,因为我一直觉得那是心与心最好的交流,也是播种思想种子的好机会。每个期末都是我最开心的时候,因为,我又可以写评语了。

(1) 表扬版。

嗨!阳光帅气的男孩,篮球打得不错哦!球场上的你动作潇洒,突破自如。尤其是那个漂亮的反手上篮,堪称学校球场上的经典!你学习认真,上课时专心致志,写作业时一丝不苟……你喜欢数学,常常找老师问一些稀奇古怪的数学问题,你思考的样子特别帅。你有明确的前进方向,也在不断地实现学习上的突破。这样优秀的男生，怎能让老师不喜欢？老师看好你哦！

　　班里的男生佩服你数学比他们厉害；班里的女生认为你英语好得太离奇，尤其是口语；你的作文水准也太高了啊，每一次都被用作范文，总能在班级里圈粉无数；还有你的历史、政治，没怎么看见你下功夫，却总能创造考试的奇迹！优秀如斯，未来可期！

（2）建议版。

　　你一直是个非常爱读书的孩子，这是非常难能可贵的。需要注意的是，读书不要局限在儿童文学作品一个方向，中华古代优秀的文化典籍、我国近现代优秀作家的经典名著、外国文学家的传世名著都可以读。你还可以多读一些散文诗，多读一些性灵小品，多读一些人生哲理，多读一些科幻传奇……书籍将不断为你打开一扇扇神奇的大门，让生命多一些书香气。

　　撒下一路笑声，好像从未体验过忧愁，你的快乐感染了与你一起生活的小伙伴，因此，大家都喜欢接近你。作为劳动委员，你的工作很辛苦，也卓有成效，老师和同学们非常感谢你。老师还喜欢你在课堂上聚精会神的状态，喜欢你字正腔圆的朗读，更喜欢你在英语节上表演的英姿。要是你多看书，勤练笔，你的写作能力也会提高得更快，愿意试试吗？

（3）幽默版。

　　恭喜你期末"逆袭"成功，想起你后半个学期认真学习的样子，老师不由得发出声声惊叹！倒下了可以再爬起，有进步也请你莫大意。等着你下学期再给大家大大的惊喜。

　　你是个可爱的小朱朱喔，老师超喜欢你啦，虽然成绩还有不少的提升空间……为师的加油包可是限量珍藏版的喔，现举行大型优惠活动，免费赠送，快快来领取！

（4）藏头诗版。

　　刘姓雄才代代出，红日东升有朝气。秀美前程唯奋斗，努力读书创传奇。(这是为班里一个叫刘红秀的女生写的一首含有她名字的藏头诗,学生高兴地将这首诗收藏了起来。)

(5) 对联体版。

树雄心立壮志百折不挠去追梦,读经典学新知千回百转勇求索。

(6) 比喻体版。

你认真读书的样子最美,美得像天上的星星。你为班级服务的样子最美,美得像绿草青青。你在操场运动的样子最美,美得像风摇着树枝。你帮助同学的样子最美,美得像阳光照着大地。

(7) 哲理诗版。

没有春天的耕耘,哪有秋天的收获?没有奋斗的汗水,哪有成功的欣喜?生命不会亏待一个人,也不会胡乱地成就一个人!努力,请从现在开始!

(8) 古体诗版。

岁月易老学难成,珍惜今朝不言弃。卧薪尝胆勤发奋,悬梁锥股犹可期。雄心万里去追梦,背水一战有霸气。王侯将相宁有种,百尺竿头多读书。

为了写好学生的评语,我可以说是殚精竭虑,花了很多心思。有老师对我的做法不理解:有必要这么折腾吗?随便写几句敷衍一下不是也挺好吗?我的回答是:有必要,而且太有必要了!不能引起学生情感共鸣的评语能算评语吗?隔靴搔痒、不着边际的评语有意义吗?死板呆滞、人见人厌的评语还有必要吗?纯粹为了完成任务,没有半句真话的评语写与不写又有什么区别?我想,能够敲开学生心门的评语才有意义,能够让学生豁然开朗的评语才有价值,能够别开生面且不断创新的评语才值得珍藏。

教育是个万花筒,深入其中,你会为其间的精彩所感染、沉醉。小小的评语,也许对我们教育者来说价值不大,但也许,就是这寥寥数语,藏着孩子美好的期待。它不应该就是几句评价,它应该是教育诗,是师生情感碰撞所产生的火花,是一个孩子不断攀登的动力之源,是孩子成长历程中最值得回味、最值得珍藏的最美情诗,是成就精彩教育不可或缺的优美插曲!老师们,你还会忽视这小小的评语,你还会把它当成一个糟心的任务吗?

【专家点评】

一句话可以造就一个学生,一句话也可以毁掉一个学生。评语应该怎样写?什么样的评语才是好评语?

每个学生的内心都有一个天使般的"我",如果教师在评语中赋予学生美好而积极的形象,那么这往往能激活学生潜意识中的"天使之心",从而影响学生的行为方式,达到润物无声的效果。因此,班主任的评语应该以正面导向为主,要为学生的内心多输入一些正能量,放大学生的优点,在学生的心中播撒阳光、自信、快乐的种子。

班主任是学生成长的导师,我们对学生的评价是学生成长过程中的一件大事。对于优秀的学生,我们应该尽量为他们摇旗呐喊,为他们唱赞歌、当啦啦队,诚恳地为学生的成长指明方向,让他们做得更好、表现得更优秀。对于还有待改进和努力的学生,我们完全没有必要"一棒子打死",有不足是学生的常态,我们需要以静待花开的心情,给孩子以足够的成长时间,慢慢打磨。你要相信,每一个孩子都足够精彩,每一个孩子都有他特定的成长轨迹,急不得、躁不得,要以欣赏花时不同的花儿的心情,善待我们的学生。

一语天然万古新,新在语言,新在内容,新在表达方式,新在真情实感,新在助力成长。班主任的"新"语会成为教育中最美的语言,值得孩子们珍藏一生。

点子22 墙壁说话法——"五彩梦"与"迎客松"

【方法解读】

教育家苏霍姆林斯基说过:"孩子在他周围——在学校走廊的墙壁上、在教室里、在活动室里——经常看到的一切,对于他的精神面貌的形成具有重大的意义,所以这里的任何东西都不应该是随意安排的,孩子周围的环境应当对他有所诱导,有所启示。"我们要让班级里的每一面墙壁都会说话,都变成有生命的育人环境,都发挥出独到的育人功能,成为激励学生的绝佳阵地,在潜移默化中滋润学生的生命成长。

【现身说法】

有教育家说,我们要让教室里的每一面墙壁都会说话。教室里的每一面墙壁、每一张字画、每一条标语,都是班级宝贵的教育资源,都能够无声地启发和教育我们的学生。为了让班级教室的墙壁发挥出育人功能,我们班的特色文化墙建设开始了。

文化墙建设中最抢眼的是装饰在班级文化墙上的几棵树。班级南墙上那两棵枝繁叶茂的大树让人印象深刻,这是我们班级女生集体合作的结晶。图画的名称是"五彩梦"。大家看,在五彩缤纷的树叶上,孩子们的梦想也随着四处飘飞。这是班级女生牺牲一个星期的课余时间,集体研讨并创造出来的智慧结晶。这棵树漂亮极了,五彩缤纷的树干和枝叶,矗立在班级的南墙上,那样的靓丽活泼,那样的青春动人!记得作品完工的那个下午,班级同学都簇拥到"五彩梦"前拍照留念,可以想象班级当时热闹的场面。

为什么是两棵树而不是一棵树呢?女生们解释说,一棵代表我们班的男生,一棵代表我们班的女生,男生的梦在男生的那棵梦想树上飘飞,女生的梦在女生的那棵梦想树上飘飞。而且这个设计引经据典,据说是出自舒婷的诗歌《致橡树》：
>我必须是你近旁的一株木棉，
>作为树的形象和你站在一起。
>根，紧握在地下；
>叶，相触在云里。
>每一阵风过，
>我们都互相致意，
>但没有人，
>听懂我们的言语。
>你有你的铜枝铁干，
>像刀，像剑，
>也像戟；
>我有我的红硕花朵，
>像沉重的叹息，
>又像英勇的火炬。

对于女生们的这一创意，我是百分之百的赞同。《致橡树》既是一首爱情诗，也是一首女性主义觉醒的赞歌。我更偏向于后者。班级女生用这样一幅图画喊出了新时代女性的独立人格和对人生理想的不懈追求。女生们特意指出，前面这棵大一点的树是木棉树，代表班级全体女生，后面那棵小一点的树是橡树，代表班级全体男生。图画中的木棉树比橡树更加高大挺拔，意思是班级的女生比男生更加优秀。这样的解释明显有向班级男生示威的嫌疑。

班级的北墙上有一棵古老苍劲、枝叶婆娑的松树，名曰"迎客松"。不用说，这是我们班级全体男生的杰作。这幅图的创作要稍晚于女生们的"五彩梦"。为什么？听到女生们对两棵树的解释，男生们很不服气。舒婷的《致橡树》把橡树写得多么伟岸、高大、壮硕，怎么可能还比不上身边的那棵木棉呢？这不是欺负我们班级的男生不会设计有深刻内涵的文化墙么？好，我们男生就争一口气，也来设计一棵树，把女生的那棵木棉树比下去，出出全体男同胞心头的那口恶气。说干就干，男生队伍里的才子们集体商量，最后决定创作一棵松树，典出自清代诗人郑板桥的《竹石》："咬定青山不放松，立根原在破岩中。千磨万击还坚劲，任尔东西南北风。"特以松树表现男孩们的铮铮铁骨和万丈雄心。

说实话，班级男生的艺术细胞明显没有女生丰富。看着男生们创作的那棵树的难看模样，我心里直犯嘀咕：太丑了，跟女生们的创作完全不是一个档次。哪里能表现出半点松树的坚忍顽强、不屈不挠、笑迎八方啊！男生们自己看了也不满意，哪里还谈得上能够跟女生们的"五彩梦"比个高低呢？于是他们集体研究改进措施。女生们呢，幸灾乐祸地在一旁说风凉话："跟我们斗，凭什么啊。这样一棵丢人现眼的松树张贴在班级文化墙上也太不雅观了，还说是迎客松呢。万一不行，我们女生们上！"男生们哪里服气，堂堂男子汉，怎么可能在小女子面前低头认输？女生们做得到的事，男子汉应该做得更好。于是大家查资料，向美术老师请教，最后对这棵树的设计做出重大修改。

大家看，树干底下灰黑色的部分是什么？是纸板，是班级男生用废旧的牛奶盒做的。唯有用这样古朴的色调才能真实地表现出松树的苍劲。整个树冠部分是不规则的圆伞形，根根松针密密麻麻、刚劲有力、色调清新。树冠的枝叶间，是班级同学的一些活动照，象征我们的班级就像这棵枝繁叶茂的松树一样战天斗地、无往不胜，象征着班级全体同学有着无比远大而美好的前程。在班级里生活的每一名师生都有聚散的时候，也都是这个班级最珍贵的客人，理应受到大家的爱戴和尊重。这棵"迎客松"就代表着班集体对班级内的每一个成员最热烈的欢迎。

男生们的"迎客松"创作完成了，一个个扬扬得意：这图案，这境界，比女生们的不知强了几个档次。女生们想的是如何在班级里压倒男生、独领风骚，男生们呢，是从整个班级的立场构图，表现整个班级的活力和生长力。两张图出来后,男女生互不服气,要我当评委。我这个评委呢,对双方的创作都很满意,认为都展现了各自的创造力,都为班级文化墙建设增添了浓墨重彩的一笔。

我于是很高兴地为男女生创作团队各戴一项高帽:女生那幅画唯美、优雅,表现了新时代女性独立人格的觉醒,巾帼不让须眉,值得点赞;男生们的画质朴、本色,表现了男孩子心怀天下的抱负和志气,很有气魄。要说哪个设计更优秀,我只能说是各有特色,不相上下,很难用谁输谁赢来评判。最重要的是我们的男同学、女同学都开动了脑筋,展现了创造精神,活跃了班级文化,激发了班集体奋斗的热情,这才是最重要的。大家一听,呵呵一笑,此后不再在谁输谁赢的问题上纠缠不休了,真是皆大欢喜!

【专家点评】

班级文化墙是班级文化建设的主体。让墙壁"说话",就是让墙壁成为一幅幅"有主体的画",成为一首首"无声的诗";让墙壁"说话",就是让墙壁融知识性、教育性、艺术性于一体,让墙壁成为学科知识的窗口、学生展示实践的舞台、思想教育的园地,让班级所有墙壁陶冶和感染学生,达到"润物无声"的教育目的。

班级墙壁文化分为外墙文化和内墙文化。外墙文化主要分布在教室对应的外墙上,它包括班级名片和契合班级德育主题的涂鸦之作,班级名片在前门右边的墙壁上,主要有全家福、班训、班徽、班主任寄语、班级荣誉等内容。内墙文化是班级文化的重点和重要组成部分,体现了班级的内涵素养和班级灵魂,最能反映一个班级的精神和风貌,真正体现出班主任在班级管理中的良苦用心和高远追求。

马克思说过:"人创造环境,同样,环境也创造人。"班级文化墙对学生起着潜移默化的熏陶和启迪作用。布局合理、生机盎然、整洁优美、蓬勃向上、健康和谐的班级文化墙,对学生的健康成长和发展,必然会产生巨大的影响。

班级文化墙让师生身在其中、感在其中、悟在其中、乐在其中，无声地阐释着班级的奋斗目标和追求，在潜移默化中实现着对班级学生的精神引领和情感美育，确实是班级文化建设中的关键元素。

点子23　班级议事法——我们相约去踏青

【方法解读】

每一个孩子都有民主参与班级事务的权利。班级议事是一种民主协商机制和学生自主管理的方式，是师生一路同行、共同成长的过程。从议题性质的角度来看，班级议事一般可以分成操作型、统一思想型和探究型三类，它为实现班级学生的自主管理提供了可能。学生可以通过独立面对事件，运用自己的理性和理解，进入明智的讨论并做出抉择。这样，既充分调动了班级学生积极参与班级事务的积极性、主动性，又体现了班级管理的公正民主和集思广益，为班级事务的最优处理提供了可能。

【现身说法】

在一个草长莺飞、红紫烂漫的春天，我们班级全体师生相约去踏青。到哪里去呢？学生们的意见不一，因此很有必要组织一次"班级议事"，把踏青的地点定下来。于是我决定把这个权利交给学生，利用班会课的时间，充分发扬班级民主，让学生们各抒己见，并通过协商达成一致。

班会开始，班长以演示文稿的形式向大家汇报了我们学校一些班级近几年组织的春季踏青活动情况，一张张生动鲜活的活动图片在同学们的面前展现出来。有到"山在水中，水在山中，神游其中，如在梦中"的金江水库踏青的图片；有到湖南新农村建设示范点——五峰铺镇弄子口踏青的图片；有到高霞山、塘田战时讲学院、双江、红旗水库、东安栗木冲瀑布、下花桥烈士陵园、祁阳浯溪碑林、永州柳子祠、韶山毛泽东故居、双峰曾国藩故居等诸多风景名胜区踏青的图片。

看完这些踏青游学的图片，同学们的情绪被充分调动起来了，大家七嘴八舌地发表自己的看法，表达自己的意愿，教室里乱糟糟的。这时我示意大家安静下来,由班长出示议事的第一步:在教室前后两块大黑板八个独立的板块上写下自己的想法和意愿。大家纷纷行动起来,在自己所属的黑板板块上表达了自己的想法。写好后,班长和几个班干部进行编号和整理归纳,一共筛选出9个不同的目的地。

怎样从这9个不同的目的地中选择一个大家基本能够达成一致的目的地呢?那便要进行议事的核心环节了,针对这9个目的地,7个课外活动小组展开了深入的讨论,并且各自选派最能说会道的"说客",面向全班同学发表煽情的演说,阐述小组成员心目中的理想目的地,说明它的优势和选择它的理由。

丘山组选择去我们这个地方最著名的风景区金江湖踏青。这里是湖南省著名的山地自行车比赛场地,路程不太远,走路前去即可,经济开支少,没有经济上的压力。如果能够每人骑一辆山地自行车,吹吹轻柔的湖风,呼吸山地清新的空气和湖中升腾的雾气,爬爬金翅岭,也是一种不错的享受。

如画组强烈建议去塘田战时讲学院和芙蓉峰。在这条线路上,我们既能欣赏我们县最大的河流芙夷河的波澜壮阔,也能爬南岳第五峰芙蓉峰,一睹秀美英姿,还能到端良亭听听英雄催人泪下的故事,更能到塘田战时讲学院接受爱国主义教育,接受灵魂的洗礼。

清风组觉得去祁阳浯溪碑林最有意思。那里是著名革命家陶铸的故乡,可以去看看离我们比较近的国家领导人的故居,也可以去看看碑林里历代书法名家的墨宝。那里大大小小的碑文遍崖密布,《大唐中兴颂》是碑林的核心和精髓,为元结所作,由颜真卿大笔书写,字字刚正雄伟,气度恢宏,以其文绝、字绝、石绝,世称"三绝碑",并有"鲁公遗墨此第一"的美誉。李阳冰、米芾、黄庭坚、秦观等250多位名家也曾在此留下诗文刻石。这样有意义的地方不能不去看看。

明月组、溪流组、喊山组、逍遥组这四组同学好像约好了似的,一致主张到"养在深山人未识"的东安栗木冲瀑布去踏青,那里的风景真的是原生态、震撼心灵。其他几个踏青地点人为改造的因素多一点，可能达不到纯天然、让人心灵放飞的效果。既然是踏青，"青"字最重要，哪里最"青"，当然是栗木冲，原始次森林、大自然鬼斧神工雕琢的三道瀑布，让人心里发毛的同时，又恨不得立刻前去体验一下。

至此，每个小组的代表都充分地发表了自己的看法。演说结束，大家进行了第二次投票表决。这一次，除了几个"顽固分子"初衷不改，80%的同学都赞成到栗木冲瀑布旅游。班委会几个主要干部又进一步征求了个别同学的意见，在明显的优势前，所有人都表示服从。地点终于敲定——栗木冲瀑布。

议事进入最后一个环节，确定行动方案。学生们仍然以组为单位展开讨论，并将讨论结果用思维导图的形式在各自的黑板区域展示。讨论内容涉及活动目标、内容、参与人员、分工、时间、地点、途径、难点、解决方法、成果展示、总结和归纳等。各组组长和主要班委根据各组讨论情况进行汇总，进一步制定出统一方案。活动方案确定后，我们又把这个讨论稿发到班级家长群中，让家长们提出指导意见，然后我们再进一步修订、完善。

别说，这次班级议事的效果还真不错，活动进程中可能会遇到的困难，我们事先基本都做好了预案，做好了充分的准备，安全、饮食、摄影、留念等都达到了理想的要求。尤其是在栗木冲山水农家吃的那餐饭，给我们留下了深刻的印象。甜甜的白笋，比我们平时在自家餐桌上吃的强了不知多少倍，这才是真正的山珍啊，我们风卷残云，一扫而光；苦菜让我们吃出了苦过之后的甘甜；野山菌、野猪肉、野蕨菜，还有一些叫不出名字的菜，令我们吃得十分尽兴。在回来的路上，大家唱着歌，打着饱嗝，一致决定，毕业后要重游一遍。

【专家点评】

班级议事脱胎于罗伯特议事规则。该规则是美国将军亨利·罗伯特于1876年提出的。它的根本原则有五条：平衡原则——保护各种人和人群的权利；制约领袖权力原则——集体保留一部分权力，抵制领袖的权力膨胀；多数原则——多数人的意志将成为总体的意志；辩论原则——所有决定必须在经过充分且自由的辩论之后才能做出；集体意志自由原则——最大限度地保护集体的利益、平衡集体成员的权利，然后按照自己的意愿自由行事。

罗伯特议事规则被广泛应用于西方政府、企业、非政府组织等，大到国民大会，小到学校班会，都因它而富有成效，这一规则大大地减少了马拉松式的漫长会议与毫无效果的争执。

班级议事就是参照罗伯特议事规则，制定出与之相匹配的对话规则和运行程序，进而推动班级管理的自主化、民主化、人文化。这一方法既解放了班主任，帮助班主任重新定位自己的角色，又充分调动了学生自主管理班级的热情，让学生真正成为班级的主人。

点子24　男孩真经法——培养小小男子汉

【方法解读】

2006年,美国著名儿童教育专家朱迪·曼德尔在对来自全球的200多位成功男士进行调查研究后发现,这些有所成就的男士,在青少年时代便具有镇定自若、尊贵大气、坚忍不拔、勇往直前、乐观向上的性格特点。好的教育,首先应该是培养学生良好的性格。

【现身说法】

最近班级内的麻烦不断,男生之间争勇斗狠的事时有发生,男生和女生也常常因为一点鸡毛蒜皮的小事大打出手,或者来我的办公室告状。这样下去不是办法。我这个班主任不会孙猴子的七十二变,分身乏术,应付不过来啊!怎么办?"牵牛先牵牛鼻子",班级不稳定因素的始作俑者大多是男生,我得试试为这些精力过剩的男生传传真经。

在自习课上,我故意神秘兮兮地在班级里宣布:"这节课,本班主任有绝密真经要向男孩们传授,就委屈一下我们优秀的女孩们到室外做做有氧运动。"女孩们一听,"哗啦"一声涌出教室;男孩们呢,正襟危坐,静候我这个班主任把压箱底的绝密真经传给他们。

"首先,请大家齐读黑板上的这首小诗。"

我是小小男子汉

我是小小男子汉,从来不怕小困难。头一动,脑一转,任何事情都能干。
困难面前我勇敢,挫折面前我坚强。咬咬牙,试试看,我们一起迎挑战。
爸爸妈妈说我行,老师同学夸我棒。鼓励声中我进步,赞扬声中我成长。
我是小小男子汉,失败之后不灰心。我可以,我能行,成功之后更自信。

待大家读完后，我便开始了自己的精彩演说："小小男子汉，是未来的家庭骨干，是社会的栋梁。男子汉是要建功立业的。能称得上男子汉的基本都有一个共同的特点——具有魅力人格。比如汉高祖刘邦，他从一介贫民起家，最后竟然在楚汉之争中打败西楚霸王项羽，逼得霸王乌江自刎。他之所以能够建立大汉王朝，凭的就是他的魅力人格，刘邦这个人很有容人之量。受过胯下之辱的韩信，他可以重用为统率三军的大将；与嫂子通奸的陈平，他可以用为谋士；战场上追得他魂不附体的季布，他最后竟然可以不计前嫌，安排对方到朝廷做事。大家想一想，如果刘邦是个小肚鸡肠、睚眦必报的人，他可能取得那么大的成功吗？""不能！"男生们的口径出奇地一致。

"对！'好男儿志在四方，胸怀天下！''将军额头跑开马，宰相肚里撑开船！'说的可都是我们男性！如果一个男性小肚鸡肠，不能容人容物，甚至还要和小女子一般见识，争勇斗狠，那就大大辱没了我们男性顶天立地的形象。我希望大家对照自查一下，作为男性，你配得上'顶天立地'四个字吗？"面对我这一拍一激，好些平时爱争勇斗狠、爱搞恶作剧的男生脸上难堪极了。"如果气量狭小，那要不要改一改呢？还有必要和女生过意不去吗？""他强由他强，清风拂山岗；他横由他横，明月照大江。"有男生吟诵道。男生们噼里啪啦地使劲鼓掌。

"男性要想出人头地，要成长为真正的男子汉，心胸宽广自然是第一位的。但另外一些优秀的品质也必不可少。"我故意顿一顿，吊吊男生们的胃口。"还有哪些？"男生们急不可耐。

"譬如坚忍不拔。""怎么解？""古之立大事者，不惟有超世之才，亦必有坚忍不拔之志。昔禹之治水，凿龙门，决大河而放之海。方其功之未成也，盖亦有溃冒冲突可畏之患；惟能前知其当然，事至不惧，而徐为之图，是以得至于成功。"我不紧不慢地背出苏轼的这一段名言。

接着，应男生们的要求，我又为大家讲解了成长为男子汉的一些必备的优秀品格：

"自信心：有自信心的人，可以化渺小为伟大，化平庸为神奇。

"赤诚：无论世事如何，无论沧海桑田，永葆一颗赤子之心，让自己不要过多地沾染尘世的灰尘，做一个纯粹的人。

"有原则：面对诱惑，要坚持自己的底线，不随波逐流，保持'举世皆浊我独清'的状态。

"恒心：'贵有恒，何必三更眠五更起；最无益，只怕一日曝十日寒。'

"沉稳：'每临大事有静气'，是古人对我们的告诫，不要遇到一点事情，就一副慌慌张张的样子，好像天都要塌了似的。随便显露自己的情绪，在别人看来是一种极不成熟的表现。

"谦虚：'满招损，谦受益。''历览古今多少事，成由谦逊败由奢。'

"好学：'夫学须静也，才须学也，非学无以广才，非志无以成学。'"

我引经据典，男生们听得入了迷。看着男生们这样入迷的状态，我又着重强调了好学的重要意义。

"'谦虚'两个字好落实一点，别满嘴跑火车，夸夸其谈就差不多了。难的是'好学'两个字，我们在座的男同学可以对照自查一下，真正能落实'好学'两个字的请举手。"有几个男生迟疑地、稀稀拉拉地举起手来，大多数男生手都不敢抬一下。

"为什么做不到'好学'两个字？"我继续把问题抛给男生们。"我发现自己好像兴趣太多，不专一。"有男生说出自己的困惑。"对，不单是你，这应该是绝大多数男生的通病。'夫君子之行，静以修身，俭以养德。非淡泊无以明志，非宁静无以致远。'诸葛亮的《诫子书》大家应该都不陌生，'静'字是最难做到的。'定能生慧'，静心静气，对于渴望获得知识、拥有智慧的我们来说，其重要性不言而喻。学习是一辈子的事，'板凳坐得十年冷，文章不写一句空'，耐得住寂寞，方能成就大业。"

"老师，我们懂了，'静'有这样的好处，往后我们也学习静一静，不再在班级里吵吵闹闹，心浮气躁。我们要胸怀理想，追求光明的未来！"男生们表决心道。

"我说嘛,我们班的男生本来就十分优秀,十分聪明,老师一点就明。这样高的素质和悟性,还愁成不了才?实现不了人生的理想?在接下来的日子里,我相信我们的男生们一定会洗心革面、严以律己、言行一致,精神面貌焕然一新,给班级带来大大的惊喜,创造生命的奇迹!老师相信你们一定能行!""让我们成长为真正的男子汉!"男孩们纷纷高举起右拳。

【专家点评】

最近30年来,一门全新的科学——性别科学崭露头角。科学家们发现,男孩和女孩大脑之间的差别竟然有100多处,这些差别导致男孩不习惯静坐和久坐,在学习能力上总体不如女孩。因此,对男孩的教育,要多一点宽容和自由,营造宽松一点的学习空间和心灵空间,给男孩"最少的指导、最大的耐性、最多的鼓励"。

教育是一种缓慢的艺术,是一种等待的艺术,正如叶圣陶先生所说,"教育是农业而不是工业"。男孩心理上的发育总体比女孩要迟一两年,同一年龄阶段的男女生在一起学习,班主任对男孩的教育一定要摒弃急功近利的心态,铭记"十年树木,百年树人"的教育真理,用"静待花开"的心情,给男生以足够的成长空间。

著名作家王安忆说,这个世界没有男人是不堪设想的。教育好男孩,也就是为我们未来的社会奠基。在班级生活中,我们可以针对男孩身心发育和行为习惯的特点,研究并初步构建与之相适应的"男孩教育"模式,培养男生坚强的毅力、强健的体魄、开阔的心胸、深邃的思想、渊博的知识、儒雅的气质、果敢的精神、合作的态度和勇于担当的意识。

点子25　女生修炼法——让灵魂自带香气

【方法解读】

女孩的灵魂自带香气，她们有纪律、责任心、上进心、同情心、爱心……这些优秀的品质几乎与生俱来。"女孩要富养"，我赞同这种说法，也就是要着重培养女孩温柔、善良、阳光、自信、优雅、乐观、积极、上进等优秀品质，让她们的灵魂从外到内散发馥郁的香气。

【现身说法】

我刚接到一个新班，班里女生和男生的关系水火不容。每天来我办公室告状的络绎不绝，搞得我这个班主任每天要为这些鸡毛蒜皮的小事三令五申，十分辛苦。在为男生传授过真经后，他们在班级里的表现果然可圈可点。男生"明事理"了，女生也不能落下，于是我找了个时间，单独跟女生们说说女生的"修炼"大法。

我开门见山："我虽然是个男老师，但当了二十多年班主任，博古通今，对女生修炼大法比较精通。今天，我和大家聊聊女生怎样通过修炼，不断提升个人修养，让自己的灵魂散发香气，成为班级领跑者这个问题。"女生们的眼睛"唰"地一下亮了。

我说："我一直都很认同《红楼梦》中评价女子的那句话——'女儿是水做的骨肉，男子是泥做的骨肉，我见了女儿便觉清爽，见了男子便觉浊臭逼人！'的确，我们中华古文化中夸赞女子之美的诗句数不胜数，夸赞男子之美的诗句却是屈指可数。如诗经中的《硕人》篇：'巧笑倩兮，美目盼兮。'光是想象，就可以知道这是一位多美的女子了。《桃夭》中的'桃之夭夭，灼灼其华'，更是打动了无数男子的心。可以说，美已经成为女孩的定义词。"

"尤其是我们班的女孩子，个个心地纯洁，正直善良，样貌出众，能力出色，都是在班级里能挑大梁的人物。只要有你们在，我就像吃了定心丸一样。为什么？因为你们才是我这个班主任真正的依靠，班级只有交给你们治理，我才放心。你们看班级里的男孩子，有几个让老师省心过？根本就是一点也不懂事。"听我这么说，女孩们一个个面露喜色。

有女生歉疚地对我说："老师，其实我们并没有您说的那么好。我们真的还需要修炼啊！等我们修炼好了，一定认真为班级做事，为您分忧。""好孩子，说得好！且听我讲解，可千万不要把内容透露给男生。"我故作神秘。

"请大家想想，历史上和近现代有哪些优秀的女性？"我抛出一个问题。"国外有居里夫人，英国的撒切尔夫人和退位不久的梅姨，美国前国务卿赖斯、希拉里，德国现任总理默克尔。"女生小美一口气报出好些国外女名人。"我们国家也有很多啊。武则天、李清照、宋美龄、林徽因、秋瑾、刘胡兰、赵一曼、屠呦呦……"女生梅梅又报出一串名字。"这些女性为什么这么优秀？最重要的原因是她们足够努力，有过人的智慧，有超人的才情，有良好的个人修养。"我解释道。"女性的好修养有哪些具体表现？"我进一步解释，女性的好修养就是理解和尊重他人，不妨碍和影响他人。好修养不是随心所欲，不是以自我为中心。她会在意和关注别人，在意别人的感受，时时为他人考虑。

有好修养的女生不会在公共场合大声喧哗，因为这会影响别人。有好修养的女生即使在无人看管的公共区域也不会随意丢弃废物，因为那会影响和破坏大家共同使用的环境。有好修养的女生学习认真刻苦，组织纪律性强，对自己有严格的要求。好修养不是做给别人看，而是一种生活习惯，是良好习惯养成的自觉行为。

有好修养的女生说话有分寸，对人不尖酸刻薄。有好修养的女生在公众场合端庄大方，不做作，举止不轻浮，善于表达情感，她们总是乐于为班级服务，乐于帮助他人。和有修养的女生共处，如饮琼浆，如饮甘露，如沐春风。

"老师,您再具体给我们说说,充满香气的灵魂还要吸收哪些香气呢?"有女生认真地问。

我说:"凡是我们人类的很多优秀品质,灵魂有香气的女孩一般都拥有,比如——

"健康:灵魂有香气的最基本要件。

"干净:干净的女生神清气爽,让人耳目一新。

"温柔:老子说,'天下之至柔,驰骋天下之至坚'。

"善良:马克·吐温说,'善良,是一种世界通用的语言,它可以使盲人感到,聋人闻到'。

"阳光:歌德说,'阳光越是强烈的地方,阴影就越是深邃'。

"独立:独立的女性,才能看到人生最美的风景。

"自信:自信的女孩是一道亮丽的风景线。

"宽容:真正的宽容,其实是把自己解放出来,让自己好过。

"自尊:苏霍姆林斯基说,'人类有许多高尚的品格,但有一种高尚的品格是人性的顶峰,这就是个人的自尊心'。

"优雅:爱默生说,'优雅比美丽更富有魅力'。

"有爱:英国女诗人白朗宁说,'把爱拿走,我们的地球就变成一座坟墓'。爱自己,爱他人,爱众生。渴望爱,懂得爱,真心爱。一个没有爱的女人,会变成冷酷的魔鬼。

"有原则:斯迈尔斯说,'一个没有原则和没有意志的人就像一艘没有舵和罗盘的船一般,他会随着风的变化而随时改变自己的方向'。

"精神的追求永远是不嫌多的,美好的品德叠加得越多,灵魂的香气就越浓。除了上面我给大家罗列的,还有很多其他的优秀品质,能够让我们的灵魂增加香气,如:微笑、真诚、奉献、上进、乐观、自律、改变、超越、友好、和谐、竞争、合作、耐心、细心……我真心希望咱们班的女孩能一一对照,有的品质继续发扬,没有的品质努力增加,让自己灵魂的香气越来越浓郁。"

听完我传授的修炼大法,有几个女孩有点不自信了,说:"老师,您提的这个要求很高啊!我们怕是很难做到。""怎么能说高呢?优秀需要从小就培养,灵魂的香气是靠一点一点积累的。我看我们班有很多女孩现在已经做得够好了,不过要好上加好,向更优秀看齐,影响身边更多的同学,尤其是男生。"我给女孩们加油鼓劲,她们听后使劲点头。

自从我给班里的女生传授过女生修炼大法后,我发现她们对自己的要求提高了,女生和女生之间还在暗暗较劲,女生团队陡然形成了一股浓厚的学习氛围,女生和男生之间发生的冲突也少了很多,班级纪律也大大好转。为什么?主要是面对男生的恶作剧,我们班优秀的女生大都宽厚一笑或友好提醒,不跟男生一般见识,男生自讨没趣多了,也就不好意思再找女生的麻烦,何况他们还学习了我嫡传的男生真经呢!

【专家点评】

"天刚地柔,男刚女柔"。中华古文化对女性的教育就是"柔"的教育,"柔弱胜刚强"。女性的温柔、温和,可以融化一切,无坚不摧。女生的修炼之法,讲了那么多,其核心内容,就是一个"柔"字。这个字可以衍生出许多美好的品德,进而推动女生们不断加强个人修养,提升个人素养。

女生团队往往是班级管理中最有战斗力的团队。女生在管好自己的同时,靠什么管男生?靠的就是女生灵魂里的香气,熏陶男生;靠的就是女性独有的"柔弱",让男生没有招架之力。

灵魂的修炼不是一朝一夕可以完成的,它是一个长期的过程。作为班主任,对女生性格的改变,也将是一个长期而缓慢的过程。让我们多做一点这方面的功课,用优秀的中华文化让更多女孩的灵魂自带香气!

点子26　师生共读法——让书香浸润孩子的生命

【方法解读】

越是物质繁荣的时代，直指心灵的阅读、厚重经典的阅读就越容易成为奢侈品。不得不承认，学校是唯一能够让学生安静阅读的理想场所。师生共读，是一种示范、一种氛围、一种引领。长此以往，阅读将成为学生的一种习惯、一种行为，就像呼吸一样必需和自然。

【现身说法】

培根说过："读书给人以乐趣，给人以光彩，给人以才干。"阅读可以积淀知识，净化心灵，升华人格。师生共读，就是在教师的引领下，师生一起漫游在浩瀚的知识长河中，接受古今中外优秀文化的熏染，为每一名学生寻找到此时此刻最适合他阅读的书籍，让他与书中的人物、故事、知识、哲理产生深深的共鸣，沉浸其中，沉醉不知归路。

师生共读，就是让师生恢复与传统文化的血脉联系，恢复师生之间被应试教育异化的密切联系，充分发挥阅读活动中学生的主观能动作用，让学生真正成为阅读的主角。

师生共读，还倡导真正意义上的写作，将写作与生活连为一体，并使之成为学生反思和交流的重要手段，使师生生活的真正经验在共写中传递和流动，建立师生之间、生生之间、班级之间基于理解的共同体，恢复教育生活的完整性，进而推动书香班级、书香校园、书香社会的形成。

一、开具读书清单是第一步

我详细地打印了一份初中生必读课外书籍清单，并要求学生对照清单，拟定自己的阅读计划。对于阅读计划，我没有做统一的规定，因为我知道,每个学生的阅读情况是不同的、喜好是不同的,我不想在计划实施之初就引起学生强烈的逆反情绪。阅读者,"悦读"也。很快,学生们极具个性的阅读计划就出炉了。有些学生对中国的古典小说、戏剧情有独钟;有些学生对中外儿童文学作品青睐有加;有些学生对当代诗歌、散文很有好感……我一一肯定。

二、阅读方法的指导是必不可少的

我指导学生利用工具书和网络,查找相关资料,力求扫除阅读中遇到的障碍;我还指导学生采取精读、略读、浏览、速读相结合的方式,逐渐提高自己的分析、理解、概括、想象等能力;我又引导学生培养记阅读笔记的好习惯,好词、好句、好段、好诗、好文一一记下,慢慢为己所用。我希望通过这样的形式,提高学生的阅读效率,使学生在阅读中能真正地获得知识、开阔眼界、陶冶情操。

三、"书源"共享是基础

为了方便同学们加强书籍交流,我与他们一起在班级内成立了"小小图书角"。我的藏书比较丰富,我个人首先带头,将家中珍藏的一些中国古典名著、外国名著、童话、寓言故事等带到图书角。有了我这个榜样,学生们纷纷将家中闲置的或自己新购的好书送到班级图书角。不到几天的时间,我们班图书角里的藏书就达到了二三百本:《三国演义》《红楼梦》《水浒传》《唐诗三百首》《宋词精选》《中国古典戏剧》《红与黑》《包法利夫人》《欧也妮·葛朗台》《安徒生童话》《鲁滨孙漂流记》《窗边的小豆豆》《夏洛的网》《活宝三人组》……这么多的书,够同学们读一阵子了。我们又选举了两个责任心极强的同学担任班级图书管理员。图书的借入、借出都有明确的登记,一旦图书损坏,相关人员要及时赔偿。这样就保证了图书资源的合理流通和配置,既避免了浪费,又提高了学生的自我管理能力和商品意识。在每天的课余时间,学生们借书、还书都十分踊跃,班级的阅读氛围一天比一天浓了。

四、快乐读书会是关键

学生的阅读兴趣需要班主任的点燃，于是我经常和学生们畅谈阅读心得、分享彼此的智慧、启迪思想的火花。在班级读书会上，大家畅所欲言，争相分享自己的阅读收获并提问。

"今天，我向大家谈谈我最近读到的一本好书——《活宝三人组》。""小机灵"旭旭首先打开了话匣子，"这本书是日本著名儿童文学作家那须正干历时26年潜心创作的，由著名漫画家前川一夫精心地绘制了插画。它在日本畅销了40余年，迄今销量已经超过3000万册，荣获了日本野间儿童文艺奖、岩谷小波文艺奖、路傍之石文学奖等多项儿童文学大奖，与《哈利·波特》《佐罗力》并称为日本最畅销的三大童书。""啊？这么厉害！讲的是什么故事？"同学们一时提起了兴趣。"不要急，听我慢慢道来。"旭旭头一扬，神气活现，俨然一个说书大家，"跟你们明说了吧，这是一套丛书，共50册，我的阅读刚刚开始。它以性格各异、极具典型性的三名六年级小学生为主角，一个是嗜书如命、酷爱在马桶上学习、喜欢思考和推理的'博士'，一个是好动好玩、好惹是生非、性格急躁的'小飞人'八谷飞，还有一个是说话慢、做事慢、一切总是比别人慢半拍的'阿慢'。三个人即'活宝三人组'。在书中，'活宝三人组'经历重重磨难、笑料不断……"此时，旭旭戛然而止，吊足了大家的胃口。"有这样的好书，就快加进班级的图书角，跟大家资源共享吧！"大家七嘴八舌地央求着。"好的，等鄙人读得差不多了，自然会让这套宝贝与大家见面。"旭旭却不过大家的情面，只好答应下来……

这样的读书会，我们基本上每两个星期会进行一次。交流、比较、质疑、感慨……在这样的氛围中，阅读竟变得如此美好。

五、试水写作是保证

学生们阅读的内容多了，语言表达的水平自然慢慢地有所提高，写作水平也随之水涨船高。我要求学生们在阅读过程中注重实效，把归纳整理的故事情节、优美的语言片段和读后的感悟，都以语言文字的形式记下来，努力将其内化为自己知识的一部分。由于长期坚持，近些年，我所带班级学生的知识面在整个年级是最广泛的、写作水准是最高的、思想是最活跃的、成绩是最优秀的。我想，对于良好成绩的取得，班级阅读功不可没。

如果你是一位教师，而且是一个热心于儿童阅读的"点灯人"，那么你的学生无疑是幸福的。其实只要有一颗心，每位教师都可以成为一个为儿童开启阅读之门、点亮心灵之灯的人。老师们，带着学生们"悦读"吧，让浓郁的书香浸透孩子们的灵魂，让清新的书香飘散到神州大地的角角落落，让馥郁的书香奠基学生的人生！

【专家点评】

阅读决定着一个人的修养和境界，关系到一个民族的素质和力量，影响着一个国家的前途和命运。一个不读书的人、不读书的民族是没有希望的。

我们生活的世界正发生着日新月异的变革，不学习将落后于时代，不阅读将变成井底之蛙，没有哪个时代对阅读的需要如此迫切。书籍可以给人以智慧，可以提升一个人的精神世界，可以营造和谐、温暖、幸福的家园。"书香"进校园，不能仅仅停留于几套教材，班主任有责任让浓郁的书香浸润学生的生命。

近些年，中国人的阅读状况一直不尽如人意，最新数据显示，中国国民每年人均阅读4.5本图书，远远低于周边的日、韩等国，仅为日本国民年阅读量的1/9，与以色列人均阅读64本图书相比，差距就更大了。

培养一个人的阅读习惯最好从学生时代开始，南京大学公共管理学院信息管理系徐雁教授提出，为了应对时代性的"阅读危机"，首先就是要"救救孩子",就是要限制孩子们的"应试教育型阅读",鼓励"素质教育型阅读",培养他们的阅读快感。但我们今天的教育,应试成分似乎太过强烈,很多孩子都是背负着沉重的心理负担、被动地读书,许多家长和教师又禁止孩子们读"闲书",或尽量压缩孩子们读"闲书"的时间,这无疑是在破坏孩子们读书习惯的养成。书是文明的载体,书是人格精神的塑造者,我们应该让快乐阅读成为校园里一道靓丽的风景。

师生共读,教师作为领读者,本身应该是个优秀的读书人,懂得享受阅读的乐趣,懂得什么是好书,这样才能把这种享受和愉悦传导给学生,才能在潜移默化中让学生喜欢阅读、爱上阅读。

点子27 心灵档案法——他为什么总是有暴力倾向？

【方法解读】

学生心灵档案主要由六部分组成：背景资料、在校表现、心理素质、学习适应性分析、观察记录、咨询记录。学生心灵档案系统提供心灵测评、心灵档案、心理咨询、心理预警、心理案例分析等功能。该系统可以在局域网或因特网上跨校区使用，为班级开展心理健康教育服务，为提高学生心理素质和因材施教提供先进的软件平台，促进心理健康教育规范化、科学化。

【现身说法】

"呜呜呜，老师，小刚打我。您看，他打得我鼻子都流血了。"眼前，男生小畅眼泪汪汪，边哭边叫，双手握着流血的鼻子，双腿打着战，可怜兮兮地站在我面前。又是小刚！昨天打了隔壁班的一个女生，人家家长找到学校来，所幸那个女生只是一点皮外伤，他悔了过，写了保证书，家长也就放过了他。事隔一天，他就变本加厉。这个孩子真的太难管了！一丝愁云浮上我的心头：怎么办？小刚隔三岔五就有暴力倾向，症结是什么？我翻找出我为他建立的心灵档案，想好好寻找解决问题的方法。

小刚，现年14岁。父母离异，母亲改嫁，父亲外出打工，多年未归。他现在跟单身的爷爷住。爷爷年近70岁，没有能力管教他。他学习习惯差，作业不能及时完成，上课听讲不认真，小动作不断，而且严重影响班级课堂纪律。学业成绩差，考试经常不及格。喜欢打球，尤其是篮球。在小学读书时是班级里的"混世魔王"，班主任奈何不了他，班级同学基本都吃过他的亏，初中同学挨过他拳头的也不少。被教育批评过无数次，当面保证得好好的，背后立马忘掉。

他的两则早期记忆给我留下了深刻的印象。

（1）妈妈和爸爸吵架出走，那时我才4岁。我拉着妈妈的手，哭着求她别走。爸爸狠狠地扇了我一个耳光，骂道："求她做什么？让她走！要她永远不准走进这个家！我们家没有这个人！"妈妈哭着离开了，边走边回头看我。从此，我再也没有见过她一面。

（2）妈妈走后，院子里的人经常骂我"冒娘仔仔"。我气不过，就跟他们打架，可是我力气小，打不过他们，经常被他们打得鼻青脸肿。有一次，他们打了我，还说了很多侮辱我的话。我哭着冲过去跟他们拼命，又被他们打得鼻子出血。我跌跌撞撞地回到家中，希望爷爷给我出头。爷爷一个巴掌扇过来，骂道："没用的东西，打不过人家只晓得哭！"从此我死了求人帮忙的心，我要把别人打我的都打回来！

可怜的孩子！幼年失去父母的关爱，爷爷也不疼惜他。同伴们嘲笑他、欺负他，没有人给过他一丝的怜惜。如此重压下的心灵，不扭曲才怪呢！他的委屈、悲伤、苦难，有谁体会过？有谁真心实意地拉过他一把？又有谁走进他空白的情感世界，让他感受到情谊的珍贵？有压迫就有反抗，有不公正、不合理就有强烈的反弹！他肯定会选择自己认为公平合理的方式去报复、去攻击、去伤害！他开始相信拳头，相信暴力，崇尚血腥！

在他读小学的那几年，我相信，他的小学老师肯定没有和他很好地沟通过。他到初中学习已有两年，面对他的恶作剧，我抱怨都来不及，哪还有心思深入分析问题的症结所在？今天也是误打误撞，我打开了以前为他做的心灵档案，前后联系，才发现其实我对他有很深的误解。他喜欢打人，并不是他喜欢欺负别人，而是在寻求自我保护。别人一个并无恶意的做法，在他看来，也许就是有意攻击，他用拳头来捍卫自己的尊严就不足为怪了。

看来，这孩子的问题不是道德问题，而是认识上的偏差。他个性内向，情绪不稳定，容易冲动，有自卑感，具有一定的攻击性人格的特点（即敏感、多疑、冲动、具有破坏性），整体心理健康状态较差。我可以尝试通过引导他改善人际关系来消除他的暴力倾向。

为了让小刚对自己的问题有清醒的认识,我和他一起探讨了这几个问题。

(1) 反思自己行为的合理性和不合理性:为什么同学好像总和他作对?为什么发生冲突时老师总是先批评他?为什么他总是不开心?

(2) 探寻改变的愿望:对目前的状况是否满意,怎样才是自己所希望的?

(3) 设想可能的场景,思考可能的应对策略:发生这样的事,你怎样应对?

(4) 模拟演练,分析后果:想象事情已经发生,尝试各种应对方法,看看各种方法带来的后果。

(5) 选择最佳应对措施:比较各种可能,确定最佳方式。

小刚对自己的错误有了一定的认识后,我和他又签订了一份责任状,要求他必须做到以下几点:①不主动打人,不主动骂人;②和班级同学或其他班同学发生矛盾时,要第一时间告诉我;③处理好和同伴的关系,见面热情打招呼,不欺负弱小者,谨言慎行;④主动记录自己的行为,不断强化自己的自控能力。我会以周为单位检查责任状执行情况,当他少犯错、不犯错时,我也会给予他适当的鼓励和奖励。

要从根本上改变一个孩子,更重要的是改变他和他的家庭关系状况。我通过微信、电话联系的方式,和小刚的父亲深入交流了小刚暴力倾向形成的原因,并指出孩子没有错,错的是我们的社会,是和他存在千丝万缕关系的家庭、社区和学校。我们给他的温暖太少了,现在他正处在成长阶段,我们完全有责任采取措施补救对孩子的亏欠,把他的心焐暖。我让孩子的父亲多和他电话交流,多回家看看孩子,和孩子聚聚。没有了母爱,父爱更不能缺席。听着我的开导,小刚的父亲在电话里几度哽咽,他深刻检讨了自己对孩子的亏欠,并保证逢年过节一定回家和孩子团聚,和孩子好好亲近。我又来到小刚家中,和小刚的爷爷深入交流了改变孩子的方法,希望他不要把生活中的不如意发泄到孩子身上。他父母离异,现在最亲的就是爷爷。老人家叹息良久,泪水横流,紧紧地握住我的手,感谢我的开导,并说一定会改变自己平时不耐烦的态度,处理好和孙子的关系。

我的苦心没有白费,经过一段时间的打磨,小刚的暴力倾向基本消除了,同学们也接纳了他。看着他洋溢在脸上的笑,我由衷地感到,改变一个孩子的感觉真好!

【专家点评】

在互联网时代,建立学生心灵档案十分必要。教师不仅可以掌握每个学生的心理健康状况,还可以动态监测学生的心理变化情况,对有心理危机的学生早发现、早干预,防止极端情况的发生。学生家长也能通过网络随时随地查看孩子的心灵档案,有利于学校、社会、家庭相互配合,形成合力。

在学生入校后两三个月的时间内建立学生心灵档案,有利于得到宝贵的原始数据(如学习适应性、人际关系、学习焦虑等指标数据),便于今后做数据对比;通过对学习方法、学习习惯、性格特征的测试,可以充分了解每个学生,有利于因材施教,提高教学质量;通过建立预警工作机制,还可以筛查出有心理危机的学生,深入分析并适时采取干预措施。

借助于心灵档案系统,教师还可以针对学生的身心发展特点,积极开展学生成长关键期和关键点的指导工作(如,对学生的学习方法和学习习惯进行诊断,提供入学适应性指导、考前减压、专业选择咨询和升学指导等),帮助学生充分认识自己的性格和能力特征,以利于学生做出合适的选择。通过心灵档案的科研模块,教师也可以了解每个学生的能力差异、个性特点、心理欲求、学习心理等,找到科学管理和教育学生的方法,从而在教育工作中有的放矢,减少盲目性,提高针对性,让教育更科学高效。

点子28 时间管理法——时间都去哪儿了？

【方法解读】

时间管理所管理的对象不是"时间"，而是在时间范畴内发生的各种事务。其要素和核心是改变思想而不是行为，是一种思维方式的变革。它可以借助于技巧、技术和工具帮助人们更好、更快地完成工作，实现目标。它探索的是如何减少时间的浪费，以便有效地完成既定目标。时间管理最重要的功能是通过事先规划，为行为做出提醒和指引。

【现身说法】

时间都去哪儿了？生命是一条河，时间便是奔腾不息的波涛的背后推手。在这只隐形大手的指挥下，我们度过的每一天都不再重来。钟表的时间是"死"的，如果善于管理，我们的时间就会"活"起来。生命的长度是固定的，"活"用时间却能拓宽生命的厚度和宽度。

怎样引导学生珍惜当下的时间，活出生命的精彩？我们班级的时间管理开始了。

临近期中考试，班级的时间管理比以前更严格了，学生们必须在规定的时间内完成规定的学习任务。有学生吃不消了，到我面前诉苦："老师，太累了，太辛苦了！怎么感觉我们就像一根根铆足了劲的发条，每天就只知道转个不停，让我们歇歇吧。"这样反映的学生多了，我发觉，很有必要解答一下学生们在时间管理上的困惑。

在班会课上，我特地就时间管理问题和学生们交换意见。我首先提出一个问题："我们真的就那么忙吗？"这个问题一提出，学生们纷纷大倒苦水："老师，忙得不得了。忙得现在连课间十分钟都要赶时间写作业。""忙得一天天晕头转向。""忙得一天不知道该做什么好了。""忙得回到家直接躺在床上，饭都不想吃了。"

"好好好，大家辛苦了。想不到大家这么辛苦。我们一起来看一下，我们班的学习时间安排，真的如这几名同学所说的那样让人苦不堪言了吗？"我拿出一张班级时间管理表。学生早上8点进校，下午5:30回家。期间除学校规定的上下课时间、午休时间，班级就多安排了下午1小时的学习时间，当然，班级布置的学习任务也较以前重一些，平均每天要多做1～2套试卷。而下午多安排1小时的学习时间，有些学生根本就不习惯，布置的作业迟迟没有做，累计下来，落雨天背稻草，越背越重，自然就感觉很辛苦了。

我又在班级里发问："感觉不怎么辛苦的同学请举手。"十来个平时学习习惯良好的同学举起了手。我问："你们为什么就没有感觉到辛苦？"有学生答道："在规定的时间做好该做的事情。"我双手一摊："回答正确！"我接着问："《尽管去做——无压工作的艺术》这本书大家读过吗？"大家摇摇头。我说："这是时间管理大师戴维·艾伦的作品。他曾说过，始终如一地坚持做一些看似琐碎的小事，长此以往，将会产生重大的影响。如果你希望继续保持懒散低效的作风，别碰这本书；如果你希望生活变得轻松有序，我建议大家买来多读几遍。"我话音刚落，有学生就迫不及待地继续发问："老师，我们本来就很累了，哪有时间去读这样的书啊？您还是向我们介绍一些比较实用的方法吧。""好。"我爽快地回答。

我向大家介绍了著名的莫法特休息法。

我说，美国的翻译家詹姆斯·莫法特的书房里有三张桌子：第一张摆着他正在翻译的译稿；第二张摆的是他的一篇论文的原稿；第三张摆的是他正在写的一篇侦探小说。莫法特的休息方法就是从一张书桌搬到另一张书桌，继续工作。这和我们农业上的"间作套种"是一样的道理。人们在实践中发现，连续几季都种相同的作物，土壤的肥力会下降很多，因为同一种作物吸收的是同一类养分，长此以往，地力就会枯竭。人的脑力和体力也是这样，如果每隔一段时间就变换不同的工作内容，就会产生新的优势兴奋灶，而原来的兴奋灶则得到抑制，这样人的脑力和体力就可以得到有效的调剂和放松。我们的时间管理是否能从莫法特休息法中受到一点启发呢？

学生们对这种方法纷纷表示肯定。"我做数学题累了，看会儿英语书，确实就没那么疲倦了。""我背公式、定理累了，做习题会感觉好一些。"……学生们兴奋地分享着自己切身的感受。

"'六点优先工作制'听说过吗？"我又抛出一个新方法。学生们摇摇头。我解释说："该方法是效率大师艾维利在向美国一家钢铁公司提供咨询时提出的。它使这家公司用了5年的时间，从濒临破产一跃成为当时全美最大的私营钢铁企业。艾维利因此获得了2.5万美元咨询费，故管理界将该方法喻为价值2.5万美元的时间管理方法。""哇，这么值钱？"学生们发出惊叹声。我说："当然！想不想知道它的具体做法？""想！"学生们异口同声。我继续说："这一方法要求把每天所要做的事情按重要性排序，分别从'1'到'6'标出6件最重要的事情。每天一开始，先全力以赴做好标号为'1'的事情，直到它被完成或被完全准备好，然后再全力以赴地做标号为'2'的事情，以此类推……"

学生们听得入迷，问我还有没有更好的方法。我于是又罗列了帕累托原则，即我们应当对要做的事情分清轻重缓急，进行如下的排序：

（1）重要且紧急（比如救火、抢险等）——必须立刻做。

（2）紧急但不重要（比如有人因为踢足球缺一名队员而紧急约你、有人突然打电话请你吃饭等）——只有在优先考虑了重要的事情后，才来考虑这类事情。

（3）重要但不紧急（比如学习、做计划、与人谈心、体检等）——只要是没有前一类事情的压力，应该当成紧急的事情去做，而不是拖延。

（4）既不紧急也不重要（比如娱乐、消遣等）——有空闲时间再说。

"够用了，够用了。"学生们高兴地说，"我们马上就要实践，肯定再也不会有累的感觉。"我也适时地给他们打预防针："分清轻重缓急，做好排序哦，不要到时又到我面前诉苦。""再也不会了。"学生们保证说。

【专家点评】

为什么同一个班的学生,学习成绩会有那么大的差异?为什么成绩差的学生想方设法地补课,依然赶不上成绩好的学生?其实,造成他们之间差距的原因不是智商,而是成绩差的学生不会管理时间。

管理时间,就是管理行为。每个人都是自己时间的最佳经营大师。班主任要加强班级行为规范和约束,引导学生合理安排学习时间、娱乐时间、休息时间,让有限的时间产生最大的学习效益。

执行力是第一生产力。很多学生不是没有时间规划,而是不能把时间规划落实到具体的行动中。班级要在常规时间管理的基础上,抓住关键时间点(段)和敏感时间点(段)的管理,统筹兼顾,把握重点,充分且有效地利用好每一分钟,不断增强时间的内生力。

点子29　优势视角法——擦亮孩子心中自信的火花

【方法解读】

　　优势视角就是从积极的角度去看问题，它是对传统班级管理工作中问题视角（看问题总是关注不足和缺陷）的一种理论飞跃，提倡关注个体优势、潜能和成绩，强调每一个个体都有其优势，强调对每一个工作对象都要关怀、尊重、鼓励和支持。

【现身说法】

　　梅，名如其人，冷峻、忧郁、多愁善感，衣着朴素暗淡，走路小心翼翼，眼神躲躲闪闪。从北方某中学转学到我班已一个来月，她仿佛还是初来乍到，看见谁都爱理不理的。很明显，这孩子有点自卑，是一根"发潮的火柴"。怎样才能让这根"发潮的火柴"燃起希望的火苗呢？思虑再三，我决定慢慢观察，等情况明了后，再对症下药。

　　那天，她穿了一件颜色亮丽的衣服，虽然不怎么合身，但对她而言已很难得。课间休息时，我走到她的身边，很自然地赞美道："你今天的穿着很精神。"果不出所料，她羞红了脸低下头去，可我分明看见她的眼中有闪亮的东西，那一定是她隐藏不住的喜悦。自卑的学生心中何尝没有被人赞美和欣赏的渴望？于是在平时的接触中，我又有意地赞美她某些小小的甚至微不足道的优点。一段时间以后，她的情绪明显比以前好多了，人也不再像以前那样拘谨，但自卑仍伴随着她，她依然是班级里的"孤家寡人"。我于是决定跟她进行一次彻底的长谈。

　　"你似乎不太习惯南方的学习生活？"我单刀直入。"俺、俺……"话没说完，一滴伤心的泪重重地砸在办公室的地上，"俺说的是北方的土话，他们都嘲笑俺是北方来的'土包子'。"我心一惊，根本就没有预料到她的自卑是因为语言的隔阂,还自作聪明地调查她的家庭背景。哎,我的工作做得太粗糙了。她在北方生活的时间长了,语言受北方影响极大,说话习惯用北方人常说的"俺""中"等词,因而受到了班级学生的嘲笑与捉弄。我根本就没有及时深入她的内心世界,以致班级学生对她造成了极大的心理伤害。所幸现在了解了这一情况,还为时不晚,我还有足够的时间弥补同学们给她造成的心灵伤害。我进一步探寻着通往她心灵深处的路。听说她的普通话朗读水平不错,于是一个让她彻底走出自卑阴影的转变计划在我的脑海中形成了。

班级普通话朗诵比赛正如火如荼地进行着。同学们你方唱罢我登场,都想在人前露一手,尽管有些学生的普通话是那样蹩脚。热烈的掌声不时在教室里响起,青春的活力与激情尽情地在师生之间传递。当主持人宣布由梅上场朗读时,讲台下响起了稀稀拉拉的掌声。她从座位上站起来,不太自信地朝讲台走去,自卑的阴影仍然笼罩着她,她就像一只被重茧裹住的蚕蛾,要冲破黑暗的束缚是那样艰难。我马上抓住机会,鼓劲道:"我们南方人分辨不清鼻音、转舌音、儿化音,北方人却能轻而易举地分辨,要说普通话,还是北方的正宗。让我们再次以热烈的掌声欢迎我们班来自北方的同学杨梅,为我们带来高水准的朗读。"一阵热烈的掌声后,我发现,她竟然变得那样洒脱而自信,原先拘谨的模样早已荡然无存。

她为大家带来的是作家孙犁的《荷花淀》:"月亮升起来,院子里凉爽得很,干净得很,白天破好的苇眉子潮润润的,正好编席。女人坐在小院当中,手指上缠绞着柔滑修长的苇眉子。苇眉子又薄又细,在她怀里跳跃着。要问白洋淀有多少苇地?不知道。每年出多少苇子?不知道。只晓得,每年芦花飘飞苇叶黄的时候,全淀的芦苇收割,垛起垛来,在白洋淀周围的广场上,就成了一条苇子的长城⋯⋯"清晰的吐字、优美的音色、细腻而丰富的情感的拿捏,转舌音、鼻音、舌边音⋯⋯全都那样到位。意境是那样优美,人物形象是那样感人。同学们仿佛都跟着她优美的朗读声,慢慢进入到当年那遭受了血与火的洗礼的白洋淀,感受着对抗日英雄的爱、对日本帝国主义的恨。

我原先只是听说她普通话好，但没有想到竟然这样好，好得出乎我的意料。她的文章读完了，教室里却出奇地安静，大家仿佛还沉浸在作品所营造的意境之中，久久地回味着。随后，铺天盖地的掌声似一声声振奋人心的春雷响起来。她读得确实太精彩了。"杨梅同学的朗读让我们见识了什么才是真正的普通话。我曾听说有同学嘲笑过她的土音。的确，中国话'三里不同音'，南方话跟北方话的语音差异就更大了。也许我们很多同学听惯了本地的土话，感觉外来的土音很土，其实，这不过是五十步笑百步罢了。杨梅同学的语音带有浓厚的北方土音不假，但说句真话，较之我们本地的土音还是要好懂得多。刚才的一段朗读，让我们见识了她的朗读水准，大家服不服？"台下几乎异口同声："服！"一抹羞涩的微笑在她的脸上显现，那样的自然、那样的美丽。

自此以后，班级同学对她的态度来了个180°的转弯，再也没有人嘲笑她的北方土音，反倒虚心地向她学习起普通话，她俨然成了班级里的普通话权威。她跟同学们也慢慢熟络了，笑容时时荡漾在她的脸上。她的学业成绩进步更快，如今已进入班级前十名了呢！

牡丹有牡丹的华贵，幽兰有幽兰的清香，蒲公英有蒲公英的灿烂，狗尾草有狗尾草的坚强。每个孩子的天空实际上都无限大，只要我们能点燃孩子心中自信的火花。

【专家点评】

美国堪萨斯大学塞勒伯教授指出："优势视角的实践要求我们从一个完全不同的角度来看待案主、他们的环境和他们的现状，不再专注于问题，而把眼光投向可能性。在创伤、痛苦和苦难的荆棘之中，你能看到希望和转变的种子。"

优势视角认为，几乎所有的个人特征都可以看作学生的优势。只要注意发现，任何人的品性中都会有一些闪光点；只要运用得当，几乎所有的个性特征都能够激发出特殊的才能。

"放对位置,每一个人都是天才"。只要用优势视角看待学生,挖掘学生的优势和潜能,使学生在面对困境的时候,找到适当、有效的解决方式,走出灰暗的心底、人生的阴霾,我们就会发现,其实每一个孩子都很精彩!

点子30 变堵为疏法——走进"恋网"孩子的心灵

【方法解读】

史前黄河流域洪水泛滥,鲧采取"水来土挡"策略治水,未能根治水患;禹改堵为疏,拓宽峡口,让洪水更快地通过,以达到治水的目的。堵,治标不治本;疏,理顺了问题的症结所在,举重若轻。

【现身说法】

那天,要不是杨妈妈来校打探实情,我做梦都不会想到,一个老师眼中的优等生、父母心中的乖乖崽,竟然也有如此见不得阳光的"劣迹",沉溺"恋网"不能自拔。

"刘老师吗?我是杨过的母亲,想向您打探一件事情。"杨妈妈说出了心中的疑问:"本学期你们班收费是不是很频繁,隔三岔五就收个十元八元的?"收费是义务教育学校最为敏感的一根神经,上面三令五申不准教师向学生及学生家长伸手。国家的相关政策和法规我还是懂的,不要说我们班级,就连我们学校本学期开学以来也从未向学生家长伸过手,我如实地说明了情况。"不是说这个星期一要收10元钱的报刊费吗?"杨妈妈说得有板有眼。

原来,杨过的父母在镇上开了一家裁缝店,平日生意繁忙,鲜有时间顾及孩子的学习情况。不过杨过这小家伙还算听话,从小学到初中,成绩一直不错,孩子要个零花钱什么的,父母从不含糊,更不用说学校收点费了。可本学期以来,孩子要钱要得格外勤。问他,他总说学校又要收某种杂费。时间长了,父母心里嘀咕开了:"就是收费,也不可能收得这么勤呀。"杨妈妈这才跑到学校来问个究竟。

这孩子,拿这么多的钱到底干什么去了呢?带着疑问,我细细向班级学生了解情况，并与杨过进行了交谈，问题马上水落石出了。原来，在杨过上学的路上有几家网吧，网吧里总挤满了人。尤其是节假日，一群群的中小学生总爱到网吧"冲浪"。起初，老实憨厚的杨过只是站在一旁看别人玩，时间长了，也不免手痒，手一痒要收手可就难了，自然是越陷越深，一发不可收拾了。

教育者的责任与良心提醒我，我不能眼看着一朵灿烂的迎春花因为痴迷于上网而变成一枝让人厌恶的罂粟。

我深入分析了一名品学兼优的学生渐渐沦为"网虫"的深层次原因。

首先是网络本身的原因。精彩新奇的网络世界原本对孩子就极有吸引力。各种各样新奇有趣的网络游戏、虚拟空间网友的真情对白与交流……远比课堂上老师枯燥单调的说教有趣得多。其次是杨过自身的原因。杨过性格内向，很少跟同学交流，而虚拟的网络世界正好为他营造了一个充满梦幻色彩的童话世界，满足了孩子内心的需求，使他在虚拟的世界里寻到了几丝心灵的慰藉，一旦沉迷其中，便难以自拔。最后是在青春发育期易形成叛逆心理的原因。老师、父母视网络为洪水猛兽，深恐孩子沾染了不良习气。越是约束、压抑，孩子越觉得新奇有趣。于是假借学校收费之名行欺骗家长与老师之实也就不足为怪了。

教育不能一蹴而就，教育需要耐心与机智。强硬的"堵"往往适得其反，不但不能从根本上转化学生，反而会将学生推向教育的对立面，达不到教育的目的；只有理清气顺的"疏"，才能让我们的教育真正走进学生的内心，为学生所接纳。

刚发现杨过的小秘密的那两天，我故意没有找他谈心，因为那样做会让他从心底里排斥我，极易形成与我的对立情绪。第三天，我认为时机已成熟，把他叫进了办公室。也许他自知行迹败露，怯怯地站在我对面，半晌抬不起头来。摆明了，他这是做好了迎接狂风暴雨的准备，单等我的训斥。

"今天我是叫你帮忙来了。"他抬起头，不太相信似的看了我一眼。我发觉他原本紧张的表情稍稍轻松了一些。"说明白一点，我是让你给老师当一回'老师'。你知道,我虽然也玩电脑,但顶多是个'三脚猫',至今连QQ号都不知如何申请。闲来无事,老师也想上网聊聊天,结交新朋友。你该不会笑老师愚笨吧?说句实在话,我还挺不好意思向别的老师请教,因为我这个人虚荣心挺重的,只好向自己的学生求助了。"他很惊诧,眉宇间露出些许得意的神情。他做梦都想不到,堂堂的班主任不仅没有批评他前些日子的放纵,反而要向他求助,于是热情地为我在网络上申请了一个QQ号。我极真诚地对他说:"你是老师教过的为数不多的极聪明的学生之一,思维敏捷、接受能力强,只要不分心,用心学习,将来定会有个美好的前途。"拍马屁本不是我的强项,但为了教育好学生,我豁出去了。听我说完,他果然心花怒放,全不见刚进来时畏畏缩缩的模样。"我知道网络对你挺有吸引力的,这不见得一定是坏事。如今是知识经济时代,网络能帮助我们走出狭窄的小天地,更快捷地接受时代最进步的思潮。但网络又是一把双刃剑,一味沉迷其中不能自拔又会毁灭一个人,尤其是缺乏自制力与鉴别力的孩子。因此,如何走进网络可是大有学问的。你认为呢?"

我的一番推心置腹的话语终于赢得了杨过的认同。"我误解您了,老师。我保证听从您的教诲,不再偷偷摸摸去上网了。"两行悔悟的泪水尽情地滴落在办公室的水泥地上。这一拍一激效果果然良好。我于是趁热打铁:"有一件事老师不好意思向你开口,但在我们班,就数你是电脑方面的行家。喜欢上网的同学在我们班也有那么一群,我知道堵是堵不住的,只能疏。我想在班里成立计算机课外兴趣小组,让无所不能的互联网真正为我们班级服务。我想让你担任小组长,你应该不会让老师失望吧?"他很爽快地接受了我的任命。

往后的日子,杨过果然不负重托,不时为班级里的电脑迷们讲解有关电脑知识,还主动为班级建立了网站,并不时更新内容,网站的开通更拉近了我与班级学生的距离,学生们有了疑难与困惑也乐于在班级网站上倾诉,我也能通过网站更快捷地了解学生们的思想动态。一段时间下来,班级的凝聚力更强了,这都得益于我的那招"变堵为疏法"。如今,杨过不但不再沉迷其中,还带动班上的其他"网虫"也从畸形的"恋网"情结中走了出来。

变堵为疏常能谱写最美的教育诗篇。

【专家点评】

教育工作中出了问题,我们很多班主任的思路是"堵",希望将学生的不良行为习惯扼杀在萌芽状态。这样的教育方法,往往会引发学生强烈的逆反,让教育者与被教育者陷入严重对立的僵局。

"疏"则不一样,它是建立在对教育对象充分理解和尊重的基础上,重视学生的个性特点和心理诉求,对学生进行正面教育和引导,让学生在心理层面上自觉接纳教师的教育方法。这样,往往能事半功倍,实现教育成效和价值的最大化。

第四章
实践求真

"自古圣贤之言学也,咸以躬行实践为先,识见言论次之。"实践是打造优秀班级的唯一捷径！

——章首语

- 教育新做法、教育新思维、教育新观点无一不是从一线教育实践中发现、提炼、总结、升华而得。毛泽东在《实践论》中说:"感觉只解决现象问题,理论才解决本质问题。这些问题的解决,一点也不能离开实践。无论何人要认识什么事物,除了同那个事物接触,即生活于(实践于)那个事物的环境中,是没有法子解决的。"原生态的教育实践是解决所有教育难题的金钥匙,是推动教育变革的助力器。

- 实践是认识的起点,也是认识的归宿,是全部认识的基础。鲁迅先生说:"一碗酸辣汤,耳闻口讲的,总不如亲自呷一口的明白。"实践的观点是马克思主义认识论首要和基本的观点。教育探索离不了实践,否则就是断线的风筝、无根的浮萍、无火的炊烟。

- 教育家陶行知说过:"千教万教教人求真,千学万学学做真人。"教育就是要在"真"字上下功夫。"真"是现代教育的底色,是现代教育最本质、最核心的属性。

点子31 积极心理法——每一个生命都很精彩

【方法解读】

苏霍姆林斯基说过:"对那些因受家庭乃至社会环境条件不良影响而表现异样的孩子,要以朋友和志同道合者那样的态度和方式来对待他。"教育就是培养孩子们的积极心理品质,让自卑的灵魂自信起来,让孱弱的体魄强壮起来,使狭隘的心胸开阔起来,使迷茫的眼睛明亮起来,给他们以温暖和鼓舞,点燃他们成为优秀生的希望之火……

【现身说法】

班级里的每一个生命个体都是独一无二的、存在个体差异的、造物主精心生成的精彩。班主任必须要尊重这种差异性,尤其要照顾那些存在缺陷、比较弱势、不被重视的学生,让班级所有成员不晦暗、不抱怨、不气馁,都拥有阳光、开放、积极的心态,找到自己在班级里的合适定位,参与班集体的学习和交流活动。

一、审丑表演

我们班级的丑角表演秀、双簧秀、绕口令表演就为孩子们搭建了一个展现独特而精彩的自我的舞台。

为什么要鼓励学生做这样的表演?因为我发现,班级里有些学生存在某些心理认知的偏差,自认为某些方面不如别人,低人一等,生怕别人嘲笑,融不进集体生活的氛围,严重影响个人的成长和进步。怎么办?我就引导大家把自己外在最丑陋的一面,用夸张的形式表现出来,勇敢地面对大家的评点、调侃、赞美。这就纠正了一些学生对自我不足的不正确的心理定位,勇敢面对真实的自己,不断完善自己,直到成为最优秀的自己。

扮鬼脸比赛就很火爆。课前或自习课、班会课，让同学们展现一下自己高超的鬼脸艺术，博众人一笑，活跃活跃课堂和班级的气氛，是我的一贯做法。刚开始的时候，学生们扭扭捏捏，谁都不愿意出来"出丑"，都矜持得很，但在我强大的思想攻势下，学生们慢慢地转变了自己的"审丑"观。男生们、女生们争相表演着自己扮鬼脸的高超技术与功底，班级气氛陡然活跃起来，阳光陡然照进孩子们的心里，效果确实不错。

双簧夸张的丑角表演也很受大家欢迎。隔一段时间，班级同学就会恣惠几个同学表演双簧，看着"前脸儿"画得不成样子的面部、夸张的肢体语言，听着"后背"阴阳怪气、变幻离奇的语气和语调，班级里早笑倒一大片。

人总有缺陷，而缺陷并非一无是处，甚至可以成就艺术。现在我们把这些缺陷生动地展现在每个学生面前，大家自然就见怪不怪了。比如，我们班级有个说话结巴的男生，一着急，说话就语无伦次，心理压力比较大，不敢与其他同学交流。我于是组织同学们进行绕口令表演比赛。比如下面这个绕口令，同学们读来，一个个都变成了"结巴"。

"打南边来了个喇嘛，手里提拉着五斤鳎目。打北边来了个哑巴，腰里别着个喇叭。南边提拉着鳎目的喇嘛要拿鳎目换北边别喇叭哑巴的喇叭。哑巴不愿意拿喇叭换喇嘛的鳎目，喇嘛非要换别喇叭哑巴的喇叭……"

读完后，班级学生主动总结，说话不结巴是因为要说的话太简单，一旦语言绕来绕去，其实大家都会结巴。没必要嘲笑别人说话不利索，也不必因为说话有点转不过弯就有心理压力。好好练习，每个人都可以把话说得很流畅。果然，此后，班级里再也没有同学嘲笑说话结巴的同学，说话结巴的同学也从结巴的阴影中走出来，说话也慢慢流畅起来。

可以说，在我们班级，同学之间不存在故意嘲笑、挖苦别人缺陷和不足的做法，有的不过是友好的调侃，是当事双方都能够接受的戏谑。大家都认识到有点缺陷是正常的，不足为奇，每个人都存在，只不过表现的地方和方式不同罢了。这样，班级平等互助、相互尊重的人际关系圈自然就形成了，每个同学也就能很放松地在班级里阳光地生活、诗意地生活。

二、激发积极心态

积极的心态像太阳，照到哪里哪里亮；消极的心态像月亮，初一十五不一样。积极的心态能够带给人愉悦和欢乐、进取和奋斗，自然受人欢迎；消极的心态带给人郁闷和苦痛、牢骚和阴暗，自然被人排斥。我在班级里主要通过如下方式来激发学生的积极心态。

(1) 每天一句激励语。激励语本着"从学生中来，到学生中去"的原则，即每天每个学生都向班级上交一条励志语言，由班级励志大使从中找出最能打动人心的一条，作为班级这一天的激励语，书写在班级黑板的左上角。我希望通过激励语，唤醒学生心里的积极因素，唤起学生奋斗的热情。

如："不抱一丝幻想，不放弃一点机会，不停止一日努力。""把握生命里的每一分钟，全力以赴追求心中的梦。""没有比脚更长的路，没有比人更高的山。"

(2) 每天一次励志宣誓。每天早读开始时，班级全体同学高举右拳宣誓："卧薪尝胆，奋发图强，顽强拼搏，斗志昂扬。"虽然只有短短的十六个字，短短的几十秒钟，看起来好像微不足道，但这样的宣誓是我们学生力争上游精神的生动载体。通过"班集体激情大合唱"，一种信念追求、一种价值取向无形之中就在学生们的心中生根发芽，假以时日，谁说它不会长成参天大树呢？

(3) 每天一次激情跑操。每天午休结束，下午课程即将开始时，我们班级约定，利用五分钟时间在学校操场进行激情跑操。学生们排着整齐的方阵，在学校操场边跑边喊："卧薪尝胆，奋发图强，顽强拼搏，斗志昂扬。"看我们班的学生这样疯狂，学校里的一些老师和学生跟我开玩笑说："刘老师，您可真够狠的，照您这样训练，你们班学生一个个都会成为铁血战士啊！"我笑笑："年轻人不能太阴柔，就是要有点血性！要有点激情！"

为什么选在这个时间呢？午休过后正是学生一天精神疲惫的开始，通过激情跑操，提振学生的精神和斗志，无形之中就能提高学生的学习效率。我们班级坚持三年来，效果良好，尤其是容易睡觉的三伏天，其他班级的学生睡倒一片，我们班级的学生呢，因为受到跑操激情的感染和传递，很少有上课睡觉的，这就是精神的激励作用。

（4）每天展示班级同学的笑脸。随便抽取我们班级的几张微笑图，虽然笑得未必好看，但因为发乎内心，出自真诚，班级同学照样很喜欢。每天我的课堂开始时，我总会让班干部预先安排几个同学为班级展示他们的笑脸，看着每个同学脸上形态各异的笑，笑脸瞬间在班级开花，滋生出几十张笑脸。在友好的气氛中开始我们的功课，这是多么惬意的一件事。笑一笑，十年少。让班级充满欢声笑语，让快乐的阳光洒满孩子们的心灵，作为班主任，我们责无旁贷。

（5）每天给学生一个惊喜。因为有这样的活动，每天的惊喜就成为班级学生一天的期待。

比如，看到学生一天学习很辛苦，我提议，在自习课上大家集体休眠一分钟，放松放松。这种带点奖励性的休眠活动，班级同学很享受，通过休眠一分钟，许多负面情绪不知不觉就散发出去了。再如，上课气氛不活跃的时候，我会找同学给大家讲一段笑话，或者由我亲自讲，瞬间就能调动学生的情绪，引爆课堂氛围。

【专家点评】

积极心理健康教育的精髓就是一切从"积极"出发，用积极的视角发现和解读问题的积极方面，用积极的途径培养积极的品质，用积极的思想浇灌积极的心灵，用积极的过程提供积极的情感体验，用积极的反馈强化积极的效果，用积极的态度塑造积极的人生。

当今社会正处在发展转型时期，在开放多元的环境下，激烈的竞争、传媒的影响、不良社会风气的熏染，都给青少年的成长带来了不可估量的负面影响。加之很多学校只重视知识的传授和智力因素的培养，忽视了学生心理因素的发展，使得学生的心理问题不断增多，心态失常，意志薄弱，抗挫折能力差者大有人在。这对素质教育的全面实施是个巨大的挑战。

中小学要重点培养学生15项积极的心理品质：创造力、求知力、思维与洞察力、真诚、执着、爱、友善、领导力、合作力、宽容、谦虚、持重、心灵触动、幽默风趣以及信念与希望。通过这些正能量的积聚，调动学生积极健康的心理，有效加强学生的自我调节能力、挫折适应力、人际交往能力，提高学习效能，减轻学习负担，体验幸福快乐的人生。

唤醒和激励学生的潜能，是积极心理学理论在教育中的生动体现。积极心理学的本质与目标就是寻求人类的人文关怀和终极关怀，这也是心理学的最终归宿。关注学生本身可供引领和激发的积极因素，运用建设性的眼光和思维，正面引导学生，落实"全人教育"理念，这应该是所有教育工作者共同和永恒的追求！

点子32　问题意识法——让"问题"成为教育契机

【方法解读】

哪里有矛盾，哪里就有问题。问题意识是每一个班主任都必须具备，并应不断强化的一种意识。它能鞭策班主任从纷繁的教育教学常规中发现、筛选出班级里存在的问题，不断学习和提高应对问题的能力，让班级建设走上蒸蒸日上的快车道。

【现身说法】

一、别出心裁解决迟到问题

学生偶尔违反班纪班规是很正常的，即使他们对班级规章制度很清楚。比如，他们可能会出现迟到早退、抽烟喝酒、乱扔果皮纸屑、上课走神、自习课上讲话、作业不完成等一系列问题。

平日，很多班主任面对学生的错误会情绪失控，恨铁不成钢。其实，"金无足赤，人无完人""人非圣贤，孰能无过"。莎士比亚说过："最好的好人，都是犯过错误的过来人；一个人往往因为有一点小小的缺点，将来会变得更好。"面对学生的错误，我们完全不必大惊小怪，只要善于引导，努力唤醒学生内心的自觉，一切的教育疑难都会迎刃而解。

班级学生的迟到问题一直困扰着我。虽然我经常在班级里三令五申，但总是不能杜绝。尤其是一个叫周宇的男生，人很聪明，很受老师们的喜欢，但他爱迟到的毛病一直改不了。无论是对他好言相劝，还是严厉批评，他都我行我素。我找他谈心，他竟然振振有词："老师，我迟到又不会影响学业成绩，没什么大不了的！"面对这样的学生，我真是没有办法。

一天，班级要挑选班会主持人，周宇有这方面的特长，早把手举得高高的，跃跃欲试。我灵机一动，有了一个解决周宇迟到的办法！于是，我当即拍板，确定周宇为这次班会的主持人。

我要求周宇必须做好班会的策划活动，一定要组织好、主持好，不能让大家失望。在接下来的时间里，周宇一天到晚忙得不亦乐乎，而我早就找了几个口风紧的学生，客串临时演员，到时故意迟到进场，让他下不了台。

班会的时间终于到了，只见周宇胸有成竹地站在讲台上，清脆地说了一声："大家好！""好"字尾音还没落，就听到门外响起了一声洪亮的"报告"声。周宇很无奈地闭上了嘴，耐心地等待迟到的同学进来、坐下，他再开始讲话。可是，等喊报告的同学落座之后，周宇却忘词了！这一下窘得周宇面红耳赤，只好红着脸拿出原先准备好的稿子照本宣科。

接下来，凡是串场词过渡的紧要关头，门外都会很巧合地响起一声"报告"。个别同学进教室后还煞有介事地解释一通，学生们也因这些同学的认真道歉而哈哈大笑。

就这样，班会被一次次的"报告"声打断，而周宇也随着"报告"一次次地忘词。渐渐地，他头上的汗都冒出来了。

一场本来被周宇设计得相当精彩的班会，在不断的"报告"声中草草结束了。我们可以想象得出，为这次班会付出了不少心血的周宇，该有多难受啊！

班会结束后，周宇找到我，难过地对我说："老师，这场班会主持让我给搞砸了，对不起。"我安慰他说："没关系，你其实做得很好，只怪那些迟到的同学。他们只顾自己的感受，而不顾班级组织纪律的严肃性，破坏了班会的连续性。你能够做到这样的程度已经很不错了。"说来真怪，经过这次事件，从此他再也没有迟到了。

大家可以发现，收拾这样油盐难进又有点小聪明的学生，很多时候，我们的正面说教是难以起作用的，而撕破脸皮、让师生关系彻底僵化更是得不偿失，转变观念、恰当引导值得所有班主任深思。

二、设置问题调解大使

突发问题多是班级管理中的常态。仅凭班主任一个人调解和处理这些复杂的突发问题，确实有点困难。我的做法是在班级里设置问题调解团队。团队人员有老师、学生，也有心理辅导专家。一旦班级出现突发问题，调解大使会及时救场，避免矛盾的发展和升级，将问题消灭在萌芽状态。

像上学期，物理老师的课堂上总有男生不认真听讲，师生在课堂上的对立时有发生。为防止矛盾升级、维持正常的课堂教学，问题调解团队商量了问题预防措施。一是进一步协调师生关系，做好班级课堂违纪学生的思想转化工作；二是加强和物理老师的交流，提醒他课堂教学中如遇到学生违纪的情况，忍一忍，课后交给问题调解团队处理；三是成立应急小组，一旦发生师生矛盾，蓄势待发，消灭问题于萌芽。

偏偏那一节物理课，男生李四又要请假上厕所，注意，只要是物理课，他注定要请假上厕所。物理老师不胜其烦，不批准。李四不管三七二十一，从座位上站起来就要离开。物理老师一个箭步跨过去，欲阻止他的行动。李四却想强行离开。"你敢！"物理老师一声断喝。"我要走，你又怎么样？"物理老师的脸愤怒得变了形，一招"黑虎掏心"蓄势待发。李四摩拳擦掌准备接招，眼看一场师生对打擂台赛就要开始了。

关键时刻，问题调解大使及时打圆场，对物理老师说："老师，您千万别生气。您大人大量，不要跟李四一般见识。"他边说边快步走近物理老师，接住了物理老师那招恶狠狠的"黑虎掏心"。肇事的李四见这阵势也如惊弓之鸟，哪里还敢嘴硬！班级另外两个调解大使早已跑到我的办公室，要我出面化解这场纠纷。

当然，问题调解大使更重要的职责是化解同学之间的纠纷，当好班级同学之间的"和事佬"，做好班级的"消防员"和"灭火器"。我们班的调解大使一月一换，一个学期之内，每个同学都有职责在这个岗位上值班，感受这份工作的重要性，提高自己的协调和沟通能力。你别说，自从我设置了调解大使这一岗位,班级的矛盾少多了,要处理的问题少多了,我这个班主任也省心了不少。我们的班集体更有战斗力了。

【专家点评】

班级管理出现问题是教育的常态,是无法回避的。这要求班主任具备足够的问题意识,未雨绸缪,运筹帷幄,带领班级在"出现问题—分析问题—解决问题—教育反思—德育预设"的教育常规工作中不断前行。

班级管理出现问题不可怕,重要的是班主任要对问题进行深层次分析,了解问题背后的深层次原因,进而合理归因,妥善解决。

班级管理中的问题重在预防,在问题发生之前就有所预测,进而采取措施防止问题的发生。这比出了问题再去想办法处理和弥补要高明得多,"问题"也将不再是问题。

点子33　创意生日法——让学生过一个特别的生日

【方法解读】

每一个孩子都是造物主的杰作，每一个平常的小插曲都是动人的音符，每一个生日都是学生成长历程中的一级阶梯。小小的生日，暗含了学生们多少的期许，不求轰轰烈烈，但求唯我独有，标新立异，而这个特别的生日会成为孩子们的快乐之源、前进的助力器。

【现身说法】

生活需要一点仪式感，它是平静湖面上的点点涟漪，也是荒凉沙漠里的一点翠绿，它是空旷山林里黄鹂的歌唱，也是沉沉暗夜里温暖的灯火。譬如新中国建国70周年的大庆，举国欢腾，世界瞩目；譬如五四运动100周年纪念大会，振奋民族精神，开拓创新进取。学生个体最关注的仪式是什么？当然是自己的生日。

随着经济条件的改善，小到家庭，大到朋友圈，都在为孩子的生日"造势"。在生日这一天，有家长特意要为孩子请假一天，约请亲朋好友一起庆祝。有学生特别豪气，宴请全班同学。大家的生日礼物也不断升级，越来越豪华和新奇。这样的做法，已经完全脱离了生日的本义，甚至在班级里造成了不良影响。于是我决定开设班级生日课程，让学生的生日成为班级最好的教育资源。

我首先了解了学生们以前过生日的方式。绝大多数的同学是和家人一起庆祝，也有约请同学一起庆祝的，还有家长不在家，没有过生日的。我接着了解了大家的生日礼物——生日蛋糕、红包、贵重礼品、新衣服、一句祝福语、一张生日贺卡……

我让学生们上网查查古人是怎么过生日的。上网查过后，学生们了解到，中国人过生日的习俗从周朝开始，婴儿满周岁有"抓周"，然后要等到60岁才有资格过生日。传统的说法是"孩子的生日，母亲的难日"，母亲受难的日子，怎么还好意思大张旗鼓地庆祝呢？古人过生日大多是吃面条和鸡蛋，吃面条代表母子之间的丝丝牵挂，吃鸡蛋借寓母鸡孵小鸡时，总是护着鸡蛋，不离不弃，表现了母性最无私的爱。这种寓意，让人时时怀念母亲的恩德。

"了解了古人过生日的习俗，再对照我们现在的做法，你有什么感想？"我向学生们提问。"觉得古人的生日过得很简单。""古人过生日总会想到母亲，感谢母亲的养育之恩。""我们现在年纪这么小，过生日却如此奢侈，简直太浪费了。""为了过生日而耽误学习，太没有必要了。""可以在班级里过一个简单的生日。""可以让同一个月出生的同学在班级里过一个集体生日，既不耽误时间，又能给大家带来快乐。"……同学们开动脑筋，献计献策。最后大家经过集体讨论，决定每个月过一次集体生日。

为什么是过集体生日，而不是每个同学单独过生日呢？主要是考虑时间和生日课程的延续性问题。学生们学习任务重，班级几十个同学，基本上三五天就要搞一下生日庆典，刚开始也许还受学生们欢迎，多了就变成"扰民"了，也失去了生日课程该有的意义。一个月庆祝一次，既隆重又正规，还让学生们满心期待，课程的延续自然不成问题。

于是我让班委会统计好班级同学详细的生日日期，按月份排列好。确定将每月最后一个星期的班会课作为班级集体生日庆典日。

生日庆典日当天，班级同学早早地就做好了准备。随着班班通里响起的生日快乐歌，大家跟着节拍一起拍手合唱，过生日的几个主角也来到讲台前集体亮相，班级内掌声雷动。班班通里接着展示了过生日同学的照片、出生年月日、特长、为集体做出的贡献、曾经获得的表彰或表扬、个人励志语，甚至还有同学们特地到"小寿星"们家中拍摄的爷爷奶奶或父母的祝福视频……

接着是"小寿星"们的生日感言环节。有谈自己业余爱好、童年趣事的，有说自己人生理想、抱负追求的，有感恩父母、老师和同学的，有现场表演才艺、唱歌跳舞的……印象最深的是一个留守儿童的生日感言："从我懂事开始，好像家人从来没有为我过过生日。我的爸爸和妈妈离婚了，妈妈走了，再也没有回来，爸爸常年在外打工，难得回家，我跟着瘸腿的奶奶艰难地生活。生日那天，我连一句简单的祝福语都没有收到。晚上睡觉的时候，我一个人躲到被子里哭……（说到这里，她哽咽着。）班级为我举办这样的生日活动，我太高兴了，太感谢老师和同学们了。我为大家鞠一躬，表达我深深的谢意。我一定做一个优秀学生，报答大家的恩情！"

接着是送生日礼物环节。这样的礼物不必奢华，只是表达大家的心意。它可以是一张写有老师和同学名字以及祝福的贺卡，可以是一件精巧的手工作品，可以是学习用品，也可以是一朵山花、一个苹果、一块橡皮……

然后就是班主任寄语环节。除了表达对"小寿星"们的美好祝福，我还表扬了这些同学的闪光点，充分肯定了这些同学为班级做的贡献，激励他们努力学习，成为栋梁之材。

再就是才艺贺生环节。同学们纷纷登台表演才艺，以表达对"小寿星"们的祝贺。唱歌的，跳舞的，展示书法的，表演单口相声的，表演小品的，表演双簧的，表演口技的……台上台下，笑声不断，一片欢乐的海洋。

最后是吃生日蛋糕环节。班集体订购了一个生日蛋糕。随着蛋糕上蜡烛的点燃，"小寿星"们一字排开，双手合十，默默许下个人的心愿。生日快乐歌再次响起，节拍整齐有力。"小寿星"们一起合力，一口气吹灭了蜡烛。

分吃蛋糕开始了，每个同学都有一份。但吃不了几口，场面就失控了，你往我脸上涂一块奶油，我在你脸上抹一坨蛋糕，不分男女，不论师生，逮着谁就是谁。班里一片花脸的海洋，一片兴奋的大呼小叫。我这个班主任也成为部分学生进攻的对象，脸上、鼻子上沾了不少奶油和蛋糕，惨不忍睹，狼狈不堪，我连忙举手投降，逃离这是非之地。这些小家伙公报私仇，真拿他们没办法。以后千万莫违纪让我这个班主任逮着了，逮着了有你们好果子吃。

【专家点评】

每一个学生的心中都有一个五颜六色、精彩纷呈的生日梦。开发班级生日课程,既满足了学生们心中的小小愿望,也让我们的教育更加多姿多彩。

生日课程的经费来源怎么解决?案例中的班级是这样做的:买生日礼物的经费,开始是学生集体自筹一部分,班主任赞助一部分,后来有同学提议通过回收废纸和空饮料瓶来筹集。人多力量大,集体有智慧,一个学期下来,班级卖废品的钱不仅足够买生日礼物,还有点小结余。班级再也不会出现乱丢垃圾的现象,因为众目睽睽之下,没有哪个同学愿意受到来自集体的指责。

生日礼物可以不断更新。千篇一律的生日礼物很快就会在生日庆典上"失宠"。孩子们都希望自己的生日礼物多一点创意。比如,和班级里的"明星同学"合影,实现自己的一个小愿望,收到一些"别致"的红包(红包里面装满了惊喜:发呆一刻钟不受批评,有一天不交作业,和老师说说心里话,听老师讲一个幽默的故事,翻看小人书,问一道难题,得到一本杂志,选取一本好书,和老师合影,在班级里大笑三声……)。

活动形式可以花样百出。除了在教室里开展庆祝活动,我们还可以把视野转移到教室外。比如,开展集体创意活动、郊游、野炊,以及进行集体生日献礼——为迎接集体生日的到来,做一件对班级建设有意义的好事……

在班级里为学生过生日,凸显了班集体建设中的人文关怀,为所有的参与者带来了温馨而愉悦的体验,使孩子们加深了对集体和同学的感情。"为每一个孩子过生日"的理念暗含平等、公正,不放弃、不忽视集体中的每一个个体。每月一次生日庆典,热闹、简约、朴实、接地气,既节约了时间和运作成本,又把个体和集体紧密地联系在一起,既活跃了班级气氛,又锻炼了学生的能力,沟通了集体情感,自然能够取得比较好的效果。

点子34　文化建构法——打造班级文化名片

【方法解读】

文化建构，就是建构班级文化，即建设底蕴深厚、特色鲜明、文化标识独特、组织架构清晰、规章制度实用、活动实践走心、精神积极向上的班级命运共同体。

【现身说法】

有人说："三流的班主任靠感情来维持一个班级，二流的班主任靠制度来规范一个班级，一流的班主任靠文化来熏陶一个班级。"每一个班级都应该建构自己独特的班级文化，让班级文化涵养学生的生命，为学生的终生幸福和发展奠基。

一、班级环境文化的建构

班级环境文化是班级浅层文化，它主要包括教室的环境布置、桌椅的摆放、黑板报的利用、墙壁的布置以及班级卫生状况等，它是班级文化建设中的"硬件"，是一种显性文化。其中，墙壁的布置最能够体现班级的个性和风格，也是最直观、最有效、最有个性的班级环境文化。我主要从三个方面着力。

（1）教室净化。教室卫生是班级的窗口，是文明的标志。为了让班级保持干净的教室环境，我主要着重培养学生良好的卫生习惯，制定严格的卫生管理制度，加强检查和监管，从而确保教室的整洁和美观。

（2）教室绿化。绿色象征青春和活力，绿色代表蓬勃的希望。我们班级在讲台摆有一盆万年青，在教室后角摆有一些观音竹、绿萝等盆栽植物，走进教室，绿意盎然，活力无限，整个人的精神状态都为之一振。

（3）墙壁文化。班级信息栏、图书角、荣誉榜、黑板报、文化墙都是班级墙壁文化的必备品。为了搞好班级墙壁文化，我在班级里一再强调墙壁文化的重要性，充分地调动了学生的积极性、创造性，大家集思广益，精心设计，巧妙布置，最终让班级墙壁文化凸显大气和高雅。我们班级的"迎客松"和"五彩梦"就是其中的经典，给班级同学留下了美好的回忆。

二、班级制度文化的建构

俗话说，没有规矩不成方圆。班级制度文化是党和政府的有关方针、政策、法律条例、指令及社会主义道德观念、行为规范、是非标准等在班级日常工作、学习和生活中的具体体现，是班级全体人员共同认可并自觉遵循的行为准则。

制度是用来管人的，这是制度的强制性，但制度也是用来帮助人、教育人、引导人的。有什么样的制度就有什么样的人，有什么样的班级规章制度，就有什么样的学生，就有什么样的道德观、价值观、人生观、世界观。"导之以政，齐之以刑，民免而无耻；导之以德，齐之以礼，有耻且格"，说的就是这个道理。

我们班级规章制度的制定主要由班级师生民主协商，大家充分酝酿，发表意见，不断补充、修正，最后得到班集体所有人员的表决和认可方可确定，继而签订契约，签名、按手印以示庄重。

譬如，班级有同学喜欢买瓜子进教室，还乱丢瓜子壳，搞得班级卫生一团糟，大家怨声载道。卫生委员多次对当事学生提出严厉警告，但都不起作用。于是，这样一条规章制度就诞生了："班级任何同学都不能带瓜子类食品进教室，一旦发现，由卫生委员没收，上交班委会，并处买此类食品学生同等金额罚金，用作班费。若将瓜子壳丢弃在教室里，破坏教室环境卫生，处以上文同等处罚的同时，责任当事人罚扫教室一天。"

说来也怪，自从这项严厉的处罚制度制定以后，班级里再也没有出现过乱丢瓜子壳的现象了。看来，制度管人虽然略显生硬，却能够更好地打造班级学生的规则意识。

三、班级活动文化的建构

活动是人的需要。人类在活动中满足着生理和心理的需要，发展着自身，社会也在人类的活动中前进。班集体活动也是如此，它对师生素质的持续发展具有重要意义。班主任要想促进学生的全面发展，将班级优秀的精神文化内化于学生的灵魂，就必须依靠丰富多彩的活动文化来实现。

我一般会在班级里开展以下几类活动。

（1）主题班会活动。围绕一个主题召开班会，如青春期教育班会、培养学生自信心班会、爱国主义教育班会等。

（2）学习性活动。为提高学生学习的积极性，提升学习能力，加强学习效果，班级一般会定时举办学习性活动，如学习经验交流、学习方法指导、班级知识讲座、学科知识竞赛等。

（3）科技类活动。为指导学生巩固、加深课堂知识和基本技能，开阔学生的视野，满足学生的求知欲，培养学生的观察力、思考力、实践力，以及实事求是的科学态度和敢于创新的精神，开展一系列科技类活动，如研究性学习、兴趣小组活动等。

（4）社会实践活动。班级有计划地、系统地、适当地组织学生走出校门，深入社会，考察风土人情，接触社会各阶层人士，通过参观访问、社会调查、社会服务、远足、郊游等方式，开阔学生的视野，陶冶学生的情操。如我们班级的民间山歌、谜语、传说的收集整理，烈士陵园爱国主义教育活动，风景名胜区游览等都属于此类。

四、班级精神文化的建构

班级精神文化是一种隐性文化，是班级文化的核心和灵魂。它是一个班级本质、个性和精神面貌的集中反映。建设好班级环境文化、制度文化、活动文化只是给班级做了一件好看的外衣，班级真正的精神追求还要靠班级的精神文化来呈现。班级精神文化建设主要包括班名、班徽、班歌、班旗、班服、班训、班级口号、班级目标等，它是师生共同认同和维护的理念、情感、价值取向。

譬如，我们的班名——快乐足迹，是我们班级文化的起点，也凝聚着我们班级的力量。大家对这个班名十分认可，都认为我们每天的学习、进步就是青春日历上一串串闪亮的足迹，虽然浸透着奋斗的汗水，但我们追求着，快乐着，一路前行，无所畏惧，向着希望的明天高歌猛进。

我们的班训——"卧薪尝胆，奋发图强，顽强拼搏，斗志昂扬"，充满了乐观主义精神。大家在班训的激励下，不断创造着教育上的奇迹，班级精神也为之振奋。

【专家点评】

班级是知识的集散地，是人格的熏陶地，是体质的培养地，是心灵的归宿地。作为一名班主任，一定要高度重视班级文化的建构，用文化立班，熏染学生的灵魂，做有深度、有力度、有高度的教育。

班级显性文化的建构要围绕班级文化的内核，体现班级精神，不要盲目跟风或生搬硬套。

班级文化体系的建构要结合班情、校情，要一切从实际出发，立足于长远，立足于学生的成长。不要出于功利性目的做班级文化，更不能主观武断，以行政命令的形式强行推进。因为，班主任不能用自己的文化观、价值观代替学生的文化观、价值观。

点子35　纪念光盘法——青春不散场

【方法解读】

班级里的所有教育活动都值得珍藏，都是无可复制的精彩，都是一段刻骨铭心的难忘历程，都是师生生命的精彩和传奇。一篇文章、一张图片、一个笑脸……对于毕业季来说都太少太少。制作纪念光盘可以生动展现班级原生态的教育生活，留存师生永远的怀念，寄托青涩岁月最葱茏的思念……

【现身说法】

正值毕业季，精彩纷呈的班级生活就要完美谢幕，我们该用什么样的办法留住班级生活的精彩，用来装点孩子们如歌的岁月、七彩的梦？用来留住未来岁月记忆中的珍宝、最值得珍藏的永恒？制作毕业纪念光盘是个不错的选择。当我把这个想法提出来的时候，同学们一致赞同："太有价值了！""太有必要了！"毕业光盘怎么做？大家都没有一点经验和基础。经过搜查资料，多方请教，大家的思路基本清晰起来。

首先是进行团队分工，根据制作纪念光盘的实际需要，班级决定将制作团队细分为四个部门，即顾问部、技术部、资料部、创意部。

顾问部由班主任、科任教师、计算机教师担任。我们负责提供技术指导，如果学生在制作方面遇到疑难，可以向顾问部专家请教。我这个班主任虽然在技术方面不怎么内行，但我身后有强大的技术支持力量。科任教师中有人精通计算机，而且制作此类光盘对计算机教师来说是小菜一碟。

技术部由班级计算机爱好者组成。不要小瞧了这些孩子，三年来，很多计算机操作方面的问题，我可是不时地向他们讨教，他们若有不懂的问题，便会自己上网学习。说来也怪，书上习题写得清清楚楚他们看不懂，计算机操作方面的疑难，他们一看就懂，就会依葫芦画瓢。

资料部队伍庞大，光盘中要出现的每一个人都是资料部的人员。

创意部也由几个以前制作过此类电子作品的同学组成。他们的任务是，根据光盘制作的需要，提出最前卫、最有价值、最有诗意的创意。

分工完成了，大家各得其所，都在认真地承担着该做的工作。

哪些素材最能够展现三年来班级生活的精彩？

我们师生一同学习、一同奋斗、一同成长的每一个镜头、每一个瞬间，其实都可以在光盘中留下一笔。平常的课堂学习、师生互动、主题班会、一张张笑脸、一次次流泪、一回回创新、一轮轮考验……都是光盘中不可多得的资源。可惜的是光盘容量有限、制作精力有限，我们只好忍痛割爱，选取一些最有代表性的镜头，留作我们旖旎的梦，留作我们最快乐、最幸福的回忆。

"我觉得我们花费好几个周末制作的班徽完全可以作为班级文化里的经典展示。"班徽的主要设计者小薇提议。哦，那个"快乐足迹"的班徽，串串闪亮的足印不正是我们一起走过的岁月的最好见证？足印旁有鲜花，有汗水，不正是我们班级奋斗历程的最好证明？看到班徽，我们班集体三年来一起经历过的酸甜苦辣咸很自然地就会涌上大家的心头。

"班级文化墙太有诗意了，太能展现我们班级墙壁文化的特色了。怎么能够不在光盘中出现呢？"班级文化墙是班级全体同学牺牲无数的时光，集思广益、集体智慧的结晶。秀美绝伦的"五彩梦"和"迎客松"，漂亮的千纸鹤心形图案，大红灯笼中的班级规则，巧手折就的纸伞、青蛙、兔子、飞鸟，构图精美的剪纸，内容丰富、画面精美的手抄报……哪一个小小的细节不凝聚着大家的汗水？哪一个独到的创意不展现着同学们的智慧？一定要把它们留住、珍藏在光盘中，因为看到它们就好像看到了我们青涩的青春年华。

"我们前后历时一年多收集的上千首土生土长的山歌在光盘中也应该

有一席之地,那些都是我们民族的瑰宝。""妹在河边洗茼蒿,洗起茼蒿满河泡。哪个呷了茼蒿水,郎得相思妹得痨。郎得相思易得症,妹得痨来把命交。"什么是原生态的乡土文化?这样好听的山歌调子不就是吗?也许若干年后,这样原生态的文化就要失传了,但光盘在,记忆就在,我们原生态乡土文化的根就在。

"班级同学表演的双簧也应该在光盘上露露脸。"吕莹、吕小莹,你们可真是好姐妹、好搭档。周涛、徐洋,你们的双簧堪比我们湖南本土笑星组合的表演。你们这样"洋相百出"的场景不在光盘中"出出丑",也太说不过去了吧。

"我们一起去郊游的场景很有意思!大概也要在光盘中表现表现?"三年来,我们师生走遍了临近几个县的山山水水。在下花桥烈士陵园,我们高举右臂宣誓,要为中华之崛起而读书!在塘田战时讲学院,我们仿佛看到当年抗日烽火燃遍三湘大地。在东安南镇,我们踏青赏梨花,梨园里至今还飘荡着我们动人的诗词朗诵。在红旗、双江水库,我们在雾霭里见识了大自然的美丽神奇。在栗木冲瀑布,行走于惊险的山路间,我们再次见识了大自然的鬼斧神工……

光盘里的内容太多了,一下子说不完……

素材这样丰富,制作工程量也会比较大,好在班级制作高手不少。将素材分门别类,来个"美少女写真"怎么样?花样年华的倩影,能够在班级光盘里出彩很不错哦。"我的死党"要不要也来占点地盘?毕业前抓到班主任,往班主任脸上涂蛋糕,把班主任画成大花脸要不要……

图片美化、影像剪辑、音讯处理、软体烧录、封面设计、修正测试……这些名词说实话我只能在嘴上说说,具体落实还要靠朝气蓬勃、创意无限的学生们。

《青春不散场》是我们的班歌,听说用作光盘的音讯材料了。好啊!青春不会散场,我们师生永远青春洋溢!

【专家点评】

又是一年栀子花开,又是一个毕业季。七彩的青春需要装扮,美好的岁月需要定格,美妙的心情需要释放,美丽的梦想需要放飞……随着数据时代的来临,利用数码器材记录生命成长的精彩,已成为现代师生最直接、最写实的记录形式。做一个毕业纪念光盘是不错的选择。

毕业纪念光盘的制作就是根据班级素材(如照片、录像、短视频),利用影像处理、影片剪辑、音讯处理等手段,完成软体并汇出影片档或执行档,烧制在光碟内,可以在任何计算机执行展示的声像视频。作为班主任,我们在建班之初就要有这样的意识,提醒学生注意搜集和保存形式多样、内容丰富的原始素材,以备毕业光盘制作的需要。

相比传统的纸质毕业相册、毕业留影、毕业感言,毕业纪念光盘的内容要复杂得多、精彩得多、可视感强烈得多、纪念意义大得多。当然,它对制作者的要求也高得多。几年的珍贵记忆、几年的朝夕相处、几年的拼搏奋斗、几年的同学情谊、几年的师生互动……都可以用毕业纪念光盘的形式完美展现。谁说这不是青葱岁月最珍贵的礼物、最值得珍藏的永恒?老师们,如果觉得好,大家都可以试一试。

点子36　假言推断法——暗恋

【方法解读】

面对中学生恋爱，班主任板着面孔说教、训斥，只会推波助澜，使学生越陷越深；假定某种情境，由此推断出情理之中的结局，让孩子悬崖勒马，不再飞蛾扑火，做不必要的牺牲，才是理智的态度。

【现身说法】

"老师，我有一桩心事想跟您谈谈，我暗恋上了我们班的文娱委员。"我做梦都没有想到，我一向看重的班长小溪，竟会在面临考试的节骨眼儿上说出如此让我大跌眼镜的话。这下好了，这两名优秀的学生很可能将在班级里上演一场"蓝色生死恋"，一连串的麻烦将让我焦头烂额。

就在我冥思苦想应对策略之际，教育家苏霍姆林斯基的一句话陡然在心底浮现："教学生怎样对待爱情，这是教育工作的最细腻的一面，它要求教师有真知灼见，把教育技巧与教育艺术结合起来。"想到这里，我心里有底了。

我呵呵一笑，故作轻松地打趣道："你眼光不错嘛，还真是一对'才子佳人'的绝妙组合呢。"一抹欣喜而又羞愧的神色从小溪的脸上滑过，他不好意思地继续表白道："老师，说句真话，她人挺不错的，漂亮、文雅、多才多艺、学习成绩又好。如果您也觉得我们合适，赶明儿我就要向她表白了。"哦，想不到现在的孩子做事还挺有主见的，雷厉风行，即使是我们成年人都羞于启齿的两性交往，在他们的眼里也相当稀松平常。这更给我的说服教育工作带来了巨大的压力。"表白？你觉得喜欢一个女孩就非得向她表白不可？你说说看，如果向她表白的理由充分了，老师支持你。"我依然不表明自己的态度。作为一个当了十多年班主任的老教师，我当然明白，青春期学生产生爱慕异性的情愫是再正常不过的事了。虽然明知中学生恋爱是一场只开花不结果的游戏，是令当事双方疲惫不堪、伤痕累累的痛苦体验，但太直接、太决绝的回答，一定不会带来好的教育效果。这就好像是伊甸园里的青苹果，外表看起来甜美，任谁都不会相信它的味道竟那样苦涩。"我也知道自己向她表白的理由不充分，但我确实很喜欢她，这种情感不表白出来，闷在心里就好像有个小兔子在心里跳个不停。"他声音低低地说。"哦，挺时髦的，这种感觉老师读高中时也有过，这叫'怦然心动的感觉'，青春期男女大都会有这种体会，不足为奇，只不过你比老师当年早熟得多了。"我进一步打趣他。他也不好意思地笑了。

我见他似乎有所醒悟，进一步点拨道："让老师跟你一起假设一下，你向她表白后可能出现的两种情形吧。情形一：她对你也情有独钟，一旦你捅破了这层窗户纸，你俩就'心有灵犀一点通'。自此，你们沉浸于卿卿我我、花前月下的浪漫生活之中。但在恋爱过程中，你们难免会面对矛盾和冲突，这会使得你们无时无刻不在感情和道义的双重选择中苦苦挣扎。你们不敢正视现实，或逃避众人惊异的目光，这也势必会影响你们的学习质量，乃至一生的生活和事业质量。再者，你们总有直面现实生活的一天，如果她后悔当初对你的轻率应允，义无反顾地离你而去，你岂不是'赔了夫人又折兵'？如果你觉得为了摘取那枚青涩的橄榄而牺牲一生的事业和追求值得，你明天就向她表白了吧。"

他沉吟半响，下决心似的说："这样的牺牲未免太大了，我不能这么快就向她表白，至少明天不行。"我笑笑，为他的顿悟。但他似乎并未完全死心，追问道："另一种情形呢？老师。"

"情形二：对方根本就蒙在鼓里，对你一点感觉也没有。你突然找她表白你如何喜欢她、如何爱她，一个正派的女孩一定受不了，她一定会从心底里鄙视你、远离你，自此视你为陌路人，好端端的同学关系因而蒙上阴影。你愿意面对这样的局面吗？"他无可奈何地笑笑，求助似的问道："老师，难道让我的这段感情就此夭折吗？再没有别的选择？"我说："难道她在你的眼中真的就那样完美无缺？试试找找她身上的缺点吧，也许，时间会给你一个明确的答案。"

两个月后的一天，小溪又找到我，极认真地对我说："老师，想不到您的办法挺管用的，我渐渐发现，她有许多我不能容忍的缺点。她爱哭鼻子，为一丁点儿大的事，她能哭个稀里哗啦的，真让人受不了；她还爱吃零食，嘴巴一天到晚总不得休息，又爱随手乱丢果皮纸屑，更让人受不了。现在，我不再像以前那样喜欢她了。"我抚摩着他的脑袋，高兴地说："孩子，你长大了，能独立解决生活中的难题了。但她也并非如你想象中的那样一无是处，每个人都有优缺点。你还是以看待一名普通同学的眼光来看待她吧，往后你们接触的时间还很长，你一定要端正你的心态。"他重重地点点头。

现在他们已走入了社会，还一直保持着纯洁、友好的同学关系。用小溪的话来说，这多亏了当初我的那招"假言推断"呢。

【专家点评】

中学生的恋爱大多是无言的结局，是始于玫瑰、终于眼泪的游戏。身为班主任，我们要特别审慎地对待学生心中萌发的恋爱意识。

青春期的中学生出现朦胧的情愫，是十分自然的。他们会渴望与异性交流、亲近，给异性传纸条、写情书，与异性约会。但这些并非实际意义上的爱情。这是一种朦胧的、幼稚的、毫无实际意义的爱情，是一时的盲目冲动。因此，作为班主任，在处理青少年的情感问题时，我们不应一味否定、压抑，而应冷静、科学地了解它、解释它、驾驭它。除了做合理的限制外，在具体问题的处理上应巧妙地进行疏导，淡化他们对恋爱的神秘感，转移他们的注意力，将这种情感引入发展学生智力和树立良好的思想道德品质的轨道上来。

案例中的班主任就为我们做出了很好的表率。其一，态度和善、语言幽默，把学生当作朋友，因此，学生愿意将这段最隐秘的感情向他倾诉。其二，方法巧妙，避免正面说教，假设两种情形会产生什么样的结局，给学生留下足够的自我思索的余地,促其内省。其三,合理监管,促使学生冷静,避免学生彻底走向歧路。因为以上方法贴近学生的内心,所以自然会产生很好的教育转化效果。

点子37　危机干预法——心灵的力量

【方法解读】

心灵的力量是无穷的，它可以把一朵花变成一座花园，可以把一滴水变成一股清泉，也可以让一个对人生失去希望的学生重新拾起生活的信心。

【现身说法】

忧伤的心事化作一只信鸽躺在我的办公桌上。

尊敬的班主任：

当您看到这封信的时候，我正在天国注视着您呢！

谢谢您两年多来对我的教诲与关怀。

您曾经鼓励我，要敢于直面人生的苦难。请原谅我让您失望了，老师。我生来就是遭人遗弃的命。两岁时，我的父亲另有所爱，遗弃了我与母亲，从此不再关心我们母女俩的生计。万般无奈之下，母亲只好在家门口摆摊度日。磕磕绊绊中，我们母女俩好不容易熬过了十多个年头，我以为自己是母亲心头的最爱。我们母女俩的日子虽然过得艰难，但很充实。不想十多年风风雨雨的日子都闯过来了，在我人生旅程的关键时刻，生活又跟我开了个不大不小的玩笑。我的母亲，她终于耐不住寂寞，再婚了。从此，她不再关心我的学习与生活。新来的继父，完全是一截榆木疙瘩，与我没有半点共同语言。每天回家，谁都不会理我。心灵的忧伤又能向谁倾诉？

家庭的变故，导致了我学习成绩的飞速下滑，您也曾多次找我谈心。我是有苦难言呀，老师。都说"清官难断家务事"，我对您讲明这一切，只不过徒增您的担忧与牵挂罢了。最近我一回家，母亲就唠叨不休。天地如此广阔，竟没有我这个弱女孩容身之所，也许只有逃离才是最好的办法。泰戈尔说过："生如夏花之绚烂，死如秋叶之静美。"像秋天的一片黄叶一样凋零在萧瑟的秋风中，也不失为一种美丽的死法。老师，您若看见秋风中飞舞的落叶，那是我不死的灵魂在遥远的天国为您和同学们祝福。

学生：林秋叶
绝笔于十月十日

捏着这封绝笔信，我的心凉了半截。这一定是昨天放学后，她偷偷地放在我办公桌上的，如果……沉重的负罪感将伴随我终生。

我急忙赶到她的家中，邻居叹息着告诉我："可怜的孩子，怎么着也不至于走这一步呀，咋就那样想不开呢？昨晚她服下了大剂量的安眠药，所幸被继父及时发现，已送到镇人民医院去了。"我的脑海中不由得闪现出与她初次见面时的情景：忧郁的眼睛里闪烁着智慧的光芒，长长的眼睫毛一眨一眨的，可爱极了。当时，我只觉得这孩子似乎有一种与生俱来的忧郁。不想，她柔弱的肩膀上过早地担负起了人世间的雨雪风霜……

第二天下午，她终于挣脱了死神的怀抱。我坐在她的床沿，饱含深情地对她说："老师给你讲几个故事吧。"

"有一个记者问作家史铁生：'你对生活中的磨难是什么态度？'没想到在轮椅上待了二十多年，每隔几天就要去医院做透析的史铁生这样回答：'是敬重。'为什么是敬重，而不是恐惧或厌恶呢？面对困惑不解的记者，史铁生解释说：'这绝不是说我多喜欢它，但你讨厌它、恨它、求它快快地滚蛋，就有用吗？一点用都没有，除了自讨没趣，就是自寻烦恼。但你敬重它，把它看作一个强大的对手，看作命运对你的锤炼，就像一个九段高手点名要跟你下一盘棋，这虽然有点无可奈何，但你却能从中受益，增添智慧。一边是自寻烦恼，一边是增添智慧，选择什么不是明摆着吗？'"

"生活的磨难其实并不可怕。对天才来说，它是一块垫脚石；对能干的人来说,它是一笔财富。只有当软弱者面对它时,它才变成万丈深渊。是把它变成财富,还是深渊?其实全在于人的内心。"

"人生最大的敌人不是环境,也不是对手,而恰恰是你自己,是你那一颗容易屈服的心。生活并不是一道简单的加法或减法题,人生的挫折与磨难不也正是五彩缤纷的生活的一部分吗?"听了我的开导,她惭愧地低下了头,她终于认识到自己原来竟这样愚蠢。

我于是继续引导她:"选择消极的死亡难道真的就能让你彻底解脱吗?想想你的母亲这么多年来过得容易吗?一个弱女子,好不容易把你拉扯大,唯恐在你的心灵上留下阴影,一直没有再婚,不敢追求人生的幸福,你想过没有,她为你做出了多大的牺牲!你大了,懂事了,她本可以放心了,不想你却……你说你自私吗?"眼泪顺着她的脸庞流下,这是悔恨的泪、醒悟的泪。这迟来的泪,流吧,就让它化作满天的云霞,装扮她未来美好的人生路程吧!我在心里暗暗祈祷。

林秋叶出院后,为转变她阴郁的心境,我有意识地转移她的注意力。她的歌唱得动听,我组建班级课外音乐兴趣小组,让她担任小组长;她对绘画感兴趣,我让班级美术小组吸收她为小组成员;她数学成绩不佳,我亲自抽时间为她辅导。一段时间下来,我发现,她渐渐变得开朗起来,教室里不时能听到她那欢快的笑声,她的学习成绩也慢慢赶上来了。我还加强了与她父母的联系,提醒他们,青春期的孩子多愁善感,作为父母,必须注意加强与孩子的情感交流,用浓浓的亲情给孩子以家庭的温暖,让孩子把父母当作无话不谈的朋友。经历了上次那起风波,孩子的父母认真听取了我的建议,他们一家人的关系变得亲密起来。

如果你看见现在的林秋叶,你也许不会相信,眼前这个阳光快乐的女孩曾经轻生过。

【专家点评】

"救人一命,胜造七级浮屠。"花季的年华,多姿多彩;如歌的岁月,情感丰富而冲动；脆弱的神经，还经不起生活的风吹雨打。因此，班主任要认真学习危机干预的方法和策略，以备不时之需。

危机干预一般有六个步骤，已广泛运用于专业咨询工作。

第一步：确定问题。即确定和理解需要干预的对象对问题的认识，使用核心倾听技术——同情、理解、真诚、接纳以及尊重，以赢得干预对象的心理认同。

第二步：保证干预对象的安全。即将自我和他人的生理和心理危险性降低到最小可能性。

第三步：给予支持。即强调与求助者沟通与交流，让求助者相信——"这里有一个人确实很关心我！"

第四步：提出并验证可变通的应对方式。即帮助求助者认识到，有许多可供选择的、可变通的应对方式，从而选择最适宜的方式。

第五步：制订计划。即与求助者共同制定行动步骤来矫正其情绪的失衡状态。

第六步：得到承诺。即在结束危机干预前，从求助者那里得到诚实、直接和适当的承诺。

在进行危机干预时，请让学生重拾生活的信心，这样我们的教育才能收到水到渠成的效果。

点子38 旁敲侧击法——火眼金睛辨"笔迹"

【方法解读】

在教育学生的过程中,有些话说轻了,学生当成"耳边风",起不到教育效果;说重了,又伤了学生的自尊心,让学生下不了台,甚至让学生对教师的教育形成逆反心理。有没有一种更好的办法,既能发挥教育作用,又不会留下教育"后遗症"呢?迂回曲折、含蓄委婉、点到即止的旁敲侧击就是一种不错的办法。

【现身说法】

初冬的阳光从窗外泻进来,流淌在教室的角角落落。期中考试正在紧张有序地进行着,学生们在认真地做着答卷,教室里静静的,只听见钢笔在纸上发出的"沙沙"声。"啪"的一声,一个纸团被扔到了教室的角落里,就像平静的湖面落下一枚银币。这突然的声响,惹得满教室的学生抬起了头。

我走上前去,拾起这个纸团,心中又好气又好笑。展开,上面写满了答案。平时不烧香,临时抱佛脚。都什么年代了,要舞弊也应赶赶潮流,时髦一点,为什么还要用这种老掉牙的土法子呢,真是自欺欺人!仔细辨认,我发现这原来是我班学生伍碧的"杰作"。怎么会这样呢?一个父母眼中的乖乖女,老师眼中的好学生,怎会做出这种让人大跌眼镜的事呢?难道是我看走了眼?但白纸黑字清清楚楚,这瘦长又清新的字体,分明就出自她的笔下。带着疑问,我将这纸条装入了口袋,先别忙着打草惊蛇,待事情水落石出再做处理也不迟。

下午放学前,面对全班同学,我拿出了纸条,希望舞弊者能主动承认错误。这时,伍碧的脸一下子红了。错不了,典型的"做贼心虚",我心中暗道。但一个自尊心极强的学生，就好像一件美轮美奂的瓷器，细细打磨可以，若用力敲击，只会剩下一堆残骸。该怎样修补这件"瓷器"上的小小裂痕呢？当着全班同学的面严厉批评，无异于用铁锤重击，结局自然惨不忍睹，不仅达不到教育的目的，反倒会得不偿失。我期待着她的灵魂觉醒。但一连几天，都不见动静，可能她还心存侥幸，认为我没有怀疑到她的头上，看来不采取一点措施，这一事件将永远变成班级疑案，间接助长舞弊者的气焰，这绝不是我这个班主任所愿意看到的。

不就是辨认字迹吗，这可难不倒我这个书法爱好者。

星期二的书法课上，我兴致勃勃地对全班同学说："今天的书法课，我们搞一个游戏，每个同学都事先准备好一张书法作品，不要写上自己的名字，收上来后看老师展示展示'特异功能。'"学生们都搞不清我的葫芦里到底卖的是什么药，但听说我亲自表演，陡然兴趣大增。作品收了上来，我先让学生们推选几位"书法高手"来辨认笔迹。几位"高手"一本正经地端详着这些作品，如坠云里雾里，都只能分辨出其中几份。看来时机成熟了，我这位主角终于闪亮登场。一开始，我故意装出言过其实的模样，毛病百出，学生们笑破了肚皮，他们还真把我当成了只会纸上谈兵的"马谡"了。我于是正色道："老师前面的表演，都是作秀给你们看的。说实话，我们师生相处近两年，我熟悉你们如同熟悉自己的子女，你们的喜好、特长、脾气、字迹，甚至走路的姿态、说话的语气……我都再熟悉不过了。下面请欣赏'火眼金睛辨笔迹'。"我眨巴着眼，俨然是一个能识辨妖魔鬼怪的孙大圣。学生们拭目以待。"都说字如其人，此话不假。一个人所写的字，实际上就是一个人的广告牌。书圣王羲之的行草'飘若浮云，矫若惊龙'，其为人亦光明磊落。颜真卿首创'颜体'，其行楷包容胸中块垒，处处无柔处处柔，处处无刚处处刚。岳飞，一代名将，其字铁画银钩，锋芒毕露，似能隐隐听见当年沙场征战的金戈铁马声……比如说吧，这张作品字体结构四平八稳，笔力雄健浑厚，非本班胖子邓微微所书，还会是谁呢？这张作品棱角分明，个性张扬，体现了不向邪恶低头、不向恶势力折腰的人格魅力，必定为本班铁面无私'黑包公'——纪律委员包无畏的杰作。这张么,字体清秀、仪态端庄,好似一位温文尔雅的少女,肯定是我们班的才女——伍碧的手笔……"说到此处,我再次向她瞧去,吃惊、疑惑、无地自容、真心佩服……各种复杂的表情都在她的脸上交织,我点到即止,继续评论其他的作品,结果自然是无一失误……

那扇门在期待中终于被人推开了。一个期待已久的身影终于走进了我的办公室。伍碧站在我的对面,耷拉着头,不声不响,她是向我认错来了。我用一种她意想不到的极其温和的语气说道:"首先,老师要祝贺你终于迈出了勇敢的一步,这是具有人生里程碑意义的一步。'君子之过也,如日月之食焉。过也,人皆见之;更也,人皆仰之。'谁人没犯过错误,即使伟大如列宁、毛泽东者,也难免犯错误。列宁小时由于无心之过而打碎了姑妈家的花瓶,晚上一直睡不着,哭闹不止,向姑妈认了错后才就寝。1944年,在延安大学的开学典礼上,毛泽东向在整风运动中受到错误对待的同志摘下帽子,鞠过三躬,表示道歉。领袖们知错就改,丝毫无损于他们的人格魅力,反倒使人更生敬意。领袖们都能有这种'过则勿惮改'的精神,都不以承认错误为耻,何况我们?'过而能改,善莫大焉'。只要是真诚地而不是伪善地、应付地认错,对方即使还不肯原谅你,至少,那一刻,你的心得到了一份安宁。反之,一味地转嫁错误或想办法掩盖,不免欲盖弥彰手忙脚乱……那永无宁日的纷扰,绝不会因你脸皮厚、记性不好、麻木不仁而离你远去。这段日子,你的内心是否饱受煎熬?"听了我的开导,她终于扬起了耷拉着的脑袋,认真地说:"谢谢您,老师。您的教诲使我摆脱了前几天梦魇般的日子。今天,我才终于明白知错能改原来还是一种美德。哎,我真傻,真的。我怎么会犯那种错误呢?犯错后怎么就不能坦然面对呢?"

望着她迈出办公室的轻盈步伐,快乐在我的心里荡漾开来。

【专家点评】

　　学生考场舞弊是个屡见不鲜、屡禁不止的现象。随着现代科技的发展，作弊方式更趋技术化、隐性化。助听器、发射器、振荡器、手机、战备望远镜等现代化高科技产品在舞弊场上更起到了推波助澜的作用。学生舞弊，班主任若不采取果断措施，杀一儆百，势必给班风、学风带来极大的负面效应，容易让学生产生急功近利的浮躁心态和不劳而获的投机心理，新一轮的"读书无用论"便会深入人心。此时，再去杀鸡吓猴，可就为时已晚了。

　　学业成绩优秀的女生伍碧竟然考试作弊，班主任虽心知肚明却没有办法在不损伤学生自尊心的前提下实现教育转化，教育陷入了尴尬的局面。这就好像面对一件精美的瓷器，你只能反复打磨，却不能重锤击打。万般无奈之下，班主任只好采取旁敲侧击法点化学生。不就是辨认字迹吗？班主任心里有了底。

　　一上场，班主任故意示弱于学生。通过让学生先去辨认的办法，使学生发现辨认笔迹有较大难度，也为班主任出场造了声势。出场后，班主任并没有急于表现自己的"特异功能"，而是进一步在学生面前示弱。充分地铺垫后，再展示"绝技"，自然收到了良好的反馈效果。伍碧终于迈出了勇敢的一步，向班主任认了错。班主任抓住这一有利时机，让学生进一步认识到知错能改是一大美德，学生也心悦诚服。教育转化之策巧妙绝伦。

　　其实，对问题学生的教育转化，在迂回曲折、委婉含蓄的氛围中旁敲侧击远胜于耳提面命的怒斥。

点子39　类比引导法——"硬骨头"折腰记

【方法解读】

大千世界,找不出两片一模一样的树叶,人生也是如此。但千差万别的人生总不乏可供类比的相似性。取象比类,援物比类,举一反三,触类旁通,启发思维,再顽固的思想堡垒,只要类比引导得方,照样攻无不克。

【现身说法】

高二(2)班的程星是有名的"硬骨头",虽然家境贫寒,却拒不接受学校及同学们的善意帮助。去年,出于一片好心,我在班级替他募捐了一千多元,他硬生生地拒之门外,自此在班级赢得了"硬骨头"的美名。

"硬骨头"程星没来上学？我几乎不敢相信自己的眼睛,这位品学兼优的学生究竟发生了什么意外？一放学,我就心急火燎地往程星家赶。

这是一个一贫如洗的家。十多年前,父死母嫁,是年迈的爷爷奶奶含辛茹苦地把他拉扯成人。如今一家三口就挤住在一间低矮的土砖瓦房内。王老师走进这个家,守门的大黄狗"汪汪"地叫个不停,双目失明的奶奶挂着拐杖敲击着地面,颤颤地问:"谁呀？""奶奶,是我,程星的班主任。""星儿,班主任来了,快回家招呼客人。"奶奶朝屋后喊道。"来了。"屋后跑出个汗流满面、满身泥污的小伙子,原来他在屋后帮助爷爷侍弄地里的玉米呢。"老师好。"程星怯怯地招呼道,"老师请坐。"他随手从屋里搬出一条板凳。"今天咋没来校上课呢？"我和善地问道。"家里太穷,委实负担不起呀,老师。"爷爷边放锄头,边接过了话茬子。站在我面前的是个七十来岁的庄稼汉,抽着旱烟杆子,须发尽白,古铜色的脸,只剩几颗疏落的黄牙,这是个标本式的中国传统老农。"哎,人穷地也懒,近几年收成一年不如一年,孩子他爸不讲良心,早几年就……"说到伤心处,老汉声音哽咽了。"一学期两千多元的学费,我们这样的家境怎么负担得起?"老汉无奈地叹口气。这个家委实太清贫了,我鼻子酸酸的。没有外来的帮助,程星只能失学了,可这个孩子又是出名的"硬骨头",如果……再试试看。

"不如这样,我发动全班同学伸出援助之手……""我们绝不接受别人的施舍。"话没说完,祖孙俩几乎异口同声、斩钉截铁地回答。都说人穷志也短,却不想祖孙俩是一样的"硬骨头"。我不由得想起了"不食嗟来之食"的故事,穷与富自古以来就是对立的两面,富人自可自认为高人一等,但穷人中也不乏视名节如生命的硬汉。陶渊明宁肯日出而作日落而息,也不愿为五斗米折腰;朱自清宁肯饿死,也不食美国人的救济粮。人穷未必志短,祖孙俩堆积在骨子里的气节令我深深折服。这一招正面进攻以我的彻底败北而结束。我脑瓜一激灵,有了。

"老爷子肯定喜欢说古。"我笑问道。"闲来无事,农村人最喜欢摆摆这方面的龙门阵。"老爷子吐出一圈烟雾。"越王勾践以君王之尊,却甘受石室养马之辱,接受吴王夫差对其生命的施舍。这样一来才有'十年生聚,十年教训''卧薪尝胆''三千越甲可吞吴'的千古佳话。"爷孙俩点点头。

"汉时名将韩信,少时父母双亡,胯下之辱自不必谈,单说他流落街头,一日三餐无着,与乞丐何异?只得临溪垂钓,过着饥一顿、饱一顿的苦日子,多亏年迈的漂母,施舍饭食,让他渡过人生的难关,后追随刘邦成为汉初开国重臣。""这倒不假。"老爷子接过话茬。程星听得也很认真。

"三国时,义薄云天的关羽与刘备、张飞桃园三结义,后兄弟失散,关羽投身事曹,甚至接受了曹操'汉寿亭侯'的官职与赤兔宝马,但后人并未因这一节而否定关羽光明磊落、可鉴日月的人格,反将其奉为'武圣'。"老爷子与程星陷入了深深的思索之中。

"天有不测风云,人有旦夕祸福。社会主义新时代,一方有难,八方支援,本是人之常情。海啸、地震、洪水、冰灾,任何人间灾难都压不垮中华民族的脊梁,因为我们有手拉手、心连心的十四亿中国人在。前些年的四川汶川大地震,无数的灾民流离失所,灾情牵动了亿万民众的心,相识的、不相识的，本国的、外国的，无数的人投入这场史无前例的灾难营救，有钱的出钱，有力的出力。你们说灾民们能拒绝这些好心人的救援吗？不能，绝不能。拒绝了别人善意的帮助就是拒绝了千万颗诚挚关爱的心。"我将话题扯到了现实生活中。"这种人道主义的帮助是应该接受的。"老爷子点头表了个态，程星也露出赞同的目光。

"不能排除有个别捐助者别有用心，但总的来说，他们都是善意的。对青年学子的捐助，我们不能把它理解成不怀好意的施舍，施恩图报，被捐助者成才才是捐助者的最大心愿。接受捐助，努力成才，将来回报社会，这才是贫困生对待他人帮助的正确态度。切不可因一时'讲骨气'而夭折了一生的理想。"我动情地说。良久，老爷子停下吧嗒着的旱烟杆子，厉声对孙儿喊道："还不快给王老师磕头，他可是我们的大恩人哪！"程星泪水涟涟，重重地给我磕了三个响头。我赶紧走上前去扶起他："给品学兼优的学子提供力所能及的帮助，是社会的天职，老师也责无旁贷，你们一家不必记挂在心，有什么困难尽管告诉老师，老师一定会想办法替你解决。明天可要按时上学哟。"程星含泪点头，老爷子也开心地笑了。

夏虫在草丛中欢唱，清凉的夜风吹送着成熟玉米的清香，还有地里瓜果甜丝丝的味儿，农村的月夜这样宁静而让人迷醉。虽说回家晚了点，但我的心底却无比舒畅，"硬骨头"折腰了，我对这一家却充满了敬意。

【专家点评】

人穷未必志短。许多贫困生拒绝接受别人物质上的帮助，以致荒废了学业，究其原因是他们不愿接受别人的"施舍"，不愿欠别人的人情，怕因此丧失自己的人格与骨气。班主任应引导贫困生以这样的心态接受捐助：今天我接受捐助是因为我比别人更需要。虽说"受人滴水之恩，当以涌泉相报"，但对于接受了捐助的贫困生应劝慰他们不必将感恩戴德的思想压在心头，成为新的心理负担。不是别人帮助了你，你就应该帮助别人，而是别人帮助了你，你就更应该想方设法去帮助更需要帮助的人。

程星是班级里的优等生，但苦难的家世让他背上了沉重的包袱——家中一贫如洗、无法完成学业。即使这样，他也不肯低下他那高傲的头，接受班级的捐赠。但生活的重压最终使他弃学了。班主任急忙家访了解情况。起先班主任还是像以前一样直言捐资助学，得到的是祖孙两代不容置疑的拒绝。万不得已之下，班主任与老爷子以话家常的形式层层剥茧似的将话题转移到捐资助学上来。步步为营式的类比引导让祖孙俩不由得频频点头，爽快地接受了捐助。

有人说过："我有过一文不名，但我从不贫穷。缺钱是一种经济状态，贫穷则是一种心态。"面对贫困的学子，班主任在给予他们适当的物质资助的同时，更重要的是缓解他们内心沉重的精神压力，从而让他们敢于直面人生，鼓起生活的风帆，在多姿多彩的人生舞台上扮演好属于他们自己的角色。

点子40　目标管理法——哀兵必胜

【方法解读】

"有目标的生活叫航行,没有目标的生活叫流浪。"明确的目标是一切组织、一切活动的出发点与终结点,是维持组织存在与发展的链条。班级作为组织存在的一种样式,须臾也离不开目标的指引与激励。有了目标,人才有了披荆斩棘的不懈动力;有了目标,生命才能焕发出火热的激情。

【现身说法】

苏联作家奥斯特洛夫斯基说过:"人的生命似洪水在奔流,不遇着岛屿和暗礁,难以激起美丽的浪花。"几年前的一段教育经历让我对这句话感触尤深。

"老师,我们咽不下这口窝囊气,我们要与高二(1)班再决雌雄。"学生们情绪激昂,主动请缨。"不就是输了一场球吗,何必这样较真?"我疑惑不解地追问道。"他们欺人太甚,赢了比赛竟出言不逊。'哼,高二(5)班,那样臭的球技,还敢跟我们班对垒,真不知天高地厚。'这样的侮辱我们无法容忍!"

我心一沉,想不到一场班际友谊赛竟节外生枝。与高二(1)班的那场篮球赛,实际上是一场未卜先知的游戏。他们班的队员一个个人高马大、技术娴熟,在球场上胜出,自然不足为怪;我们班呢,除了主力队员中锋、前锋个子高大一点、技术全面一点,其余几个不过临时应急罢了。单单气势上就输人一等,输球早在我的意料之中。如今剑拔弩张、火药味极浓,要劝也是劝不了的。压制、打击,只会让班际矛盾越来越深,适当引导或许能让全班同学"同仇敌忾"、众志成城,创造出教育奇迹也未可知。就算再战吧,至少也要做好"复仇"的准备工作,如此意气用事,单凭一时的热情与冲动，再比只会输得更惨，那样更会使整个班级陷入"万马齐喑"的境地。善谋而后动，我决定借此契机以目标管理法凝聚班级斗志，引导学生向班级的软肋开刀、向更高的班级目标攀登。

"我们班这样受人轻视，我也很气愤，我支持你们向高二（1）班宣战。但不是眼下，至少得在两个月之后。'知己知彼，百战不殆'，我们不能再去打那种无把握之仗，我们绝不能再让班级蒙羞。"学生们信服地点点头。

卧薪尝胆的滋味是艰难而苦涩的。自此，教室前排的墙上多出了一条鲜红的标语："为班级雪耻，人人有责。"我这样向学生解释："雪耻的内涵是多方面的，既包含了竞技场上的雪耻，更包含了要在学业上赶超对手，让对手彻底认输的意思。"学生们为即将到来的球赛与期末考试，一个个憋足了劲。篮球队队员们没日没夜地苦练，即使在课余休息时间与星期天，他们也没闲下来过。"水激石则鸣，人激志则宏。"学生的潜能是开发不尽的宝藏，只要我们用对了方式和方法。

雪耻的时间终于到来了。那是个星期五的下午，班里许多寄宿生原本都要回家，但在比赛现场，我惊奇地发现，我们班的学生竟没有一人缺席，一个个情绪激昂。高二（1）班的啦啦队人数就相形见绌了。

一开场，高二（1）班的篮球队员们就彻底发挥了他们的"高空作战"优势，他们想凭老套路、老技术再次稳操胜券。一个漂亮的空中灌篮让他们班率先实现了零的突破。看到对手进球后扬扬得意的神态，我们班的队员们一个个如出山的猛虎，马上组织了强而有力的反攻，后卫张秀一个漂亮的三步跨栏，闪过对手的围追堵截，腾空投进一球。"高二（5）班，加油！"在比赛现场，我班的啦啦队摇旗呐喊、声嘶力竭。比赛一步步推向高潮，传球、截球、投篮、进球、罚球、一投不中、再投又不中……与其说这是一场班际友谊赛，不如说是一场捍卫尊严的"战役"，双方队员都憋足了一口气，下决心要让对方彻底臣服。我惊奇地发现，我们班的篮球队员们技术进步竟如此神速，高二（1）班此刻竟占不到丝毫的便宜，他们的高空作战优势，此刻竟完全失灵了。面对我们班队员发动的一轮轮进攻，他们束手无策。球在两组队员的手中交替传递，比分一路咬着上升：20比18，30比30，40比39……形势渐趋白热化。我方队员已抱定破釜沉舟的决心，对手也不敢再小觑我们了，场上场下，弥漫着一股紧张的气氛。

高二（1）班篮球队毕竟是全年级实力最雄厚的队伍，我们班篮球队虽拼尽全力，但在终场前一分钟，还是以一分之差处于下风。结果马上就要揭晓，我们班的啦啦队员们一个个心提到了嗓子眼儿。关键时刻，队长李俊请求暂停，同学们"呼啦"一声围过去，叽叽喳喳地献计献策，我也及时勉励队员们稳住心神。

比赛进入倒计时，只剩最后10秒钟了，球传到了队长李俊手中。但此刻高二（1）班的防卫更严了，没有丝毫的漏洞，而李俊处于对手的严密防范之中，基本没有进球的希望。啦啦队里有人别过脸去偷偷地抹眼泪，有人发出了一声重重的叹息，我也做好了迎接失败的心理准备，毕竟孩子们打得很顽强，没有让班级丢脸，也给了对手以重创，尽志无悔，足矣。几乎同时，球在我眼前画着优美的弧线，向篮板方向投去，慢悠悠地在篮圈上转来转去，"啪"的一声，我几乎不敢相信自己的眼睛，我们的球队竟创造了一个校园传奇，我们以高出对手一分的微弱优势，赢了。孩子们围上前去，为这些立下汗马功劳的勇士送上衷心的感激与赞美。他们将队员们抛向空中，久久不肯散去。还有什么事更能激起孩子们心中燃烧的激情呢？还有什么样的快乐赛得过耻辱被洗刷后的尽情发泄呢？

如果说一场比赛让我们班的学生扬眉吐气，那么，接下来的期末考试成绩更让我们班一跃成为年级的排头兵，每门功课的班平均成绩高出年级平均成绩5分左右。至于高二（1）班，更被我们远远地甩在身后了。

【专家点评】

卢梭在《爱弥儿》中明确指出：教育不要从过去的惯例或习俗出发，因为那些都是压抑人性、扼杀人性的，而要从儿童的自然本性出发。的确，顺应孩子自然的本性，将孩子心中的渴望转化为前进的目标，犹如在孩子的心中注入一泓流动的清泉，洒上一缕温馨的春风，必将催开孩子心的枝头摇曳的梦想之花。

班级目标管理要注意以下环节：

目标的层次性。从实现目标的时间角度考虑，目标可以划分为短期目标、中期目标、长期目标；从实施对象上，目标可以细分为个人目标和班级目标；从内容上，目标可以划分为学习目标、德育目标、常规目标、素质目标等。

目标的可行性。切近实际的目标才能激发班级学生的凝聚力和上进心。若发现班级目标一时难以实现，班主任可在既定目标之前再设置几个小目标，通过这些小目标再达到既定目标；当教育情境有所变化时，可不失时机地调整原定目标，以免挫伤学生的积极性。

目标的全员参与性。目标管理要充分调动班级全体人员的集体荣誉感和责任感。只有班级全体人员摆正了位置、明确了职责、发挥了作用，班级目标的实现才不会成为一纸空谈。

马卡连柯说过："如果一个集体没有目标，那就找不到组织这一集体的方向。"那么，各位班主任，您的班集体确定目标了吗？

第五章
爱心启迪

爱是播种机,种下沉甸甸的希望;爱是金钥匙,打开心灵的门窗。爱是三春的好雨,爱是酷暑的凉风。爱能成就奇迹。

——章首语

- 爱是教育的基础和起点。一切最好的教育方法,一切最好的教育艺术,都产生于教育者对学生无比热爱的、炽热的心灵中。爱学生是一名教师生活中最重要的美德。爱,是师生关系中永恒的主题,是教育技巧的全部奥秘。

- 有那样一种高尚,他不经意间的一句话、一个动作、一个眼神、一个笑脸就能成全我们的一生;而当我们怀着无比感激的心情向他走近时,他却如空谷幽兰,自迎春风,浑然无觉。教师的爱,是人类社会中最无私、最慷慨、最圣洁的情感。它如高山般巍峨,如大海般深邃,如天空般宽广。

- 大文豪列夫·托尔斯泰曾说:"如果教师只爱事业,那他会成为一个好教师;如果教师只像父母那样爱学生,那他会比那种通晓书本,但既不爱事业,又不爱学生的教师好;如果教师既爱事业又爱学生,那他是一个完美的教师。"

点子41　因势利导法——根的事业

【方法解读】

《学记》中说:"故君子之教,喻也。道而弗牵,强而弗抑,开而弗达。道而弗牵则和,强而弗抑则易,开而弗达则思。和易以思,可谓善喻矣。"因势利导的启发教育,常常能充分调动学生学习的积极性、主动性、自觉性,激发学生积极的思维、奔放的想象、崇高的人生理想。

【现身说法】

叶的事业无比娇艳,花的事业无比璀璨,果实的事业无比甜美,根的事业却无比辛酸而艰难。但我却热爱根的事业,你不见那在枝头绽放的一切都离不开我辛勤的汗水。对于我的事业与追求,有人鄙视、轻薄、污蔑,有人尊敬、感激、爱戴,低贱也罢,高贵也好,我只知深深地扎根大地的怀抱,汲取养分、无私奉献。

送走了市中心医院的主刀医生——以前的学生小溪,迈步在校园林荫道上,肖老师的思绪不由得又飘飞到与小溪相处的岁月。

"老师,小溪捉虫子吓我。"

"老师,小溪又在教学楼后面捉青蛙、逮蚱蜢。"

"老师,小溪抓住一只小麻雀,把它肢解得血淋淋的,真是惨不忍睹。"

这样的小报告,肖老师几乎每天都能听到。

想不到这家伙的头这么难剃,三番五次、五次三番,肖老师找他谈过多少次心,他在肖老师面前做过多少次保证,怎么就没有一点效果呢?走进课堂,把他提溜出来,狠批一顿?不用说,他肯定立马悔过,但不出两天,他绝对又会故伎重演。要家长"配合配合"?以前不是没"配合"过,他父亲性子急,抡起大棒差点把他的腿都打折了,要不是肖老师及时赶到,不知他还要受多少皮肉之苦呢。

"若近世之训蒙稚者,日唯督以句读课仿,责其检束,而不知导之以礼;求其聪明,而不知养之以善;鞭挞绳缚,若待拘囚。彼视学舍如囹狱而不肯入,视师长如寇仇而不欲见,窥避掩覆以遂其嬉游,设诈饰诡以肆其顽鄙,偷薄庸劣,日趋下流。是盖驱之于恶而求其为善也,何可得乎?"万般无奈之下,思想家王守仁的一段教育心得在肖老师的心头闪现。古人尚且认识到教育中因势利导的重要性,何况现代的教育工作者?肖老师的心中有了底,他决定真正走进孩子的内心。

在肖老师的办公室里。

"听班上很多同学反映,你是个解剖专家,无论什么样的小动物,你都能将它肢解。真的吗?"肖老师兴致勃勃地问道。

"有这么一回事。我解剖过的小动物可多了:蝴蝶、麻雀、燕子、小兔、小狗、小猫、蜻蜓、蜈蚣……"小溪得意扬扬地回答。

"小动物这么可爱,你难道不喜欢它们吗,为什么非得肢解它们不成?"

"我很喜欢小动物,但我更喜欢去了解它们的生理结构。这是我的秘密,您千万不要告诉其他人。"小溪神秘兮兮地说。

"我保证替你保密。"肖老师信誓旦旦。

"我长大后想当一名医生。医生不了解人体的生理构造怎么行?我解剖小动物就是想借此了解人体生理构造,为以后当一名好主刀医生做准备。"

想不到淘气的背后竟还隐藏着如此美好的理想和愿望。谁说淘气的孩子不可救药?淘气也许正是他们对神秘大自然的积极探索、对深奥的未知领域的无意识"开发"呢。假以时日,说不定这些淘气的孩子会取得让大人们始料未及的成就呢。华裔科学家、诺贝尔物理学奖获得者丁肇中说过:"成为一个杰出的科学家最重要的,第一是要对科学有兴趣,认为从事科学是你一辈子唯一的乐趣,其他都是次要的。"对科学的好奇与兴趣是打开科学大门的钥匙,孩子心中的奇思异想和对未知事物的浓厚兴趣,不正是孩子智慧之花开始开放的最明显征兆吗？教师怎能轻易扼杀？

"哦，小小年纪，志气不小嘛！"肖老师由衷地赞赏道。小溪心里甜滋滋的，从来没有人赞美过他如此的恶作剧，不想肖老师却……

"跟你说个小故事吧。"肖老师笑眯眯地说。

"法国生物学家法布尔你知道吧，他跟你一样，也喜欢小昆虫。有时他会长时间地趴在地上或树上静静地观察虫子。有一天夜里，他提着灯笼蹲在田野里观看蜈蚣产卵，一连看了好几个小时，他忽然感到周围越来越亮，抬头一看，原来太阳已从东方升起。还有一次，他爬到一棵树上，聚精会神地观看蛞螂的活动。突然听到大树下有人大喊：'抓住他，抓住这个小偷。'他大吃一惊——原来人们竟把他当成了小偷。正因为对昆虫的研究如此痴迷，他终于写成了长达十卷的《昆虫记》，被人们尊称为'昆虫荷马''昆虫世界的维吉尔''动物心理学的倡导人'。"

听到这里，小溪睁大了眼睛，他做梦也想不到，研究小小的昆虫竟然也能取得震惊世界的成就呢！

肖老师因势利导："你对动物的生理结构感兴趣，未尝不是一件好事，说不定将来你真能成为一名著名的生理学家或主刀医生呢。"小溪的脸红扑扑的，兴奋极了，想不到人人讨厌的"毛病"在肖老师的眼中竟然成了"优点"，连法布尔这样的名人都有跟自己一样的爱好，他不由得对自己刮目相看了。

"光有强烈的好奇心，却不认真学习文化知识，行不行？你想当医生，却连简单的人体生理学都不懂，连简单的中医学、西医学都不明白，你这个梦会不会是个白日梦？"眼看时机已到，肖老师一针见血。

一片红云在小溪的脸上再次燃烧起来，不过，这次是羞愧的火焰。"好汉还要书打底。"他怎么会不明白呢？

果然，此后课堂上再也没有关于小溪的斑斑劣迹的报告了。他醒悟过来了，为了心中的梦，他上课时比谁都认真。如今，他终于如愿以偿，成了那座城市里小有名气的主刀医生。

"老师,您是我那个梦想真正的放飞者。没有您的那一次开导,绝不会有我今天的成功。"迈步在校园的林荫道上,肖老师的耳边又回想起小溪临别时深情的话语。

"根的事业真好。"肖老师喃喃道。

【专家点评】

学生在某些方面表现出来的特殊兴趣,与学生的性格特征关系密切。这种比较稳定的人格品质,对人的职业准备具有明显的导向意义。作为班主任,我们必须深入了解每一个学生这种持久、明确的趋向性人格品质,尊重它,维护它,引导它。也许,就是这些我们无法理解的兴趣与爱好埋下了一颗天才的种子。

奥地利动物学家乔伊·亚当森从小喜欢动物,小时在自家院子里专心致志地研究野生动物。1931年她到东非旅行,肯尼亚辽阔无边的热带雨林原始风貌和其中的珍禽异兽吸引了她。强烈的探索兴趣使她放弃了故国优雅舒适的生活,从此过上了与热带丛林动植物为伴的日子,这一过就是43年。凭着深厚的素材积累与传奇的科研生涯,她的《野生的爱尔莎》一书震惊了全世界。苏联园艺学家米丘林凭着对园艺学的浓厚兴趣,60多年中在田间地头持续不断地研究和设计了上千种方案,做了上万次实验,为人类改良和创新了300多个果树品种,成为人类园艺史上最著名的园艺家。由此可见,兴趣往往能造就天才。

作为站在教书育人第一线的教师,我们应理智而清醒地认识到:对孩子的兴趣、爱好、特长应因势利导,努力成就孩子的人生理想。

点子42 真心关爱法——明信片里的真情

【方法解读】

真心关爱是春天的绵绵细雨，润物无声；是夏日的清爽凉风，沁人心脾；是秋日的累累硕果，甜中带酸；是寒冬的暖暖斜阳，温柔无限……爱比恨更有力量。真心关爱，常常能创造教育上的奇迹。

【现身说法】

又是教师节。退休后的夏老师有几分孤寂、几分落寞，她是如此地怀念昔日与孩子们相处的岁月。

黄昏，邮差终于又像往年一样给她送来了一大捆明信片。夏老师如获至宝，眉头、眼角堆满了笑。

"真是岁月不饶人呀。"夏老师悠悠地叹了口气。人老了，就好像落日晚照，许多事情都感到力不从心。她抖抖索索地戴好了老花眼镜，心情极佳地翻阅起这堆明信片来。

"您是我心中永远的航标灯。"遒劲有力的字迹在夏老师的眼中瞬间化作了一个"坏坏的小和尚"形象。"小和尚"真名叫刘二毛，那年月流行少林寺功夫片，他迷上了，干脆自己主动"剃度"，成了"少林弟子"。课余，他总爱找同学"切磋武功"，不是这个同学被他打落了门牙，就是那个同学被他打得鼻子流血。本班和别班检举、告状的学生接连不断。夏老师为此可没少费心。一次，他无意中竟然打断了一个学生的腿，受害学生的家长怒气冲冲地找上门来。校领导对他也是伤透了心："害群之马，杀一儆百。"校长态度坚决。"惩前毖后，治病救人，绝不能让一个学生落下。"夏老师针锋相对。"我是校长，我说了算。"校长铁青着脸。"我是班主任，我不能眼看着一个学生就此陷入生活的泥潭。"夏老师据理力争。结果，夏老师的

"胳膊"竟然拧过了校长的"大腿"。这一段对话，被窗外的刘二毛听得真真切切。事后，他"扑通"一声跪在夏老师的面前。这一跪，让他从此与打架斗殴绝了缘，如今他已经是部队里的营级干部了。"与校长那一架吵得真值！没有教不好的学生。"想到此处，夏老师满意地笑了。

"吐尽最后一根丝，流完最后一滴泪。夏老师，您是无私的春蚕、蜡烛。丝丝缕缕、点点滴滴都是为了学生。您虽不是生我的母亲，却胜似母亲。学生向您致敬。"看着这娟秀的字迹，夏老师仿佛看到一个坚强而又清纯羞涩的女孩正笑盈盈地朝自己走来。"多好的孩子。"夏老师喃喃自语。她的思绪不由得又飘回到往昔的岁月。

"这段时间怎么了？成绩优秀、从不迟到的夏莉莉几乎天天迟到，上课也有点心不在焉。"夏老师疑惑不解。找她谈心，她也只是苦涩地笑笑。她是不是遇上了什么麻烦事，一时化解不开？放学后，夏老师心急火燎地前去家访。

这是怎样一个清贫如洗的家！父亲早些年过世了，留下一对孤儿寡母。"屋漏偏逢连夜雨"，偏偏母亲又瘫痪在床，十三四岁的小女孩稚嫩的肩头过早地压上了生活的重担。每天，她除了照顾母亲，还要上学、收废品……"生活对一个女孩怎么这样不公呢！"看着眼前这一切，夏老师流下了热泪："以后你每学期的学费由老师想办法替你解决。"一直到女孩中专毕业，她的学费都是夏老师操的心。

如今这孩子也有出息了，成了县医院的主治大夫，隔三岔五总往她家跑，真的比亲闺女还亲呢。想到这里，夏老师舒心地笑了。

"我真傻，真的。我根本就不是一块读书的料。我落下的功课太多了，已经没办法追上来了。夏老师，您就不要管我了吧。""小小年纪，怎么能这样自暴自弃！相信老师，你脑瓜灵活，反应快，只是以前学习没用功罢了。你不是害怕数学吗？好，老师就不相信凭咱们两人的力量还攻克不了这个难关。只要你认了真、沉了底，老师保证你一个月之内赶上来。"看着明信片上开得艳丽的朵朵康乃馨，夏老师百感交集，与学生赵普的一段对话又在她的耳边回响。

"我有两个母亲,一个是生我养我的母亲,一个是改造我培育我的老师——您。生母给了我生命,您却给了我光明的前程。"看着明信片上赵普的留言,夏老师的眼眶湿润了。还有什么样的评价能让一名老师更开心呢？往日付出的一切,值！太值了！因为她的辅导,一个月后赵普就跃进了班级前五名,一年后夺得了年级期末考试第一名。如今,他已是一所名牌大学的副教授了。

学生心中有杆秤,他们自能称量老师的爱心有多重。此生虽没有成就盖世的伟业,但从教三十余年,她真正做到了将爱进行到底……

一张张明信片在手指间翻动,就好像一段段美妙的往事重新在记忆的枝头摇曳。秋日的黄昏是如此美妙,阳光透过落地窗温柔地斜射在这一大捆明信片上,流淌在夏老师闪烁的银丝间。"如果岁月能够流转,我还愿意站在那三尺讲台上,当我的孩子王。也许我仍将与功名富贵无缘,但我无怨无悔。"夏老师痴痴地想。

【专家点评】

大自然给了小草生命,也必给它们开花的权利。蒲公英的花朵是一串串降落伞似的小绒球,金黄金黄的;狗尾草也会开花,狗尾巴似的绿穗穗就是它开的花;麦地里的荠荠草也会开花,它的花是洁白洁白的,有米粒那么大,像早晨被太阳镀亮的一颗颗晶莹的露珠。生命都会开花,即使卑微如小草,也总有一方属于它们的自由的天空。学生何尝不是那一棵棵平凡而卑微的小草,在班主任爱的雨露的滋润下,他们的生命也必能开出一簇簇绚丽动人的花。

没有人会拒绝另一颗心对自己的真心关爱。关爱学生,就是用真诚的情感彻底消除学生心中残留的那一丝丝对立情绪;关爱学生,就是用一颗悲天悯人的心去化解学生心中沉积的一缕缕苦闷、忧虑、彷徨和悲伤;关爱学生,就是急学生所急,想学生所想,千方百计地为学生排忧解难;关爱学生,就是要抱着为人父、为人母的一片菩萨心肠,无论春夏秋冬、风雨雷电,都不忘时时关切……

对别人无所求,给人的却是极好的东西。夏老师执教三十多年,在她的身边,一拨拨学子来了又去,就好像明媚的春天向她走近,又离她而去。她的心中,永远有对学生的牵挂与关爱。这是个把自己的一生都无私地奉献给学生的人类灵魂工程师。

马克思说过:"如果我们选择了最能为人类福利而劳动的职业,那么,重担就不能把我们压倒,因为这是为大家而献身;那时我们所感到的就不是可怜的、有限的、自私的乐趣。我们的幸福将属于千百万人,我们的事业将默默地,但是永恒发挥作用地存在下去。面对我们的骨灰,高尚的人们将洒下热泪。"教师这一职业卑微而渺小,如果仅仅从物质待遇方面来衡量这一职业的价值,显然是"坐井观天"。我们的社会确实需要无数像夏老师这样不计名利的奉献者,让我们向这样的奉献者致敬。

点子43 蹲身教化法——蹲下来看学生

【方法解读】

蹲下来看学生,就是放下师道尊严的架子,从心理上给学生平等。蹲下来看学生,就是不胡乱地给学生扣上"死不悔改""不可救药""调皮捣蛋"的帽子。蹲下来看学生,就是绝不封杀学生的创造力与想象力,绝不干扰学生刨根究底的探索精神。蹲下来,就是一种态度、一种观念、一种最好的教育方法。

【现身说法】

一、钥匙的魔力

最近班上人心惶惶,不是这个同学丢了笔记本,就是那个同学丢了圆珠笔、橡皮头。有同学偷偷地向我"告密":这一切可能都是班上的金步环同学所为,有人曾看见他鬼鬼祟祟地在别人的盒子里翻东西。听说他在小学读书时就有这一不良嗜好,如今更是变本加厉了。听了学生的反映,我如梦初醒,难怪我常常见他在别人的位置上磨蹭,但凡他磨蹭过的位置,总会有学生向我报告丢了东西。问题明摆着,不把这匹"害群之马"揪出来,班上人人自危,永无宁日;但对一个才十三四岁的孩子采取"赶尽杀绝"的手段,使他变成"过街老鼠",作为教育者,良心何安?金无足赤,人无完人。对一个误入歧途的孩子,我又怎么忍心落井下石呢?教育又何尝不是一项"惩前毖后,治病救人"的良心工程呢?

时机在等待中悄然来临。

县教委要举行一场冬运会,金步环被选为校运动队的成员,他每天清晨都得到学校参加晨练。在星期一的班会课上,我当着全班同学的面,拿出了教室大门的钥匙，宣布了一条重要决定：将教室大门的钥匙交给金步环同学来保管。这一决定似乎来得太突然，许多同学都向金步环投去不信任的目光。我拿着这把钥匙，极为认真地说："金步环同学是校运动队的成员，清晨就要赶到学校，由他来保管这把钥匙再合适不过了。这不仅是一把钥匙，这更是52颗沉甸甸的心，上面系着全班同学对金步环同学的支持和信任。我相信，他一定会出色地完成同学们交给的任务，一定会为大家当好这个'家'的。"金步环激动地接过这把钥匙，哽咽着说："我决不辜负老师的期望和同学们的信任。"班上响起了热烈的掌声。

他果真没有让老师和同学们失望，此后，班上再没有同学丢过东西，期末，他还被评为班上的"模范小管家"呢。

二、她读得真好

孩子毕竟是孩子，哪怕存在某些"先天不足"，同样拥有极强的表现欲。

班级诗歌朗诵比赛正在如火如荼地进行着。同学们一个个自告奋勇地冲上讲台，拿出自己精心准备了多时的朗读材料登台表演，精彩的朗读不时赢得阵阵掌声。我也不自觉地被学生们的朗读声带入了一幅幅神奇瑰丽的画面，经历了一次次灵魂深处的洗礼。他们读得太好了，我不由得从心底发出真诚的赞叹。

这时，坐在教室前排的王洁（女，因舌头打转，说话结巴，被学生戏称为"王结巴"）也从座位上站起来，冲到讲台上，朗读起她准备了多时的"雨巷诗人"戴望舒的成名作《雨巷》："撑、撑、撑着油纸伞，独、独、独自彷徨在悠、悠、悠长、长的雨、雨、雨巷……"听着这结巴的朗读声，有同学露出了鄙夷的笑，有同学学着她在底下低声地念起了"雨、雨、雨巷……"眼看一场哄堂大笑即将爆发，这不仅将严重地挫伤王洁的自尊心，使她以后自认为低人一等，不敢表现自己，更会使这次活动受到严重的影响。关键时刻，我带着身边的同学鼓起掌来，掌声停下后，我用无比兴奋而激动的语调说道："王洁同学是个真正的勇士，敢于向自己的缺陷挑战，有了这种精神，在生活中，我们还有什么困难不能克服，还有什么样的挫折能让我们萎靡不振呢？一个人有缺陷并不可怕，可怕的是不敢正视自己的缺陷，从此自暴自弃，怨天尤人。没有什么能击倒你，除了你自己。古希腊著名的演说家德摩斯梯尼年轻时也曾是一个结巴，但他并不因此灰心丧气，为了让舌头不打卷，他每天嘴里含着石子，对着大海练习演说。功夫不负有心人，几年后，他终于成为当时最著名的演说家，很多人以听过他的演说为荣。让我们再次以热烈的掌声对王洁同学的勇敢表示敬佩。"掌声中，王洁眼含泪花，她没有想到，这天的演讲比赛她竟是最大的赢家！此后，她真的慢慢纠正了自己结巴的毛病，课文朗读水平也大有提高。

教育家苏霍姆林斯基说过："每个儿童都有他自己的爱好和长处，有他自己的先天素质和倾向。必须发展这些东西，必须把学生安排在这样的条件下，使他们的长处能充分地发挥出来。每个学生都有向他输送优良道德品质的根源，必须小心爱护这个根源。"教师们，让我们走下"神坛"，蹲下身来，把自己也看作学生中的一员，把你的心交给学生，你将拥有所有学生的真心爱戴。

【专家点评】

孩子的内心如水晶一般纯洁而美丽，孩子的心灵如玻璃一般脆弱而易碎。能不能"蹲下身来"做教育，是一名教师是否成熟、睿智的试金石。

学生金步环自小染有小偷小摸的恶习，在学生中口碑极差。如果将其"见不得光"的行为在班上曝光，无异于落井下石，"痛打落水狗"。这样做，一个学生的一生也许就完了，从此，他将背上"贼"的恶名，永远成为生活中别人取笑的对象，走完他的悲剧人生。但班主任却极富创意地给学生提供改过自新的机会。

我们不得不佩服女生王洁的勇气，她明知自己说话结巴，却敢于在众目睽睽之下登台"表演"，而她拙劣的"演技"无异于当场"献丑"，结巴的朗读马上成为同学们讥笑与模仿的对象。紧急关头，班主任及时救场，指出了这种勇敢的精神难能可贵,并鼓励了她。结果,在以后的生活中,她真的逐渐克服了这一不良习惯。

老子在《道德经》一书中说:"道可道,非常道。名可名,非常名。""故常无,欲以观其妙。常有,欲以观其徼。"道之言妙,在乎一心。教育中的"蹲身教化"同样需要班主任以爱心去体悟。

点子44　赏识激励法——"孤岛"沦陷记

【方法解读】

对待学生不能鸡蛋里挑骨头，而要骨头里挑肉，哪怕只是找到一丁点儿肉丝，也要把它看成一块好排骨，给以赏识和激励。

【现身说法】

七年级有个赫赫有名的"麻大烦"，叫徐杰，是个留级生。分班的时候，一班和二班的两位班主任宁愿下岗，也不愿让徐杰待在自己的班上。张老师的头摇得跟拨浪鼓似的："他在我们班两年，没有一天不给我惹事闯祸，唉！"李老师深有感触地附和道："我教了十年的书，就没有见过这么淘气的孩子。去年夏天，我那条真丝连衣裙就是他故意用铁丝钩坏的……"就这样，几经推诿，徐杰被安排到和我同班，因为我班是个新老师教。经过一番观察，我发现徐杰来到我们班级后似乎刻意和所有人都保持距离，把自己孤立成一座荒岛，那双不大的眼睛里分明充满了戒备和敌意。

为了班级的长治久安，老师决定把他列为"重点关注对象"，想通过努力改变这个由于极度不自信而把自己伪装成"刺猬"的孩子。通过多方打听，老师了解到，徐杰不是独生子。他身上的种种毛病，不是"骄纵过甚"，而是一种对自己被忽略、被遗忘的报复。他有一个非常优秀的姐姐，无论是成绩，还是能力都远胜徐杰，因而深受父母的宠爱。每次徐杰不小心犯了错，父母便像约好了似的说："你看你姐姐多好，你咋这么没出息呢？"

久而久之，徐杰觉得这句话特别刺耳，就像蚂蚁在啃噬着他的心。于是，姐姐的获奖证书、奖品、玩具等都会莫名其妙地"受伤"或"失踪"。为此，徐杰没少挨父母的训斥。每次开家长会，父母还把他在家里的"罪行"报告给老师。就这样，在老师和同学们的眼里，徐杰就成了不可理喻的"坏孩子"。夏天，女孩子的羊角辫上，不知什么时候便会爬上一只丑陋的毛毛虫；冬天，实验室的洗手池里，三天两头便会出现堵塞的现象。于是，罚站、挨打便成了徐杰生活的主旋律。他的座位永远在教室后面的那个角落里，就像一座被遗弃的孤岛，冷清而荒凉。

新学期第一堂课，老师介绍了自己，逐个点名，隆重推出徐杰道："这个哥哥叫徐杰，比同学们大一岁。他个子高、力气大，以后同学们如果被欺负了，就找他帮忙，好不好？"同学们哈哈大笑，齐声说："好！"

安排座位是个难题。高个子徐杰，只能坐最后一排，但老师又担心这会引起他的误解，于是试探着说："徐杰，你看你是我们班里的'姚明'，老师让你坐最……"还没容老师说完，徐杰便翻着白眼："我不要坐最后面。"可是，他坐前面任何一排，后面的同学都只能看他的后脑勺。这可怎么办？老师的脑子转得飞快："要不，你和老师坐一排好吗？"他一愣，小眼睛眨巴了几下。就这样，他成了老师的"小秘书"。

为了让同学们真正接受他，为了让他尽快地融入集体，老师开始下意识地建立他的自信，树立他的威信。数学课上画几何图形，老师会喊："徐杰，来，帮老师扶一下三角尺。"收作业本的时候，她会故意说："哎呀，老师一个人拿不了，徐杰是大力士，帮我拿一些吧！"每当这时，徐杰总是一愣，然后一声不吭地去做。

然而，不是所有时候都这样，偶尔，他还是会较劲。开学一个月后的一天，因为和一些同学争着洗手，他又犯起了老毛病。他见大家都在实验室里做实验，就趁老师让他回教室拿粉笔的机会，将一把粉笔填进了水池的下水口。水池像消化不良似的，"咕嘟咕嘟"往上冒水。他装出全然不知的样子，坐在位子上托着下巴"沉思"。刚好，那天中午学校午餐吃的是糖醋排骨，我故意大惊小怪地嚷嚷："哎呀，咱们班的水池不会是被排骨卡住了吧？"同学们哈哈大笑。徐杰虽然表面上一副事不关己的样子，但眼角的余光却时刻瞟向老师。于是老师说："徐杰，请你来当'医生'，取出'喉咙'里的骨头好吗？"他红着脸，慢慢拨开人群，卷起袖子，一点一点地抠出粉笔。我又故意说："哎呀，原来是水池把粉笔当巧克力棒吃了呀，多亏徐杰哥哥帮它治好哦。"徐杰没有说话，但我知道，他心里啥都明白了。

一段时间下来，徐杰在班级里似乎不再那么调皮捣蛋了。我以为他被班主任收服了，洗心革面了。可好景不长。一天午休时间，许多同学都待在教室里，大家谈谈话，做点练习，讨论点问题，尽情地打发着一天中这难得的休闲时光。同学卫平从教室外走进来，一屁股往位置上坐去。"啪"的一声，不知怎的，卫平身子往后一仰，一屁股跌坐在地上。喜欢看热闹是人的天性，看着卫平跌得龇牙咧嘴的狼狈相，大家笑得前仰后合。徐杰呢，站在卫平的身边，一副得意扬扬的样子："怎么，你想把教室跌出个深坑来？你这一屁股真是爆发力十足啊！佩服！佩服！"听着他滑稽的调笑，众人这才明白，这出恶作剧的始作俑者不是他还能是谁？

"我跟你没完！"卫平也不是一盏省油的灯。他从地上爬起来，顾不得拍身上的灰尘，提起凳子就往徐杰的脑袋上砸去。好家伙，徐杰果然遭到了"报应"，脑袋开了花，鲜血直流，令人惨不忍睹。他站在原地，摇摇晃晃，似乎要倒下去，却硬撑着，没有倒下。

"你敢打我？我打死你！"徐杰想不到自己在班级里的老大身份竟然受到了挑战，怒不可遏，提起身边的凳子向卫平的太阳穴击去，仿佛一头发怒的雄狮。情况十分危急，一场班级安全事故眼看就要发生。

"住手！"几乎同时，徐杰提凳子的手被班主任的一双大手架在了空中，僵在那里。凳子也顺势被班主任夺了下来。原来是班长一看形势不对，匆匆搬来了班主任这个救兵，这才避免了事情向更坏处发展。

因为失血过多，徐杰住院了。班主任在班级里沉痛地检讨着自己的工作失误：由于自己太粗心，没有及时赶到事发现场，以致酿成了班级流血冲突；徐杰近段时间表现得够优秀，但喜欢搞恶作剧的坏毛病一时半会儿还改不了，同学们要包容他的小过失，以集体的温暖感化他。那一天，我们全班同学和班主任一起到医院看望了徐杰。卫平流着泪向他道歉，班主任也向他诚恳地检讨自己工作的失误，拉着他的手问长问短，说这次事件不怪他，其实他现在已经进步了很多，只要再前进一小步，就会很优秀。我们跟他说大家十分想念他，希望他早日康复，回到班集体，他还是我们的大哥哥……

听着我们的安慰，这个从来不流泪的同学第一次流泪了，至少我是第一次看见他流泪。他说谢谢大家的关心与容忍，自己做恶作剧其实只是想让大家关注他，感知到他的存在，往后他一定改正自己的坏习惯，希望大家监督他……

一个星期后，徐杰出院了。他用行动诠释着自己的"新生"。他不像以前那样独坐一隅了，下课后会情不自禁地跑去和别的同学聊天，也会关心和帮助别人了。他不再以"孤岛"的形象出现在班集体中了，笑容开始时时荡漾在他的脸上。

是啊，孩子的健康成长离不开周围的人与环境的作用。不管是父母，还是教师，都应该平等地对待每一个孩子，孩子需要尊重，需要赞扬。

赏识是花，冷漠是刺。赏识是孩子建立自信的基石，是孩子快乐人生的起点。让孩子幼小的心灵时时沐浴在鲜花的芬芳和温馨中，他未来的人生就会是快乐、健康而灿烂的。

【专家点评】

美国心理学家威廉·詹姆斯说过："人性最深刻的原则就是希望别人对自己加以赏识。"每一名学生都是金子，都有着与众不同的才能和特长。发掘学生的闪光点，并予以重视和表扬，是教师最基本的能力和品质，需要长期研究和修炼。

赏识是明媚的阳光。在班级管理中，"你真棒！""你肯定能行！""你想做的事由你自己决定！"应该成为班主任的常用语。每个孩子在内心深处都希望教师把他当作好孩子，都希望得到他人（尤其是教师和家长）的喜爱和关注。教师和家长的赏识与积极评价对孩子自信心的提高有至关重要的作用。苏霍姆林斯基曾说："请记住：成功的欢乐是一种巨大的情绪力量,它可以激发儿童好好学习的愿望。"

赏识需要智慧,赏识需要因材施教,赏识需要爱。班主任老师们,让我们用慧心和慧眼发现孩子,爱护孩子,研究孩子,努力张扬孩子的个性,激发孩子的创造激情,让孩子成长为有用之才吧!

点子45 谎言激励法——孙悟空的承诺

【方法解读】

美丽的谎言犹如一朵散发着淡淡馨香的花儿,洗涤、浸润着人的灵魂;美丽的谎言犹如一段远古的神话,给人以无限遐想和回味的余韵;美丽的谎言犹如一面敲响的战鼓,让自卑者重新鼓起前进的风帆,让沉沦者重新树立起生活的信心……

【现身说法】

二年级一班的孙小侯可真是个让人头痛的角色。迟到早退、调皮捣蛋样样沾边。更让人烦心的是,每次考试班级最后一名非他莫属,班主任为此伤透了脑筋。

这天是个阳光灿烂的好天气,清晨,一走进教室,孙小侯就大呼小叫:"我收到了齐天大圣孙悟空的来信。大家快来看呀!"消息像长了翅膀,瞬间在班上传播开来。孙大圣的来信在同学们之间传阅,孙小侯兴奋得脸泛红光。信的内容是这样的:

孙小侯小朋友:

在一个夜深人静的夜晚,我睁开火眼金睛,发现你一个人坐在电视机前看有关我的动画片,我深受感动。我知道你是我的铁杆粉丝,为感谢你对我的关注,我特地向你郑重承诺:你如果改正了在班上调皮捣蛋的坏毛病,并在以后的考试中每门功课都考到90分以上,我会来到你的身边,和你玩个痛快。

孙悟空

谁不知孙大圣是个言必行、行必果的英雄?他说的话肯定是算数的。

不过，这个见面的条件对孙小侯来说，简直比登天还难。同学们用不信任的目光瞧着他，意思再明显不过了：就凭你孙小侯这德性，行吗？孙小侯似乎从同学们的目光中读出了不信任，他愤怒了，握紧了拳头，信誓旦旦地保证道："孙大圣，你就等着我的好消息吧，我决不会让你失望。"

一转眼就过了将近一个月的时间。在这些日子里，孙小侯可谓发生了翻天覆地的变化。他不再迟到早退，也不再惹是生非。上课时，他认认真真地听课、记笔记；下课后，他规规矩矩地跟同学们玩儿，课堂作业和家庭作业也做得工工整整。有同学逗他："孙小侯，今天咱们就不去上课了吧？"他目不斜视，边走边回答："我与孙大圣有个约定，我可不想失信于孙大圣。"有同学取笑他："孙小侯，别瞎忙了，就凭你那样的成绩还想每门功课90多分呢，撒泡尿自己照照吧。"他怒不可遏："谁说我做不到呢？到时大圣跟我见面了，嫉妒去吧，你！"

这天是数学测验，孙小侯早就做好了准备。只见他认真地做着试卷，全不像以前一样看着试卷光走神儿。前面的题目他很快就做好了，唯有后面的一道应用题，他冥思苦想却怎么也做不出来，他心里这个急呀，就别提了。这道题总分12分，如果做不出来就别想跟孙大圣见面了。想到此处，他急得大汗淋漓。哦，他一拍脑袋，有了。同桌学习委员孙小丽不是早就将这道题做好了吗？何不……他用胳膊肘碰碰同桌孙小丽："你的水彩笔掉到桌子底下去了，捡上来吧。"他轻轻地说。"谢谢你的提醒，我今天没带水彩笔到学校来。"小丽可没上他这个当。"哦，错了。是我的水彩笔掉到你的桌子底下去了，劳驾你给捡起来吧。"他低声下气地央求道。喜欢助人为乐的孙小丽终于上了他的当，低下头到桌子底下捡水彩笔去了。就这一瞬，孙小侯的目光快速地从孙小丽的试卷上扫过，然后，高兴地在自己的试卷上写下了答案，得意扬扬地想：大圣，你就等着我的好消息吧。

下午，孙小侯又收到了一封大圣的来信。他心里喜滋滋的。这次考试90分十拿九稳，大圣大概也晓得了，他大概要约我见面了吧，到时候，嘿嘿，我就是软磨硬缠也要大圣教我翻筋斗云，一个筋斗云十万八千里，从此以后，我孙小侯要环球旅行可就小菜一碟了，说不定还能到灵霄殿去拜见玉皇大帝呢。我孙小侯岂不就成神仙了吗？如果再学学大圣的七十二般变化，那我可就天下无敌了……孙小侯越想越高兴，他迫不及待地拆开信，要看个究竟。只见信中写道：

孙小侯小朋友：

　　这段时间你取得了可喜的进步，我祝贺你。但这次数学测验所有的题目都是你独立完成的吗？俺老孙可不喜欢跟弄虚作假的人交朋友。再给你一次机会，去向老师认个错吧，老师不会批评你的。

孙悟空

孙大圣的火眼金睛可真名不虚传，我的一举一动他都明察秋毫。哎，悔不该！孙小侯走进了老师的办公室，主动承认了错误，真神，老师真的没有批评他，还表扬他是个勇于承认错误的好孩子呢。

就在期末考试即将来临，孙小侯就要梦想成真的紧要关头，他因为学骑自行车，一不小心，摔断了小腿骨，不能上学了，他心中这个急呀，就别提了。期末考试那天下午，他躺在病床上，泪珠在眼中不停地打转。看来自己跟孙大圣是没办法见面了。哎，生活真爱捉弄人，你越是想实现某种愿望，它偏偏越不让你称心。孙小侯恨恨地想。

像变戏法似的，妈妈不知从哪里弄来了孙大圣的来信。孙小侯有气无力地接过信件，哭丧着脸："大圣，你可千万要再给我一次机会。我不是故意摔伤的，期末考试……呜呜……"他伤心地放声大哭。妈妈在一旁安慰道："先不要伤心，说不定大圣又给你带来了喜讯呢。"孙小侯拆开信。只见上面写着：

孙小侯小朋友：

　　这次不怪你，不是你的错。你好好养伤，到时我自会派遣天兵天将来助你一臂之力，你千万不要灰心。

孙悟空

孙小侯躺在床上，静静地等待着天兵天将的到来。没见着孙悟空，先见见天兵天将也好。正当他睡意蒙眬的时候，他隐约听见病房外传来了笑声。"哦，天兵天将来了，我怎么能睡着了呢？"他慌忙睁开眼睛，只见病床边摆满了各种各样的鲜花，嗅一嗅，香气扑鼻。"大圣想得真周到，连鲜花都带来了。""咯咯……嘻嘻……"笑声又响了起来。"哎，我说天兵天将们，你们就不要跟我捉迷藏了，赶快现身吧，我等你们等得好苦。"孙小侯央求道。病房的门被推开了，涌进来一群孩子。孙小侯一瞧，这不是班上的同学小丽、小明他们吗？孙小侯揉揉眼睛，埋怨道："不要吵，可别惊走了我的天兵天将们。"小丽他们笑弯了腰："就你一人被蒙在鼓里了，哪有什么孙大圣和天兵天将呀，等学好了本领，我们比孙大圣的本领还要高呢！那些信件可都是班主任写的。"孙小侯睁大了眼睛："真的？""全是真的，只要你努力，将来一定能学会七十二般变化，本领比孙悟空还要大呢。老师不会骗你。"不知什么时候，班主任也出现在病房里了。

窗外正是严冬，病房内却春意融融。孙小侯感动得哭了。

（改写自：朱效文《和孙悟空交朋友》）

【专家点评】

有一种爱是具体可感、切切实实的，譬如父母对子女的爱，点点滴滴，如涓涓细流，润物无声。有一种爱是朦朦胧胧、捉摸不定的，譬如教师对学生的爱，隐隐约约，如星星之火，照亮了学生前行的路。

机器坏了，换换零件，上上油，修理修理就好了。人的思想转化工作可就没有那样简单了。

孙小侯是个"双差生"，班主任为此伤透了脑筋。苦口婆心的教育在这样的学生面前往往收效甚微。无奈之下，班主任抓住学生对孙悟空的特别情感，以孙悟空的名义给他写了一封信。信中，"孙悟空"信誓旦旦：只要孙小侯改正陋习，考试每门功课都达到90分以上，孙大圣就跟他见面一起玩儿。七八岁的孩子心地无比单纯，他怎么也想不到，这竟是老师精心设下的一个"骗局"。怀着与孙悟空见面的美好憧憬,自此他好像完全变了一个人。在小考中,为了能得到90分,他竟煞费苦心地偷看同学试卷。被"孙大圣"察觉后,他主动坦白求得谅解,学习更上进了。期末考试在即,生活却跟孙小侯开了一个玩笑,他摔伤了腿,为此,他黯然神伤。班主任却抓住这一有利时机,巧妙地实现了对他的彻底转化。孙小侯明白了事情的真相,他不但没有抱怨老师对他的"欺骗",反而感激涕零呢。

多么动人而美丽的教育者的谎言。依我看,这样的谎言实际上是一首让人百品不腻的教育诗,在教育中,这样的谎言用用又有何妨!

点子46　情感共鸣法——永久的悔

【方法解读】

"感人心者,莫先乎情",真诚而深厚的情感是教育工作的基石与血脉。它能拉近师生的情感距离,解除"问题学生"对班主任教育的逆反心理。有情的教育就是有生命力的教育,就是最简洁、最有效的教育。

【现身说法】

看着站在面前的学生童真,班主任李老师百感交集,这个学生活脱脱就是当年自己的翻版——单薄的身材、黑瘦的脸、一双忽闪忽闪的机灵而狡黠的大眼睛,一看就不是一盏省油的灯。

"老师,您找我有事?"童真低着头,心虚地问道。"该不会是……"他偷眼瞧瞧班主任李老师,"还好,这老头今天似乎心情不错,眉头眼角都荡着笑。不会是那回事了。"童真心里的那块石头落了地。

"老师找你来,也就随便跟你聊聊。"李老师很和善地答道,"我心中有个疑问,请你帮我解答解答:你什么时候成了一名光荣的人民警察?""老师,您可真会说笑话,我还是一个学生呀,我怎么可能……"李老师这一问搞得童真一头雾水:这老头平时可很少跟同学们开玩笑,今天突然问出这样让人匪夷所思的问题,他该不会是哪根神经出了毛病吧?可也不像呀,看他那一本正经的模样,说明他是认真的。

"说笑话?你以为老师老糊涂了?那一次你在大街上跟歹徒展开了殊死搏斗,终于让歹徒绳之以法。为此,你在搏斗中还被歹徒用刀砍伤了右手,说不定现在手上还有一块疤痕呢。"李老师越说越邪乎。

"李老师,我怎么感觉您好像在说别人呢?我可真没有那么勇敢,您看我瘦骨嶙峋的,像一块跟歹徒搏斗的料吗?要不信,您可以查查查看我的右手，真没有一丝疤痕呢。""真没有这回事？那市民们怎会涌到医院去看望你，给你送花呢？我的警察同志。"无论童真如何解释，李老师就是不相信。

"老师，这英雄人物可不是随便什么人都能够当的，您要真不相信，可以向同学们打听打听呀。"哎，真是有口难辩呀。

"我说你小小年纪，怎么就那么健忘呢？你昨天的作文不是写得清清楚楚吗？老师可没有睁着眼睛说瞎话。"

"昨天的作文？"昨天是进入初中后的第一堂作文课，作文题目是"我的一段真实的生活经历"。童真平时既不注意生活素材的积累，也不注重课外练笔，每次作文都是敷衍了事。他捏着笔杆，半天下笔不得。虽然写作文前李老师一再交代不能抄写别人的文章，可万般无奈之下，童真也只得选择这一条捷径了。当时只顾着抄写，根本就无暇顾及抄的是什么内容，要不他也没这个胆……既然犯在老师手中，要杀要剐，悉听尊便吧。想到这里，童真一副视死如归的模样。

看着眼前这名"抗药性"极强的学生，班主任李老师心里"咯噔"一下：多年的教育经验使他深知，这是个"油盐不进"的学生。正面说教往往会无功而返，或许只有用自己亲身体会的一段真情才能引起他强烈的情感共鸣。想到这里，李老师神情凄凉地打开了话匣子。

"你也不必太在意老师对你的批评，我向你袒露一段三十多年前的往事吧，你可千万别因此瞧不起老师。"

"那一年深秋时节，乡村田间地头的晚稻已收割完毕，半干半湿的泥地里正好可以挖泥鳅。那年月，农村经济条件差，有时几个月都吃不上荤腥，挖泥鳅也就成为我们这些孩子的最爱。走在上学的路上，我突发奇想，便自作主张去挖了一天泥鳅。那时的我觉得在田间地头逍遥自在，远胜过在枯燥的课堂上受罪。"

"第二天早上，我刚跨进教室的大门，班主任就把我叫到了办公室：'昨天你家有什么事，怎么连假都没请呢？'班主任关切地问道。该来的终究会来,'哎哟,我的肚子……'。我可怜兮兮地揉着肚子,生怕装得不像,干脆蹲了下来。'这么说昨天你是生病了,生病也得请个假呀。现在是不是痛得很厉害?我陪你到医院看看吧。'班主任真上了当。'上医院就不必了吧,我想我还能挺住。'我进一步撒谎。班主任开始用怀疑的眼光盯着我:'不是肚子痛的原因吧?还是从实招来吧。''真的,老师。不信你可以……'我欲言又止,脑海里浮现起父亲手中抽得噼啪作响的皮鞭,顿时不寒而栗。'绝不能坦白,要不就完了。'我暗暗地提醒自己。"

"下午放学后,沿着乡村的羊肠小道,我在前面走,班主任在后面跟,他这是随着我家访来了,我一时心慌意乱。父亲的皮鞭不抽得我皮开肉绽才怪。班主任已是'箭在弦上',他决不会在这个时候饶了我,干脆听天由命吧。正当我胡思乱想、心绪不宁时,突然我一不小心一脚踏进了路边冰冷刺骨的池塘,身子也不由自主地往水底沉去,我仿佛感到世界末日已经来临。迷迷糊糊中,身边一股强大的力量紧紧地抓住了我,举着我费力地朝岸边移去,我抓住了岸边的一棵柳树,总算死里逃生。而老师为了救我却永久地去了,至死,他都没有搞清楚我前一天旷课的真正原因。多少次,我在梦里声嘶力竭地哭喊着老师,痛心疾首地表示再也不会因挖泥鳅而旷课了。可这一切来得太迟了。因为我的谎言,老师竟然付出了生命的代价。是他,在最危险的时刻,把生的希望留给了学生,把死的悲壮留给了自己。"

说到这里,大颗大颗的泪珠从李老师满是鱼尾纹的眼眶边滴落。童真不知什么时候也跟着哭成了一个泪人。

"这件事成了我一生永久的悔,我不该向班主任说谎而害了他呀。自此以后,我立下重誓,一定要以优秀的成绩考上师范院校,完成班主任未竟的事业。"李老师抹干了泪水。

在童真交上来的作文本上,他这样写道:

"我不该弄虚作假,更不该因此引发李老师痛苦的回忆,让他饱受痛苦的心灵煎熬。老师,我保证,以后再也不会抄袭别人的作文了,我为我的无知向您表示深深的歉意。"

看到这里,李老师露出了欣慰的微笑。

【专家点评】

古罗马的一位诗人说过:"只有一条路可以打动人心,就是向他们显示自己首先已被打动。"情感的迸发不是靠简单的开关就可以控制,它需要共鸣、需要磁场,需要用真实的情感去催发。苏格拉底也说过:"教育不是灌输,而是点燃火焰。"班主任在对学生的教育过程中,只有将自己内心真实的情感传达给学生,引领学生的灵魂在感动的清泉中洗濯、在羞愧的烈火中煅烧、在悔悟的晨光中升华,这样的情感教育法才是真正的"润物细无声"。

真情感化强调一个"真"字。真实的才是最动人心魄的,真心的才是最让人刻骨铭心的,真诚的才是最能引发情感共鸣的。

学生童真不是一盏省油的灯,进入初中后的第一次作文他就敷衍地从书上抄一篇文章了事。班主任没有直言责备他,而是给他说了一段自己的真实经历,这是一个欺骗老师,最后导致老师为救护自己而英勇献身的感人至深的故事。因为其真实性,年老的班主任竟然顾不上在学生面前的面子而大放悲声。这一哭,彻底洗刷了学生灵魂深处的污秽,他终于理解了老师对自己的真心关怀,对老师的教育自然也就很配合了。

能让学生产生强烈情感共鸣的教育就是最有感染力的教育。

点子47 认弱接近法——棋缘

【方法解读】

班主任在班级中如果总是担纲强势角色,师生之间就很容易形成对立情绪。在学生面前故意表现出某些缺点或不足,示弱于学生,更易拉近师生的情感距离,班主任的正面教育也更易在学生的心中开花结果。

【现身说法】

唐代诗人白居易有诗云:"何处春深好,春深博弈家。一先争破眼,六聚斗成花。鼓应投壶马,兵冲象戏车。弹棋局上事,最妙是长斜。"茶余饭后,闲来无事,摆摆龙门阵,下下象棋,亦自得其乐。输了不必在意,赢了亦很平常,养性怡情,消磨时光。鄙人本无此雅兴,但做梦都未曾料到,自从年前担任初二(3)班的班主任后,我的"臭棋"竟能挽救一个一盘散沙的班级。

初二(3)班是学校里有名的"烂"班。"烂"的主要原因在于"玩物丧志"。可不要小看了这些毛头孩子,在"棋圣"夏启的带动之下,全班男女同学为棋而疯狂。课堂上明目张胆对阵者有之,课后不做作业专司下棋者有之。接手这样一个班,我感觉自己简直是在"走钢丝",在走一招毫无把握之棋。还好,下棋我好歹也算个"三脚猫",虽只懂得马走日、象飞田、炮打隔粒子、车吃一大片,但既已"临危受命",也只好"许褚上战场——赤膊上阵"了。教育上不是有一招"认弱接近法"吗?我何不借切磋棋艺之名,行无形转化之实呢?

在班会课上,我故意神秘兮兮地告诉学生:"本人无其他特长,但自认为对中国象棋略有研究,自从来到本校,鲜遇对手。听说我们班高手云集,特发'英雄帖',接受本班各位'英雄'的挑战。"知道我底细的人明白我在

"王婆卖瓜",不了解我的人真认为我是一等一的高手。但我若不如此自夸,又怎能让自己成为"众矢之的"呢?面对我如此旗帜鲜明的挑战,全班群情激愤:"这个新上任的班主任,也太不把我们这些'棋坛高手'放在眼里了!""不给他点颜色看看,'下棋专业班'这块牌子不是砸了吗?"……最后,他们一致推举夏启来接我的"英雄帖"。

放学后,我信心百倍地与夏启摆开了战场。我孤家寡人,正襟危坐,踌躇满志。夏启呢,摩拳擦掌,自是有备而来。他身后的"粉丝"们更是一个劲儿地高呼:"夏启必胜!夏启必胜!"我执红先行,先声夺人,攻势凌厉。夏启似乎只有招架之功,并无还手之力。我一路势如破竹,夺炮、杀马、吃卒,忙得不亦乐乎。夏启的"粉丝"们不由得替他暗暗着急。正当我得意忘形之时,忽然,夏启一个釜底抽薪,形势发生了反转,不知怎么搞的,我的老师四面楚歌,被围"垓下",弹尽粮绝,只能"引恨自尽"了。我冥思苦想不得破解之法,只得认输。第一局以我的败北而告终。

我不紧不慢地摆下第二局,自我解嘲地说:"谁笑到最后,谁笑得最美。刚才一局,老师是故意卖个人情给他,且看我的《梅花谱》。"其实,何谓《梅花谱》,我不过是道听途说罢了。但用来糊弄学生,效果还是蛮好的。他们一听这奇怪的招数,都暗暗替夏启捏一把冷汗。毕竟是"麻袋上绣花——底子太差",第二局,我更是兵败如山。可怜我的大好"河山"就这样"断送"在学生的手上。我想再战,但自知只会留下更多的笑柄,只得偃旗息鼓。看来,就棋道而论,我根本就不是夏启的对手。但自己吹牛在先,不低头表个态、认个输,行吗?

我站起身来,态度诚恳地说:"就棋艺而言,你确实比老师技高一筹,老师输得心服口服。但我有件事想不清楚,你棋艺如此了得,说明你是个聪明人,为何学业成绩总不见'芝麻开花节节高',却总是'大红灯笼高高挂'呢?"这句话似乎戳到了夏启的痛处,他不好意思地低下了头,嗫嚅着说:"我只有下棋的细胞,没有读书的细胞。我父母及前任班主任都是这么说的。"悲哀袭上了我的心头。哀莫大于心死,一个多么聪明的孩子,由于我们教育方法的不当，竟好似看破了红尘，对前途丧失了信心。我们为什么不在孩子的心中播种春天，却偏偏播种严冬呢？播种春天，收获的是百花满园；播种严冬，当然只能收获水瘦山寒了。

想到此处，教育者沉甸甸的责任感袭上了我的心头，于是，我对他说："即使你有过失败的学习经历，但是它并不能成为你灰心丧气的理由。莎士比亚说过：'明智的人决不坐下来为失败而哀号，他们一定乐观地寻找方法来加以挽救。'人生本来就充满了失败，但失败是成功的亲兄弟，两者往往只有一步之遥，如果我们能凭着自己坚强的意志和聪明才智勇敢地跨过失败的堡垒，你会惊喜地发现，生活中处处有'山重水复疑无路，柳暗花明又一村'的美景。事实上，下棋与读书并无冲突，周总理书读得多，下棋也难遇对手。你小小年纪，怎能自暴自弃呢？"良久，他抬起头，迟疑地说："老师，我行吗？""怎么不行？很多时候，失败就是滔滔大江上一座很能吓唬人的独木桥，走过去了，对面等着你的就是成功。"我动情地说。"哦。"他若有所悟地点点头，眼中闪现出惊喜。"我们击掌为凭，可不许反悔哟。"一旁的学生也为我们订立的"盟约"鼓掌叫好。

此后，我不时寻找机会与夏启等棋迷切磋技艺，依然是输多赢少。一时，我的"臭"棋成为学生们饭后的笑料，我却喜不自禁，因为自此以后，我班的棋迷们在夏启的带动下，渐渐爱上了学习，班上掀起了新的一轮热潮。不过这次与以前可大不相同，他们攀比的不再是棋艺高低，而是学业成绩。

【专家点评】

班主任工作是教育工作中最复杂、最琐碎的一项工作。其中最棘手的是与学生的情感沟通。而与学生情感沟通遇到的最大难题又是如何接近学生，从而使学生在心理上接受班主任。因此，采取怎样的方式和方法走进学生的内心世界显得尤其重要，"认弱接近法"就是一种较为理想的方法。

教育家陶行知先生说过："我们要跟小孩子学习，不愿向小孩子学习的人,不配做小孩的先生。"在学生面前,教师不能总采取一种高高在上的姿态,不能总表现出一副无所不知的神态,适当地表现自己在某些方面的无知,虚心向学生求教,更能给学生以亲切感、真实感。这样一来,也许对于班主任的教育,学生更能从心理上加以认同。

初二(3)班是个让人头痛的班级,全班学生学习积极性低,都迷上了下象棋,新班主任本来对下棋只略知一二,但为了接近学生,公然向全班同学发出"英雄帖"。于是有了后来的老师一战败北,再战失利。但这几局棋输得值,班主任因此走下了"神坛",与学生打成一片,班级学风大为转变。

水是最柔弱的,"攻坚强者莫之能胜",它又是最强大的。在教育中,学会合理地认弱,用包容、欣赏的眼光看待学生的一些行为习惯,我们的教育更容易被学生接受。

点子48 情操美育法——心灵的体操

【方法解读】

苏霍姆林斯基说过:"我把美称之为心灵的体操,是因为它能矫正我们的精神、我们的良心、我们的情感和信念。"情操美育就是让受教育者确定信念,并体验合乎信念所带来的恒定、神圣而崇高的情感。

【现身说法】

春天,校园变成了花的海洋。迎春花艳丽动人、樱花璀璨夺目、梨花洁白似冰霜、桃花粉红若锦霞……各种花都探出脑袋或攀上枝头炫耀着历经寒冬后生机勃发的美。花季的笑脸就是美,走在校园的花丛中,这一张张笑脸就像一朵朵摇曳在枝头的花朵,那样的清纯而自然。一身素衣白裙的姚老师与学生们徜徉在花的海洋中,仿佛又回到了学生时代。

"老师,我想摘下这一枝桃花。"甜美的嗓音宛如在枝头婉转啼鸣的百灵。

想不到有学生提出了这样的要求,姚老师不能容许一个鲜活的生命瞬间在自己的眼前凋零,她摆摆手,阻止了学生即将攀上枝头的小手。"为什么要摘它呢?"姚老师奇怪地问。"花草无情,人间有爱""请不要碰伤了它,它会疼的",在校园的角角落落,这样的标语随处可见,一个初一的学生不可能看不懂啊。"老师,我想摘下这枝桃花送给您。您是我们学校最美的老师,这枝花插上您的鬓角,您一定会成为校园里一道最美的风景。"学生小美仰着粉嘟嘟的笑脸天真地说。一抹红云在姚老师的两颊燃烧起来,她很年轻,前年刚从师范院校毕业。如果说这群十三四岁的孩子是那一丛丛含苞待放的花蕾,那么姚老师就是花蕾丛中那一朵开得最艳丽迷人的鲜花。她清纯、端庄、美丽而热烈,与这群叽叽喳喳的孩子一样,正处于人生最爱美的年纪。她原本以为小女孩摘花只是为了装扮花季的梦，不想……感动之余，姚老师不由得有点难为情。

爱美之心人皆有之。青少年的审美情趣是他们人格发展的原动力，教师有责任利用大自然天然雕饰的美浸润学生的心灵。何不借此机会对这群孩子进行情操美育呢？

"苏霍姆林斯基说过：'谁不能保护美，谁就不配享受美的珍贵报偿。'感谢小美同学对老师善意的赞美及美丽的心愿，即便如此，老师也不能接受你的馈赠。让我们想想吧：在春日暖暖的阳光下，这些知名与不知名的花儿谦卑地开放于校园的花圃中、草丛里、树枝间，无声无息、恬淡从容，浑身上下洋溢着一种圣洁的光华；它们的每一片叶子、每一片花瓣都能让人感受到一种超乎贪欲等卑下的人类情感的东西，那是生命中一种十分崇高而纯净的境界，你无法用言辞来比拟它们的美，也无法用任何美丽的意象来取代它们的神秘与璀璨，它们是那一簇簇燃烧着的生命的火焰，我们怎么忍心将它们掐灭呢？掐灭一种自然的、摄人心魄的美，却用来装饰一种做作的、转瞬即逝的美，我们的灵魂怎能安然呢？美不能太自私。"姚老师饱含深情地说。

自然之美能激荡起人类原始的爱美之心，而美的思想与情感同样极富感染力。姚老师的一席话语似清泉涤荡了学生们残留在心中的自私，似甘霖滋润了学生们幼小的心灵。孩子们一个个羞红了脸，就像一株株枝叶低垂的含羞草。较之于隐含在我们每一个人心中的渺小的贪欲，那孕育生命的花朵又显得何等的尊荣与华贵。"老师，我们再也不想摘花了，就让它们在枝头快乐地开放吧。"孩子们若有所悟。

"对美的东西的感受能在青少年心灵产生出一种极其敏捷的力量，使之成为刚毅勇敢、宽宏大量、心地善良而又热忱的人。"教育家苏霍姆林斯基的话又在姚老师的心头闪现。是啊，帮助学生们提高审美评价能力，不仅有助于他们将感官性愉悦的快感上升到精神性愉悦的美感，而且能积极促使学生们一般思维能力的发展。为学生们打开美的世界的大门，提高他们的审美素养，塑造他们高尚、丰富而美丽的心灵世界，是教育者情操美育的基本点。姚老师决定继续以此为契机，点燃学生心底有关美的星星之火。

"一丛丛的花就是一首首美丽的诗啊。赏花、品诗，是人生一道回味无穷的大餐。让我们放下矜持，一道品尝吧。"鲜花映照着姚老师笑盈盈的脸，就像春天里一束束跳跃的火焰。"老师，您开个头吧。"学生们来了兴致。

"'去年今日此门中，人面桃花相映红。'这是唐代诗人崔护咏桃花的名句。人面桃花交相辉映，那是一种多么动人的美。花美不为美，人美最为美。阳春三月，桃花竞艳，清纯的少女、如花的笑脸，自此在诗人心中留下不可磨灭的印记。"姚老师完全沉浸在诗的意境中了。学生们也被这个美丽的故事深深感染了。

"'惆怅阶前红牡丹，晚来唯有两枝残。明朝风起应吹尽，夜惜衰红把火看。'阶前将衰的红牡丹让诗人感到忧愁不安。诗人唯恐夜风吹落了这两枝残花，夜里还要手持灯火来观看。诗人爱花、惜花之情跃然纸上。"在一丛风姿绰约的牡丹前，学生小青无限深情地品味着。

"'不是花中偏爱菊，此花开后更无花。'傲霜斗雪的菊花向来不乏偏爱者，陶渊明、元稹、黄巢都对它情有独钟。"站在菊花前，学生秋菊仿佛又置身于"满城尽带黄金甲"的金菊吐艳的秋天。

"'疏影横斜水清浅，暗香浮动月黄昏。'梅花是花中真正的君子，那一份淡泊与潇洒不正是自古以来无数正人君子所钦羡的吗？"学生冬梅激情澎湃。

……

想不到才初一的学生，一个个竟这样满怀才情，姚老师满意地笑了。

"山蕴玉而生辉，水含珠而川媚。""把美的形象与美的德行结合起来，只有这样，美才会放射出真正的光辉。"孩子们对美的感悟需要我们用爱去呵护和培育。

【专家点评】

爱美、审美是一种极其复杂的社会心理现象,是多层次的网络结构体。德国哲学家黑格尔说过:"教师是孩子们心中最完美的偶像。"教师的审美心理及意识对学生的审美取向起着极其重要的潜移默化的熏染作用。对学生进行循循善诱的情操美育直接关系到下一代的素养与整个民族的素质,是时代赋予班主任的重任。

春天里,校园内千姿百态的花儿自然触动了学生们对美的感知力。有学生向班主任姚老师提出了"不情之请"——她要摘一枝桃花送给姚老师。当然,稚嫩而美丽的心愿也许是不带任何功利色彩的,但姚老师婉言谢绝并及时制止了这一行动。因为她深知:允许学生摘花"送礼",即便是给班主任"送礼"也必将带来连锁反应,校园瞬间将遭到一场"花之劫",这绝不是老师所愿意看到的;接受了学生的"美意",实际上也就是助长了不正之风的蔓延,也就在不经意间凸显了教师心中某个角落小小的自私,这样,教师不但不能赢得学生的尊重,反而会让学生看不起。"谁不能保护美,谁就不配享受美的珍贵报偿。"关键时刻,姚老师一语惊醒梦中人。不良动机瞬间化解于无形。

"山光悦鸟性,潭影空人心。"对自然之美的感官认可是低层次的审美。"登山则情满于山,观海则意溢于海。"由对自然之美的认同升华为对理性之美的感知,则是较高层次的审美。于是有了姚老师引导学生由赏花进而赏诗的审美升华。经过这种实际生活与情感世界、艺术世界的激烈碰撞,学生们受到深层次的美的熏陶也就水到渠成了。

生活需要美育,教育更需要美育。愿情操美育之花开遍校园。

点子49　情绪调控法——不做情绪的奴隶

【方法解读】

教师是人不是神，有七情六欲，有牢骚脾气，不可能遇事完全做到心平气和，泰然自若。但我们不可以把自己放到和学生一样的心理层次，要尽量调控好自己的情绪，不做情绪的奴隶，不把不良情绪带到教育教学中，以良好的心态做好我们的教育。

【现身说法】

夜的精灵四处游荡，俏皮的笑话让我班的男生寝室闹翻了天。

"话说有个湖南人到北京出差，到商场去买'皮箍'（高压锅的皮垫圈）。他走到商场的炊具柜台，一位漂亮的北京姑娘直冲他微笑。他高兴地望了望姑娘，用半普通话半湖南话问道：'妹子，你有皮箍卖吗？'北京姑娘一听，不由得脸一红，立即收敛了笑容并怒目圆睁地骂道：'买屁股，流氓！'原来北京姑娘把'皮箍'听成了'屁股'。湖南人光注视着柜台里大大小小的皮垫圈，根本没注意到姑娘的脸色，反而笑嘻嘻地对姑娘说：'六毛，便宜。'并用手比画着一个大圆圈，'我要大一点的。'北京姑娘越听越恼火，脚一跺：'你这畜生，谁卖屁股，滚！滚！'湖南人猛听得姑娘怒骂，不由得也来了火，用湖南话回敬道：'买皮箍要查出身？我贫农出身，买皮箍又犯了么子法？'……"晚就寝铃响过，"幽默王子"柳青还在兴致勃勃地讲述着"皮箍与屁股"的笑话。滑稽的内容加上他阴阳怪气的语调，不时赢得满堂喝彩。

"又是他。"我把手电筒的光射过去，想要制止闹剧的继续上演。"照你××（脏话）。"柳青兴犹未尽地骂了一声，寝室中传出低低的笑声。绝大多数学生发现了是我在查夜，都替柳青暗暗地捏着一把冷汗。"三天不打，上房掀瓦。"还真是应了这句老话,如今竟然发展到辱骂老师。那一刻,我只觉得一股热血直冲脑门,心口剧烈地跳动着,紧握的拳头发出"咔吧"的声响。是可忍,孰不可忍!猛地,"壶小易热,量小易怒"的俗语在我的心头闪现。作为班主任,动辄发脾气、动肝火,这是胸襟狭隘、气量太小的表现。一个襟怀坦荡的人是决不会为区区小事而随意发火的,尤其在处理与学生的纠纷时,班主任更要时刻注意调控自己的情绪,隐忍而行。

在教育战线苦心"经营"了十多年,我何尝没有处理这类事情的经验。

以前的一次周末班级集体大扫除,我端着一盆脏水准备到教室外泼掉。这时,一名从教室外倒垃圾回来的学生迎头撞在我的身上,我躲闪不及,脏水泼了我一脸一身。当时的狼狈相现在想来都忍俊不禁。那个冒失的学生见此情景,仿佛被谁施了定身法,呆呆地站在原地,半天迈不动脚步。"呀!"有学生发出了一声惊叫,几乎同时,教室里无数双眼睛射向我们俩。这个洋相出得可大了,这一新闻瞬间将传遍校园的角角落落,作为班主任,我以后在学生们面前怎么抬得起头来?我本想发火,但教室里这么多双眼睛盯着,愤怒的火焰只会彻底烧毁我在学生们面前的形象。"在你叫喊之前,先忍耐几秒钟。"教育家赞可夫的话在我耳边回响。我揩干净身上的污水,故作轻松地笑笑,自我解嘲地说:"行星撞地球,多么惊险的一幕。"肇事的学生"扑哧"一笑,本来紧张的气氛一下子轻松起来。学生们也为我的幽默、大度报以热烈的掌声。谁没有冒失的时候呢?班主任为什么就不能原谅学生的一个小小失误呢?理智地调控自己的情绪,不让愤怒之火肆意蔓延,破坏和谐的师生关系,也是班主任必要的一项修炼。

班主任是身心健全的成年人,是受过良好教育的专业人才,如果把自己放到和学生一样的心理层次,连最基本的情绪都不能控制好,学生一旦有了一点冒犯或出格就气冲牛斗、大发雷霆,又怎么能让学生心悦诚服地接受教育呢?

短短十几秒钟,学生们肯定想不到我的内心已经历了一番如此翻天覆地的洗礼,都噤若寒蝉地等待着我的狂风暴雨。我硬生生地将心头升起的那股怒火压了下去，平静地说："时间不早了，有什么笑话、逸闻，留待天亮再说吧。"说罢，我轻手轻脚地走出了寝室。不久，寝室中响起了均匀的鼾声。

第二天早自习，我把柳青叫到办公室。尽管我态度和蔼、语气温存，但他已然胆战心惊、心存戒意。

"柳青，想不到你……"我故意停顿了一下。瞬间，他的脸色变了，全身瑟瑟缩缩地抖个不停。看着他可怜的模样，一丝怜惜之情陡然在我的心底升起："笑话讲得这么好。不是老师表扬你，你还真是一块说相声的料呢。有这方面的兴趣吗？课余时间培养培养这方面的特长，说不定将来真会成为一位笑星呢。"见我丝毫不像有意与他为难，他的神态自然起来。

"不过，讲笑话也要看看时间和地点。熄灯铃响过几分钟了，你还在寝室里大呼小叫，既影响了班级组织纪律，又耽误了同学们就寝休息的时间。"我话锋一转，婉言批评他的过失。"我向您道歉，老师。""你肯定为昨晚的那句话后悔了吧？"他不好意思地点点头。"不过你也不必太在意，吸取教训不再犯就可以了。都高二的小伙子了，说话要讲文明。""我改，我一定改！"柳青面红耳赤，连声保证。"你也不必太自责，在老师的眼中，你永远是一个听话的学生，年轻人喜欢调节一下生活的气氛无可厚非，但要注意场合和尺度。"

此后，在紧张的学习之余，我常叫他为同学们说段笑话，他幽默的段子在班级里反响极好。

【专家点评】

班主任最需要的就是善于调控自己的情绪。班主任的情绪直接关系着师生关系的优劣、直接影响着班级管理的质量，更决定着班主任个人工作的幸福指数。

实践证明，生气是拿别人的错误来惩罚自己，冲动往往以愚蠢开始，以后悔结束。教师用愤怒、粗暴、恶劣的情绪，不可能真正维护自己的威信和尊严，反而会使师生关系更加恶化，引发学生更大的抵触、挑衅和鄙视。切记，生气时不教育，教育时靠智慧。学会控制自己的情绪是做好班主任工作的一个重要前提。

"没有调查就没有发言权。"对待学生的错误，班主任切忌主观臆断、处事武断，应深入调查，查明原因，对症下药。无论怎样，班主任都必须明确：我们面对的是"人"，而不是单纯的"事"；我们的目的是促进人的发展，而不是单纯地解决"事"；如果因"事"毁了人，那就成了教育的悲哀。一名优秀的班主任应该是一个情绪调控高手。他既不会情绪激动、浮躁冒进，也不会情绪消极、悲观失望；他永远怀着饱满的精神和对教育无比的钟爱与虔诚，行走在追求梦想的征途。

有良好的情绪才能有良好的教育。愿所有的班主任都能理智地调控自己的情绪，让良好的情绪成为教育学生的最有力的"武器"。

点子50　情感体验法——"100元"疑案

【方法解读】

古语云:"知耻近乎勇。"又云:"无羞恶之心,非人也。"羞耻之心是人类特有的社会情感,是人类道德认识和情感结合的产物。在教育中,让"问题学生"自主体验这一情感,往往能促使他们痛改前非。

【现身说法】

还记得11年前的那场捐赠活动,那个像我一样"好心办错事"的学生。

下午自习课时,学生张丽泪眼婆娑地走进了我的办公室:"老师,我用来交生活费的100元钱不见了。"又是"100元"。100元在当今社会说多也不多,但对一个农村学生而言,却是半学期的餐费。

"怎么丢的?"我问道。

"我把钱放在书包里,准备下午放学时交。不想……"张丽呜咽道。

"可有同学翻过你的书包?"我进一步问。

"有同学说看见吕伟在我的座位上坐过,可我没有亲眼看见。"张丽大放悲声。

"你不要急,老师一定会将情况调查清楚的。"我安慰道。

我的思绪不由得又回到了上午班里那火热的捐赠现场。

5·12汶川大地震是21世纪人类历史上的又一大自然灾难,灾情牵动了无数善良群众的心。我们学校大多数学生家境贫困,但灾难发生后,"一方有难,八方支援"的口号霎时成为凝聚全体师生捐赠热情的一句无形指令。"我捐5元""我捐3元""我捐8元""我捐5角"……钱虽不多,但拳拳之心,彰显人性光辉,同学们在奉献爱心的同时,灵魂也得到了洗涤和升华。我为学生们踊跃的捐赠热情而深深感动着。

"我捐100元。"好似平静的湖面投下了一枚石子,突然拔高的捐赠数字,在同学们的心中荡起了阵阵涟漪,随即,一张百元大钞"砸"在捐赠桌上。"天呐!多牛的捐赠!"有同学情不自禁地发出高声的感叹。"够气魄,够血性。"我在心底也默默地感叹着。抬眼望去,只见这捐赠者竟是本班平时最"牛"的违纪者吕伟。"他今天是怎么了?"我心里"咯噔"一下。几乎同时,我又为自己的想法感到惭愧。"哎,人是变化的嘛。"我没有深究。

"这两个100元之间会不会存在某种关联呢?"我希望不是,但事情又如此巧合,偏偏又有同学看见吕伟在张丽的座位上坐过,难道……我决定将事情调查个水落石出。

说不定,这些骨子里存在着济危救困之心的孩子会犯和我当年一样的错误呢。我的思绪在往昔岁月的波涛中翻滚。

那是个"学雷锋,当三好"活动异常火爆的年月,班级里好人好事层出不穷,助人为乐、拾金不昧者时有耳闻。看着同学们一个个受到老师表扬的得意劲儿,我急红了眼:"这好人好事咋就认生呢?偏偏没有我的份?"我于是天天希望有同学丢东西、出现意外困难,可这一切偏偏从来就没有发生过。"有了。"有一天,我突然脑瓜开了窍:"家中的箱子里不是藏着5元钱吗?"5元钱,在现在看来不算什么,可在当年的农村,它大约相当于100个鸡蛋、10斤牛肉、3只老母鸡……更何况是在那个物资极为匮乏的年月。"捡到"而又上交的5元钱让我在同学们面前狠狠地风光了两天。大概是无人认领的缘故吧,那天,班主任把我叫进他的办公室追问钱的来历:"在什么地方捡到的?""教室里。"我嗫嚅道。"那应该是本班同学丢失的,怎么就不见人认领呢?""也许……也许……"我语无伦次了。"不过,你的这一行为是值得大家学习的。我还会将你拾金不昧的行为告诉你的父母。""千万别……"在班主任刨根究底的追问下,我只得袒露了实情……

"就这样办吧。"想到自己的经历,我心里有了主意。

放学后,吕伟被我叫进了办公室:"这几天我一直为你无私而血性的捐赠行为所感动,请原谅老师以前批评你时某些过激的言行。我知道你家境并不富裕，就是每学期的生活费，你的父母都要大费周折。即便如此，你却能节衣缩食，支援灾区。老师为有你这样的学生而自豪，我决定将你的捐赠事迹上报学校予以表扬。"这时，我发现吕伟欣喜的神色下隐含着羞愧。"不仅如此，我还将向你的父母了解情况，了解你平时是怎样一分一分地积攒这份爱心的。""不能这样。"吕伟条件反射似的说。一提他的父母，他的脸色霎时变得惨白。我知道"父母"这个关键词击中了他的要害。我故意奇怪地问道："这是好事呀，你成了捐赠模范，父母该为你感到高兴才是呀。他们该不会责怪你捐赠得太多了吧？老师相信你的父母对灾区人民也是满怀同情的。""千万别……"吕伟近乎哀求似的说。"到底是什么原因呢？"我不紧不慢地追问道。"因为，因为……"他的额头沁出了细密的汗珠。"难道另有隐情？"我进一步启发他。"老师，求求您，求求您不要把这件事告诉我的父母，也不要告诉同学们，好吗？"羞愧感让他不得不向我吐露实情。我理解地点点头。

果然不出所料。原来，眼看今天班级的捐赠活动就要举行，可自己却身无分文，他急得像热锅上的蚂蚁。"怎么办？"他一遍又一遍地在心底暗暗念叨。"有了。"他突然灵机一动，计上心来："张丽的书包中不是有……"这可是他今天上学时无意中听到的消息。"就这么办。"他很高兴自己竟然这么机灵。但百元大钞攥在手中，他又有点心虚。他本想少拿一点的，无奈就只有这么一张，他把心一横："无毒不丈夫，赌一把吧。"于是……哎，一个多么可气又可笑的孩子。

孩子的心永远有着对光明的向往，即使犯了错，也总有某种天真的原因。我抚摸着他的头，对他终于说了真话的行为以及为灾区人民尽一份心意的热情进行了表扬，同时对他只顾彰显自己的捐赠热情却无视自己的人格修养与同学的痛苦的行为进行了批评。他流着泪，羞愧地低下了头。"就这么处理吧。"他好似等待判决的囚徒，可怜兮兮地躬身听命。"你捐赠给灾区人民的钱就由老师垫上，那100元钱就退回给张丽。我希望这件事成为我们两人之间永久的秘密。老师垫上，也很正常，你不必心怀感激，捐赠灾区人民,是每个中国人都义不容辞的责任。你捐我捐,意义都一样。但我希望你能从这件事上吸取教训,虽然你的动机是好的,但你的行为是不可取的。以后,不要再犯类似的错误。"

夏日暖暖的夕阳透过窗玻璃照射在他的脸上,一抹天真的微笑灿烂地开放了。望着他走进夕阳中的影子,一种强烈的幸福感涌上我的心头,育人的感觉真好。

【专家点评】

情感教育是一种立足于人的教育,是塑造完美人格、提升人生境界的不可或缺的手段。要使学生形成积极健康的情感体验必须依靠教育来完成。

特级教师李吉林说过:"近一个世纪以来,中国的教育只注重认识,忽略情感,学校成为单一传授知识的场所,导致了教育的狭隘性、封闭性,影响了人的素养的全面提高,尤其是情感意志及创造性的培养和发展。"在提倡核心素养教育的今天,如何引导学生树立健康的情感意志,确实是摆在每一名教育工作者面前的不可推卸的责任。

在案例中,学生吕伟怀抱着助人为乐、济困助贫的美好心愿,但他所采取的方式方法欠妥。为了给地震灾区人民捐款,本来无钱的他将手伸向了带钱交生活费的同学。面对这一棘手问题,班主任及时对学生实施了情感体验法,让羞耻的情感在学生的心底升腾。同时,班主任又肯定了学生人性中美好的一面,给学生留足了面子。让学生在如此悔恨交加、感激涕零的情感熔炉中锤炼,定能锻造出优秀的未来建设者。

第六章
应急技巧

"不是锤的打击，而是水的载歌载舞，才使鹅卵石臻于完美。"教育者的应急智慧，当如灵动的水。

——章首语

- 教育机智是教师面对复杂而微妙的教育情境表现出来的迅速、准确、灵活、恰当地进行行动的能力，是建立在一定的教育科学理论和教育实践基础上的教育经验的升华，是教育科学理论和教育实践经验熔铸的合金。
- 教育家乌申斯基说过："不论教育者怎样地研究教育学理论，如果他没有教育机智，他就不可能成为一个优良的教育实践者。"同样，班主任如果没有教育机智，他就不可能成为一个优良的班主任。
- 沉着冷静、理智自控是运用教育机智的先决条件。
- 灵活机智、当机立断是运用教育机智的必然要求。
- 公平民主、秉公办事是运用教育机智的有效策略和基本原则。

点子51 反弹琵琶法——挖掘犯错孩子的闪光点

【方法解读】

对犯错学生的教育,"正弹琵琶"虽然中规中矩,但"弹"得多了,容易让人产生厌烦与抵触情绪,还不如走出思维定式,来一招"反弹琵琶"——充分肯定和表扬犯错学生的长处,让学生心理失衡、自我反省、改正过错。

【现身说法】

反弹琵琶是敦煌艺术中最优美的舞姿,它劲健而舒展,迅疾而和谐,又奏乐又跳舞,把高超的弹奏技艺、绝妙的舞蹈本领优雅迷人地集中展现出来。它喻指突破常规的思维和行为,从反面看问题,与常规做法对着干。在教育中恰当运用这一方法,常能取得意想不到的效果。

语文课上,我正在讲解美国作家狄斯尼的作品《勇气》。文章讲的是第二次世界大战期间一个美国伞兵在诺曼底登陆战役中两次被一名法国妇女救助的感人故事。突然,讲台下传出了一个声音:"老师,什么是勇气?"我循声望去,见提问的是班级里的"调皮大王"牛伦。这家伙从不肯认真听一堂课,刚才他提出的这个问题我在本堂课讲解得很清楚,但即便是上课不认真,能当堂提问也是不小的进步,于是我将这一问题的答案复述了一次。

对于我的讲解,他好像并没有认真地听,只是摸了摸后脑勺,嬉皮笑脸地追问道:"老师,您看我是不是一个有勇气的人?"说罢,大家都被他的怪声怪气逗乐了。摆明了,他积极提问是假,哗众取宠、扰乱课堂纪律是真。如果我继续跟他纠缠不清,正好上了他的当。我不再理会他,整顿了课堂纪律接着授课。

课后,我把他叫进了办公室,他一副满不在乎的模样。多年的调皮捣蛋使他对老师的教育已形成了条件反射,事先早做好了迎接"狂轰滥炸"的思想准备。此时此地,作为班主任,即便是口吐莲花,也未必能使他认识到自己的错误。"正弹琵琶"、巧言说服,无异于隔靴搔痒、对牛弹琴。不如试一试这招"反弹琵琶"吧,说不定能起到意想不到的效果。

我一改往日找他谈话时严厉而冷峻的模样,挪过一张椅子,和颜悦色地请他坐下,说:"老师将你单独请来,就是为了解答你在课堂上提出的问题。"也许是习惯成自然,听惯了老师的呵斥与怒责,陡然传来温言细语,他似乎有点不太适应。只见他一惊一愣,不太相信似的在那张椅子上坐下,那副"百毒不侵"的模样依然在脸上显现,果然不是一盏省油的灯。

"你能在课堂上积极提问,这是追求进步的表现,老师很高兴。据老师的了解,你虽说算不上一个顶有勇气的人,但你也向大家展示过过人的勇气。"我在他的头上加上一顶"高帽"。他露出疑惑的神色,一时搞不清我的葫芦里到底卖的是什么药。

"那次体育课,有同学在操场上练习投掷标枪,锐利的标枪裹着一股劲风飞了出去。突然,一名同学不小心闯进了标枪投掷区,一边的同学发出声声尖叫,你当时正好在一旁踢球,不顾自身安危,以无比快捷的速度推开吓愣了的同学,这才避免了一场重大事故的发生。这难道不算有勇气的表现?"我以无比激动而赞叹的语气真诚地回顾着他那"闪光的一瞬"。想不到,平时"刀枪不入"的牛伦,在我这一顶"高帽"前竟丧失了抵抗力。再也看不见他平时那大大咧咧的模样,他兴奋得两眼放光,红了脸,看样子正在回味当时那激动人心的一幕。

看来"戴高帽"的教育效果远胜于"大棒政策",既然他戴着舒服,我就决定给他再戴上一顶,让他彻底消除对我的戒备心理,乐于听取我的批评教育。

"去年冬天,放学回家的路上,因为天气寒冷,一个低年级的同学由于不小心,从结了冰的桥面上滑入了桥下的深水河中,一个鲜活的生命顷刻之间就要面临灭顶之灾。一旁的同学束手无策,吓得大哭。危急时刻,你恰好从桥上经过，顾不上脱掉身上的衣裤，纵身跳入冰冷的河水中，拼尽全力将落水同学救出水面。据说，当时你爬上岸来，冷得浑身直打哆嗦，连嘴唇都冻紫了。你的这个光荣事迹在学校广播站还热播过好一阵子呢，同学们谁不佩服你舍己救人的英勇壮举？这难道不算是有勇气的表现？"说到他最引以为豪的救人壮举，牛伦的脸上露出一丝得意的神色。孩子嘛，喜欢在人前张扬自然在所难免，更何况现在面对的是班主任的"一顶大大的高帽"。他更想不到，在我的心目中，他竟然还是一个大大的英雄。

"当然，'金无足赤，人无完人'，每个人都不可避免地存在着这方面、那方面的缺点、错误。我相信你也不会介意老师当面指出你的不足。"我见形势大好，话锋一转，由"戴高帽"转入"婉言批评"。"老师，我犯的错误太多了，我诚恳接受您的批评教育。"他的态度果然来了个180°的大转弯，前后判若两人。我进一步确信了这招"反弹琵琶"的神奇功效。

"你敢于在课堂上向老师质疑问难，这确实勇气可嘉。但你的这点勇气又怎能与课文中美国伞兵、法国妇女的勇气相提并论呢？那是一种由于对和平的渴望和对战争的痛恨而激发的信仰和勇气，是人类最高尚的道德情感。课堂上耍小聪明、搞小动作、哗众取宠，这怎能算是有勇气的表现呢？这只能算是一个人浅薄、无知的明证。你救人于危难之间的勇气跟课堂上的表现完全是两码事，老师相信你能明辨是非。"我诚恳而客观地对他进行了评价，字字句句，饱含着温情，我不相信他不会被感化。一抹羞愧的神色在他的脸上浮现出来："老师，我为自己今天在课堂上的表现向您深深地道歉。往后，我一定改！"

在接下来的日子里，牛伦果然像变了个人一样，再难得出现扰乱课堂纪律的现象了。

【专家点评】

马克思说过:"教育绝非单纯的文化传递。教育之为教育,正是在于它是一种人格心灵的'唤醒',这是教育的核心所在。"

"反弹琵琶",能引起犯错学生的心理反差与失衡。学生犯错后,心理比较脆弱,甚至会产生自卑、受挫、戒备、恐惧和对立的消极情绪。班主任的"反弹琵琶"会使学生感到自己虽然犯了错,但老师并没有轻视自己、厌弃自己。这时候,班主任的鼓励与赏识,定会让学生深受感动,从而真心悔悟、痛改前非。

"反弹琵琶"需要班主任态度真诚。冷嘲热讽、打击挖苦,极易让学生产生敌对情绪,从而使师生关系恶化。班主任真诚的态度与情感能让学生切实感受到自己不是在接受批评,而是在接受一位长者的善意劝告,从而幡然醒悟。

"反弹琵琶"需要班主任具备高超的批评技巧。学生是可塑的,即使是容易犯错的孩子,班主任也要充分挖掘学生身上隐含的积极因素与闪光点,哪怕非常细小,都要积极利用,以此为契机,打开学生的心门。

点子52　良性惩戒法——难忘的松木板子

【方法解读】

班级良性惩戒是一种以爱为基础，以学生生理和心理特点为底线，以法律法规为准绳，以更好地帮助受教育者健康发展、有效遏止不良行为蔓延为目标的一种教育方式。

【现身说法】

严四先生是我们地方的名人。五十多岁的年纪，高高瘦瘦的个子，瘦削而冷峻的脸上镶嵌着一双锐利的眼睛，似乎能窥破你心中的一切秘密。受过他教育的学生没有不敬畏他的。几年前，我也有幸受过他的教育。与他相处的点点滴滴大都已成过眼云烟，唯有那顿松木板子至今仍萦绕在我的脑海，挥之不去。

课堂上，严四先生正抑扬顿挫地朗读着俄国作家普希金的诗句"假如生活欺骗了你……"，听着他那略带沙哑的嗓音，我突发奇想：糟老头，你不是明察秋毫吗？今天我就骗骗你，让你也尝尝被骗的滋味。正是金秋时节，窗外桂花的清香不时飘进课堂，让人心里痒痒的，恼人的蝉鸣更让人烦躁，我何不叫上同桌，到教学楼后的阴凉处下几盘棋，那该多惬意呀！"哎哟……"我从座位上站起来，揉着肚子，哭丧着脸。可怜严四先生正饱含感情读得起劲，这时不得不停下来，透过厚厚的眼镜片用不太相信的目光盯着我。"哎哟……"我生怕形迹败露，引起他的怀疑，故意将声音加大了分贝。你不是很精明吗？我就不相信你面对"生病"的学生，竟会不管不顾。我逼真的表演终于起了作用，他皱着眉头，关切地问道："哪里不舒服？""老师，我肚子痛，想去上厕所。"我见"鱼儿"上钩，马上"收竿"。"你去吧。"严先生手一挥，向我示意。"老师，让我陪他走一趟吧。"同桌阿懒不失时机地自告奋勇。严先生点点头,默许了他的请求。

走出教室的我们,就像两只飞出牢笼的鸽子,兴奋地跑到教学楼后的草地上,摊开棋盘厮杀起来。整天坐在教室里读书,怎如在这里下棋逍遥快活?时间一分一秒地过去,我俩你一来我一往,正杀得硝烟四起。突然,身边传来低低的咳嗽声,我们循声望去,吓得半天说不出话来。不知什么时候,严先生已站在棋盘前观阵来了,我们怎么就没有发现呢?一切尽在不言中,我们也识趣地跟随严先生走进了他的办公室。孙悟空还是跳不出如来佛的手掌心,"姜还是老的辣",既然已栽在他的手里,那也只有任凭宰割了。我俩站在那里,像两根榆木桩子,全身僵直。严先生对问题生处罚之严厉,无人不知。"先谈谈说谎的动机。"冰冷的话语中没有丝毫的暖意。坦白从宽,抗拒从严,这是他一向的处事风格。我们知道假言狡辩只能是欲盖弥彰,只得乖乖招供了自己的"阴谋"。"胆子不小,竟敢跟老师耍小心眼儿,你们还嫩了点。我的规矩,想必你们还不太清楚。"一把松木板子已被他揣在手里,我俩惊恐万分。唉,早知今日,何必当初呢!

严先生吩咐我们背对背分别俯在身边的椅背上,我们面面相觑,这顿松木板子,逃是逃不过的了,只有听天由命。"你们都把眼睛闭上,待我一个一个地抽打。"严先生高举起手中的松木板子,面无表情地说。我俩心惊胆战地趴在椅背上,就像两只任人宰割的羔羊。"啪"的一声,严厉的惩罚开始了。唉,可怜的阿懒,你咋就这么倒霉呢?坏主意是我出的,你可以说是受害者,要挨打也应该是我首当其冲,可他偏偏要从你开刀。"啪",阿懒的屁股又遭了更为凌厉的一击。我的脑子里不由得闪现出阿懒皮开肉绽的屁股,全身冷汗冒个不停。哎,我怎么那么愚蠢呢,好好的课不上,要去下什么象棋!真是害人又害己呀。几乎同时,我与阿懒都发出了撕心裂肺的哭叫,我的哭叫是由于恐惧与同情,想来阿懒的哭叫是由于"严刑拷打"吧。严老头,你也太无人性了!走到教学楼后下几盘棋就犯得着用这种"严刑峻法"吗?"啪",又是夹着"呼呼"风声的一击。我的神经终于崩溃了。糟老头,要寻仇也要看清对象呀,你就冲着我来好了,大不了是个皮开肉绽。"你不要打阿懒了吧,都是我害了他,要打就打我吧!"我受不了这种良心折磨,终于喊了出来。几乎同时,我与阿懒都睁开了眼,可怜巴巴地对望了一眼。怎么,阿懒还没有被打晕?阿懒红着脸,不太相信似的说:"你说什么?他打的是你呀。""是我?"我摸摸自己的屁股,根本就没有挨过板子。疑惑中,我们看见严先生正用手中的板子,奋力地抽打着自己的座椅,发出骇人的"啪啪"声。哦,原来如此!

这顿松木板子,自始至终,我没有挨过一板,但在求学的岁月里,它却好像时时在我的心上击打,催我猛省,促我奋进。老师,当时您怎不狠狠地抽我几板子,以至于如今我的心中总满怀对您的愧疚之情呢?

(改写自:[美] 兰妮·麦克穆林《难忘的体罚》)

【专家点评】

美国教育家和儿童学家詹姆斯·多布森说过:"许多人犯罪,正是教师从未严格要求学生、制止学生的不良行为、教会学生控制自己冲动的结果。"他主张可以适当地对学生进行良性惩戒。

文中的严四先生可算是运用良性惩戒的典范。他故意造势,拿出打屁股的松木板子,让学生趴在椅背上,闭上眼睛,产生要挨板子的错觉。当凌厉的抽打声响起,两名学生都认为对方挨了打,当他俩哭叫着睁开眼,看清事情的真相时犹如遭了电击。老师哪里是在打学生,他打的是自己的座椅,他抽打的更是自己那颗"恨铁不成钢"的心。在整个教育过程中,老师没有一句说教的话语,但给学生心灵造成的震撼效应却强似千言万语。

"良性惩戒"需遵循心理学、教育学的规律和指导思想及学生的发育特点,并且采取社会大众能够理解和接受的方式。如按约惩罚,惩罚的方式、手段和力度,经由学生或家长委员会讨论通过,排除教师施罚的随意性和专制性。按约惩罚,即教师按规则实施惩罚,惩罚实际上变成了一种契约,这样的惩罚,学生也乐于接受。

点子53　巧唱双簧法——我与臭鞋那场风花雪月的故事

【方法解读】

说到双簧呀，可有意思了。它需要一个人在前面表演，另一个人在后面说台词。从远处一看，跟一个人似的。这就需要两人的表演配合得非常默契，要不然双簧就不叫双簧了。在教育中，通过巧唱双簧来解决班级老大难问题，常有不可思议的效果。

【现身说法】

"哎呀呀，真臭得让人恶心，这是哪些人的臭球鞋，堆在教室的角落里也不刷洗？再不来人认领，可要丢垃圾堆了。"卫生委员郭玲玲用棍子挑着一只臭鞋，捂着鼻子，扯着嗓子在教室里叫喊。那只被她挑起的臭鞋瞬间变成了"明星"，吸引了全班同学的目光。有同学走上前来，用探究的目光审视着这见惯不怪的臭鞋，一时搞不清这位"仁兄"今日为何竟如此风光。

臭鞋，又是这该死的臭鞋！作为班主任，我在班上说过多少次，同学们为此提过多少意见，却总不见好转。哎，问题说大不大，但在学生中反响却格外强烈，尤其是女生。微风吹拂的阳春三月，春风总爱唤醒沉睡在教室角落里的臭鞋的"余香"，飘进人的鼻孔，酸酸臭臭的味道真叫人恶心。反正，只要有清风光顾本班教室，教室里一定会乱成一锅粥，学生们真是苦不堪言。刚才本班卫生委员拉开的向臭鞋开火的序幕，就是秉承了本班主任的"旨意"，她的几位"配角"这时也不失时机地登台"表演"了。

"与臭鞋居，久而不闻其臭，即与之化矣。郭委员，不要发这么大的脾气嘛！这么长时间还不习惯如此美妙的臭味，你本人可要好好反思反思了。同学们请欣赏本女侠'视臭如归'嗅臭鞋。"说着，她当真将鼻子往那只挑起的臭鞋上嗅，台下，有女生赶紧捂住了鼻子。这位"视臭如归"的"女侠"

即本班的班长唐鸣凤。她果真如此勇气可嘉吗？同学们拭目以待。就在鼻子快要接触臭鞋的一瞬，猛见她"哇"的一声，从讲台上败下阵来。臭鞋的杀伤力果然名不虚传，连班上的"女侠"都抵挡不住它臭烘烘的进攻。

"得饶人处且饶人吧，我们只是隔三岔五地嗅嗅臭鞋的美味，想想这几双臭鞋的主人，哪像我们这样避之唯恐不及，他们对臭鞋可是感情很深的。不时要将漂亮的双脚伸进臭鞋之内与之亲吻，鞋与脚的生死恋真是惊心动魄。下面请欣赏'我与臭鞋那场风花雪月的故事'。""幽默张"（学生们给本班笑星张笑起的外号）一开口，台下笑倒一大群。只见"幽默张"伸出"三寸金莲"，当着全班同学的面晃了一晃，毅然也要追寻与臭鞋的生死恋。看来，劝阻是来不及了。谁知，正当全班同学等待着那惊心动魄的时刻来临时，"幽默张"脚底下抹油——开溜了。一场闹剧又在哄笑声中收了场。

"男生也有男生的苦楚呀，打小没做过家务。洗衣、刷鞋这类生活琐事，以前在家都有老妈代劳，如今在校寄宿，老妈也是鞭长莫及呀。让我们为我们班几名可怜的男生洒一掬同情的泪水吧。""好好先生"刘丽又在和稀泥了……

你方唱罢我登场，围绕着这只臭鞋，全班深揭狠批，几名臭鞋的拥有者脸上一阵红一阵白，只是作声不得。半晌，大概是受不了这种羞辱，终于有人不打自招了。"不就是几双没洗的球鞋吗，值得如此兴师动众、大惊小怪吗？""邋遢王子"A终于接过了点燃很久的导火线。在他的眼中，错的不是他们几个乱放臭鞋的"王子"，而是众人肚量太小。"说得轻巧，你倒不以为意，可苦了同学们了。整天在这种臭烘烘的环境中学习，谁受得了？你们几人嗅觉不灵，也不能叫全班同学跟着你们受罪呀！"郭玲玲得理不饶人。"邋遢王子"A自知理亏，顿时哑口无言。

"因为几双球鞋闹得鸡飞狗跳的，至于吗？赶明儿我们刷干净就是。""邋遢王子"B出来救场了。"'事事待明日，万事成蹉跎。'每次同学们向你们提意见，你们都用明日来敷衍，你们自己回忆一下，已经说过多少次明日了？"快嘴王珊及时提醒。

"'本是同根生，相煎何太急？'都是同班同学，还望各位先生、小姐高抬贵手，对我们几个篮球爱好者网开一面。说句实在话，我们一天天实在太忙了。又要读书，又要打球，真是分身乏术呀。""邋遢王子"C低声下气地向众人求情，只差给大家下跪了。"难怪没时间刷鞋，想不到你们一天天竟这样忙，这么说都是同学们错怪你们了？鲁迅先生说过：'时间就像海绵里的水，只要愿挤，总还是有的。'我就不信，你们一天天忙得如此焦头烂额，连刷一双鞋子的时间都没有。"纪律委员王小丫的时间账算得挺分明。

"不是我们不想刷，确实是这记性太差。一放学，球场就在向我们招手。哪还记得要刷球鞋呢？""邋遢王子"D双手抱拳，向全班同学请求原谅。"记性差，这好办，此后就由本卫生委员按时提醒各位清洗球鞋，到时你们可要买账哟！""一定一定，有劳小姐操心了。""你们既然买账，今天马上将这几双球鞋提到水龙头底下洗刷干净。"可怜几位"邋遢王子"一个个愁眉苦脸地提溜着臭球鞋乖乖地向水龙头的方向跑去。水龙头边响起了欢快的刷鞋声。全班欢声雷动，庆祝对臭鞋的战争取得了阶段性的胜利。

第二天上课，我一走进教室就看见教室的一角摆放着一个崭新的小纸箱，上面赫然写着："鞋箱"。我满教室嗅嗅，高兴地说："习惯了难闻的臭味，如今它悄然离去，当真还有点不习惯呢。"全班爆发出一阵开心的笑声。

（改写自：吉瑞香《半透明情感世界》）

【专家点评】

双簧风趣幽默，矛盾冲突集中，能够让人在轻松愉快的氛围中得到艺术的享受与教益，是一种人民群众喜闻乐见的艺术表现形式。在班级管理中巧用双簧这一艺术，能在轻松愉悦的气氛中化解班级的矛盾与纠纷。

在教育教学中，死板的说教、枯燥的方法，常使学生心生厌烦。因此，有些班主任不免牢骚满腹："现在的学生越来越难教了。"此话当真？未必如此吧。荀子在《劝学》一文中说："登高而招，臂非加长也，而见者远；顺风而呼,声非加疾也,而闻者彰。假舆马者,非利足也,而致千里;假舟楫者,非能水也,而绝江河。君子生非异也,善假于物也。"教无常法,教无定法。班主任在教育中只有熟练驾驭各种多变的教育方法与艺术,才能真正达到武侠小说中所描绘的绝世高手"摘叶飞花,皆可伤人"的高深莫测的境界。巧唱双簧法只是生动的表演艺术在教育上运用的范例之一。

臭鞋问题是困扰班级多时的一个老大难问题,万般无奈之下,班主任只好密授机宜于卫生委员及其他班委成员。先由卫生委员揭示矛盾,担当主要"演员"——相当于双簧中的"前脸儿",再由其他成员帮腔——相当于双簧中的"后背",在班级成员的轮番轰炸之下,"邋遢王子"们自然只有招架之功,而无还手之力,乖乖地听从了卫生委员的安排。"臭鞋战役"取得了决定性的胜利。

纵观整个事件处理的全过程,我们不难发现,班主任始终没有露面。只是当事情尘埃落定时,他才做了一个总结性的说明,师生们在皆大欢喜中收拾了一盘"残局"。让受教育者在善意而友好的气氛中舒心地检点自己的言行、接受批评和建议,不失为一种巧妙的育人艺术。

点子54　以退为进法——退一步海阔天空

【方法解读】

退是进的阶梯与手段。在教育中，班主任的善退、巧退彰显着育人的智慧，既化解了"问题学生"心中残留的桀骜不驯，实现了学生情感态度的回归，又紧紧地把握了矛盾处理的主动权。退，不是无原则、无理性的全线"撤防"，而是绕一个弯，尽量避免与学生的面对面冲突，以更妥当的方式实现对"问题学生"的教育转化。

【现身说法】

习武之人都知道，伸直的拳头是没有杀伤力的，只有将伸直的拳头缩回去再打出，才能克敌制胜。班主任的教育艺术亦是如此，当师生情绪对立时，班主任适度的退让是实现对学生教育转化的必要前提。

"我不服！"对于我的耐心教导，学生李明根本不买账，"您总是批评我学习不认真，考试不及格，可您自己又怎么样呢？这次中文本科自考不是照样没有及格。"场面一下子陷入尴尬。李明说的是实情，我不由得暗暗自责。哎，五十多岁的人了，记性越来越差。可残酷的自考却并不会因你年岁大而网开一面。是《古代文学史》吧，为这门功课我可没少费心思，虽说不上挑灯夜战、日夜苦读，但确实也下了不少的功夫。结果怎么样呢？一分之差，59分，给了我当头一棒。如今被学生抓住了把柄，当作回敬自己的有力武器，真是有苦难言。

面对李明挑衅式的语言，我一时竟找不到回击的话语，教育陷入了两难境地。情急之下，我不由得想起汉武帝时宰相公孙弘机智应对大臣汲黯无中生有的毁谤的一则逸事。

汉代公孙弘年轻时家境贫寒，后来贵为宰相，但生活上依然十分俭朴，吃饭只有一个荤菜，几个素菜，睡觉只盖普通棉被。大臣汲黯却看不惯他的这种做法，向汉武帝参了一本，批评他位列三公，有相当可观的俸禄，却故意摆出一副穷酸相，不过是沽名钓誉、骗取俭朴清廉的美名。汉武帝于是问公孙弘："汲黯说的都是事实吗？"公孙弘答道："汲黯说的一点也没错。满朝大臣中，他与我交情最好，也最了解我，今天他当着众人的面指责我，正是切中了我的要害。我位列三公却只盖普通棉被，生活水准和普通百姓一样，确实是故意装作清廉以沽名钓誉。如果不是汲黯忠心耿耿，陛下怎么能听到对我的这种批评呢？"汉武帝听了公孙弘的这一番话，反倒觉得他为人谦让，更加尊重他了。

面对汲黯的指责和汉武帝的追问，公孙弘一句都没有辩解，并全部承认，这是何等的智慧，何等的胸襟。当时的情势，无论他怎样辩解，别人都不会相信他。而对莫须有的事情不加辩解，以一副"清者自清，浊者自浊"的姿态自居，耐心地等待事情的水落石出，反倒能赢得别人的信任与尊重。一个人有了错并不可怕，主动承认，人家会认为你品格高尚、值得信赖。而一个品格高尚的人，即使有错，又能错到哪里去呢？

教育者对"问题学生"的转化艺术亦应如此。面对不谙世事的学生的胡搅蛮缠，班主任不可能与之针锋相对。在无伤大雅的小事上，不驳斥、不压制是理智的忍让。而在大是大非的原则和立场问题上不屈从、不迁就，则是理智的清醒。

理清了思绪，我知道自己该怎样应答了。我呵呵一笑，自我解嘲地说："想不到你小道消息挺灵的，我的一切你都了如指掌，我挺佩服你的。这次我是有门功课没有及格，我自己也后悔不迭呢。全怪我平时放松了对自己的要求，以至于自食苦果。但老师不像你，老师年岁大了，记性差，你也看见过，临考前两个月，我没日没夜地苦读，就算一分之差吧，老师是情有可原呀。你呢？你平时努力了吗？你真的做到了问心无愧吗？"面对我一连串的反问，李明惭愧地低下了头。

面对学生的不服气，作为班主任，我并没有大发雷霆，而是主动承认自己学习上的不足，说明原因，为接下来对学生的说服教育做好了铺垫，从而取得了意料中的良好效果。其实，在无伤大雅的情况下，适当让步是一种智慧的体现，是一个人宽阔心胸的明证。

教育是一门复杂的艺术。以退让的姿态作为进取的阶梯，退是一种表面现象。由于班主任在形式上采取了退让，学生在班主任的退让中得到了心理上的满足，不仅在思想上放松了戒备，而且作为回报，学生也心悦诚服地接受了班主任善意的点化。一记妙招，既化解了横亘在师生之间的尴尬，又实现了"问题学生"的转化，作为班主任，何乐而不为呢？

【专家点评】

有一年，在比利时某画廊内发生了这样一件事：

美国画商看上了印度人带来的三幅画，总标价是250美元（按实时汇率，约为1800人民币）。画商不愿出此价钱，于是唇枪舌剑，谁也不肯退让，谈判陷入了僵局。印度人大为恼火，当着美国人的面，怒气冲冲地烧毁了其中一幅画，美国人看到这么好的画被烧毁了，感到十分惋惜。他问印度人剩下的两幅画愿卖多少钱，回答还是250美元。美国画商见印度人毫不松口，又拒绝了这一价格。印度人把心一横，又烧掉了一幅画，美国画商只好乞求他千万别再烧毁最后一幅画。当他询问印度人愿卖多少时，卖者答道："最后一幅画能与三幅画是一样的价钱吗？"结果，这位印度人的最后一幅画竟以600美元（按实时汇率，约为4200人民币）的价格拍板成交。

当时，市场上其他画的价格都在100～150美元（按实时汇率，约为700～1000人民币），印度人的画竟卖了如此的高价，完全得益于他采取以退为进的策略。美国人喜欢收藏名画，前两幅已经烧毁，剩下的一幅自然"物以稀为贵"。所以说，要成功地运用以退为进的策略必须充分把握对手的心态，做到自己心里有底，这样，才能紧紧地掌握问题的主动权，"制人而不受制于人"。

以退为进法在短时间内看起来己方似乎暂时屈居劣势，但退是为进做铺垫的，往往能起到后发制人的神奇效果，让对手彻底丧失抵抗力，乖乖地听从己方的意见与建议。同理，在教育中，当师生之间的矛盾和冲突不可避免时，教师灵活运用这一技巧也能化解师生矛盾，起到振聋发聩的教育效果。

点子55　托物寓意法——智断蛐蛐案

【方法解读】

"托物寓意"本指在构思文章时，抓住事物的本质特征，展开联想和想象，托物寄意，由此及彼、由表及里地深入挖掘事物本身所包含的意蕴。该方法在教育中的运用就是让某一外物成为班主任对"问题学生"进行教育转化的假定对象，进而由此及彼、由表及里地深入挖掘学生的灵魂，以达到言有尽而意无穷的教育转化效果。

【现身说法】

高二体育专业班的麻烦事可真不少。午休时，我正在办公室里备课，体育委员急匆匆地跑来告诉我："李京和王勇两人在操场上打起来了。"我急忙赶到事发现场，制止了这起"关公战秦琼"。说实话，体育专业的学生精力旺盛、活泼好动，争勇斗狠之事在所难免。面对这种突发事件，班主任一定要冷静分析情况，妥善处理。

两人被我"请"进了办公室，彼此仍怒目相向。我强压怒火，不愠不火地问道："到底是怎么回事？"我决定以教师的平和来化解他们彼此之间的仇视。"他的'油葫芦'斗不过我的'黑头将军'，他耍赖，不肯认输。"李京得"理"不让人。"谁让你不守比赛规则，说好了派那只'大棺头'上场，你却偏要用那只'黑头将军'。"王勇更是气不打一处来。什么"油葫芦""大棺头""黑头将军"？听得我一头雾水。原来，北方人有斗蛐蛐的爱好。每当白露、秋分、寒露时节，正是北方人斗蛐蛐的高峰期，所谓"勇战三秋"即说此。我是南方人，初来乍到，自然不了解当地人这一爱好，也无从知道蛐蛐还有这么多种类。听了他们的解释，我不禁又好气又好笑，都是高二的半大小伙子了，还有心思玩这种游戏！难道每天紧张的训练及学习生活还不足以消磨掉他们那过剩的精力？

该怎样才能化解这对"冤家"之间的矛盾呢？我陷入了深深的思索。严厉的批评无异于火上浇油，只能增强他们的逆反心理，古板的说教也难以让他们口服心服。情急之下，黑脸包公的形象浮现在我的脑海中。包公一生断案无数，其巧妙机智让人信服。从包公智断铜钱案即可见一斑。聪明的包拯不审人却审铜钱，最终使案情大白。我何不"东施效颦"，审审这几只蛐蛐，说不定会有意想不到的效果呢！我让他们找来了那几只蛐蛐，放在办公桌上，我决定首先从这几只蛐蛐开刀。

"是它们吧？"两人点点头。"既然你们俩谁也没错，肯定是错在这几只蛐蛐身上了，让我替你们讨回公道。"这回该他们一头雾水了，两人带着疑问，相互对视了一眼，一时不知我葫芦里卖的是什么药。"几只蛐蛐听好了，"我将"醒木"（其实是一块黑板刷）在桌子上重重地一拍，威严地开始了对几只蛐蛐的审讯，"你们这些家伙，不学无术，每天无所事事，只喜争勇斗狠。平日里只要一见面，定要斗个你死我活，这又何必呢！即使彼此之间有什么冤仇，像这样冤冤相报也不是办法。俗话说'多个朋友多条路，多个冤家多堵墙'，你们每天生活在火药味之中，难道不觉得累吗？"

明眼人一听心里就明白，我用的这招"托物寓意法"言在此而意在彼。表面上指责蛐蛐的"小肚鸡肠"，实际上是痛斥两名学生的不务正业、好勇斗狠。他们也老大不小了，当面撕破脸皮严厉责备，多少有点让他们挂不住面子，还不如"指桑骂槐"让他们羞愧难当。我冷眼瞧去，果不出所料，他们早已惭愧地低下了头。见他们似有悔改之意，我乘胜追击："人贵有自知之明，你们平日打打闹闹，这是浅薄与浮躁的表现，打闹中流失了多少美好时光，耽误了多少青春年华。'本是同根生，相煎何太急？'再怎么说你们也是同类呀！你们就不能相互忍让一二？'忍一时风平浪静'，忍，不是软弱的表现，而是胸襟宽广的明证。忍，是给别人以台阶，也是给自己以机会。些许小事，真的值得你们大动干戈、互伤和气吗？"我不紧不慢地责备着这几只蛐蛐，愧疚却进一步在两人的脸上显现。是啊，本是同门"师兄弟",低头不见抬头见,又何必彼此斤斤计较、针锋相对呢!

一不做,二不休。我决定继续深入,让他们充分认识到问题的严重性:"人生不再少,一日难再晨。时光不等人呀!要比,就在工作中比、学习中比。比一比谁的进步快,比一比谁的道德风尚高。比谁的力气大、谁的叫声高、谁更穷凶极恶,这有什么意思呢?以力服人怎如以德服人?"说到此处,我更加情绪高昂:"你们自己争斗也就罢了,为什么还要挑起我两名学生的'战斗'呢?让他们从此以后形同陌路、相互仇视?更可恶的是你们让他们小小年纪就玩物丧志,在人生的关键时刻迷失方向,你们该当何罪?我宣布,鉴于你们的罪大恶极,我判你们'五马分尸'。"说到愤怒处,我将"醒木"往桌子上再次重重地一拍,一副公平断案的模样。

看着我滑稽的表演和一本正经的模样,两人忍不住"扑哧"一声笑了起来。"度尽劫波兄弟在,相逢一笑泯恩仇。"我吟诵着鲁迅的诗句,将两只手握在了一起。他们也不好意思地笑了,为自己的无知和冲动表达了深深的歉意……

【专家点评】

特级教师张万祥说过:"班主任工作是一首美丽的诗歌,一首让你百读不厌、百品不腻的教育诗。我们应该力求使班主任工作成为一种艺术的事业。"一位优秀的班主任就是一位优秀的艺术家。

面对学生争勇斗狠的教育难题,空洞的说教无异于"对牛弹琴"、隔靴搔痒。关键时刻,包公智断铜钱案给班主任带来了深深的启迪。于是,他选择对引发学生争斗的"罪魁祸首"——几只蛐蛐进行"审讯"。在"审讯"中,他明是劝导蛐蛐,暗则规劝学生。

在上述案例中,班主任的表演技巧炉火纯青。提审蛐蛐,让学生耳目一新,在心理上并没有排斥老师的教育;而一块小小的黑板刷竟成了老师手中一个不可多得的道具,"醒木"一拍俨然县太爷升堂,架子十足,不由得让学生心底暗自窃笑,这样一来就拉近了师生的距离。审到激动处,再一拍"醒木"宣布对蛐蛐的"判决"。滑稽的表演让学生忍俊不禁,他们竟然笑出声来。此时,学生不仅充分认识到自己错误的严重性,思想意识也有所改观。对于班主任的"度尽劫波兄弟在,相逢一笑泯恩仇",他们自然也不难接受了。

《孙子兵法》有云:"兵者,诡道也。"由此类比,班主任对学生的教育艺术也应该巧借外物,奇招迭起。

点子56　圈内暗示法——麻雀信使

【方法解读】

如果班主任能够深入地把握学生的心态,以"圈内人的口吻"暗示性地提出教育要求,那么学生会感到真实可信,从而产生安全感、认同感,并乐意接受班主任的要求。

【现身说法】

每每看见在人家屋檐下或田间地头飞来飞去、忙于觅食的麻雀,我总会回想起几年前阿巴尼他们几个人训练麻雀当信使的有趣往事。

阿巴尼、安德海、鲁克是我的学生,他们都是一个村的,那一年,他们正读小学三年级。冬天,我发现他们三人像约好了似的,上课都心不在焉,课堂作业敷衍塞责,家庭作业经常拖欠。找他们谈心,他们守口如瓶,一个个都变成了闷葫芦,好像事先就有了什么约定。不能让孩子们就此自暴自弃,丧失了人生的理想,我决定撬开"闷葫芦"的秘密。

周末,我踏着乡村田间地头薄薄的积雪,一路往三人住的村子里赶。冬日的野外颇有几分寒意,黑头鸦在光秃秃的树梢"哇啦哇啦"地呼朋唤友,大概已耐不住缺食的凄苦;臃肿的斑鸠不时地飞起又飞落,希望能在这寒冷的原野上搜寻到意外的收获;一队队的野麻雀俨然是广袤原野的主力军,"呼"地落在这边,"呼"地又飞往那边;有些懒散的家雀干脆躲在人家的屋檐底下,在房前屋后偷食。这么冷的天,加之马上就要期中考试,三个小家伙应该在家里复习呢,我边走边想。

在路的一个拐角处,我与阿巴尼迎头撞上了。"老师!"他抬起头,惊慌失措地跟我打招呼,沿着墙角就想溜走。"到哪儿去?阿巴尼。"我看他神情怪怪的,好像有什么事,马上叫住了他。"我……我到家里去呀,老师。"阿巴尼边说边眨巴着狡黠的黑眼珠。

阿巴尼的家我去过，与他所走的方向刚好相反，他惊慌失措的样子也提醒了我，他在说谎。"不对吧，阿巴尼，你好像'南辕北辙'了吧？"我话语不重却掷地有声。阿巴尼窘得半响无语，低着头，单等我的训斥。"周末你有自由活动的自由，告诉老师你真正要去的地方吧，老师是不会责罚你的。"我安慰他。

"我打算到安德海家去，我们经常在一起写作业，这样有什么不懂的问题也好相互探讨。"阿巴尼一副诚惶诚恐的模样。

"真是太巧了，我正要到他家去，我们一块儿走吧。"我原本想先上阿巴尼家的，见他这样，也就临时改变了主意。

七八分钟的路程一眨眼就到了。安德海家的院子空落落的，飞跑出来迎接我的是一个七八岁大的小男孩。"安德海在家吗？我是他的班主任。""他出去了。""他出去干什么去了？"我进一步追问。"他是和鲁克一起走的，走之前他警告过我，千万不能告诉大人们他们的行踪，否则，他说回家要给我'好果子'吃。"小家伙无可奈何地答复我。"他们如果知道是班主任来找，一定不会责罚你的，你就放心好了。"我替他壮胆。

我发现阿巴尼暗暗地朝小家伙皱眉头、打手势，意思再明显不过了。似乎是我的话起了作用，小家伙全无顾忌，竹筒倒豆子似的一股脑儿全招供了："他们总说我吵吵闹闹地惊飞了麻雀，所以不让我去。他们有一个竹筛，那东西真神，想看看吗？""当然想看啦。"想不到小家伙竟然这样热情。"我这就去拿。"小家伙边说边往屋里走去。

"他们到底干什么去了？"我问阿巴尼。阿巴尼起初支支吾吾，但见我一脸的认真，知道事情彻底败露了，只得从实招来："他们到野外捉麻雀去了。""捉麻雀干什么？"我疑惑不解。"本来我们说好一起去的，可上午我帮阿妈捡拾柴火耽误了时间，他们等不及先走了。我们捉麻雀是用来训练当信使的。"

"麻雀也能送信？"我不由得一头雾水。只听说过飞鸽传书，我可从没听说过麻雀传书。"您不懂的,小麻雀可机灵了,我们家的谷子藏在柜子里,有时忘了关柜门,它们不知怎的也能探听到消息。要它送信应该没问题的,我们正在抓紧时间训练。"说到麻雀传书,阿巴尼一脸的得意。

"哦,这倒挺有意思的。你们是怎么训练的?"小家伙们的奇思异想勾起了我的兴趣。"我们抓住小麻雀后,先把它放在安德海家喂养一周,再把它带到我家去,隔两天不让它吃东西。再在它的腿上绑上小纸条,把它放了,它就会飞回安德海家寻找食物,这样不就能传送书信了吗?"

"成功了没有?""就差那么一点。有一次一只麻雀带着纸条飞到了安德海家的墙头,要不是他家那条大黄狗堵着,我们就成功了呢。"阿巴尼一脸的兴奋。"后来呢?""后来再没有成功过,也许是因为我们抓的是有雏鸟的鸟妈妈,我们现在改抓没雏鸟的了。""想不到你还是个抓麻雀的高手,现场表演表演吧。"我向他提出了请求。"好哇。"阿巴尼马上找来了抓麻雀的工具。

阿巴尼用一根很长的绳子系在一根木棍上,木棍上顶着一个竹筛子。他在木棍周围撒上一些谷粒,再将大把的谷粒撒在竹筛下面,我们牵着绳子走进了里屋,从里屋的门缝向外窥探。一会儿,一只羽毛蓬松的麻雀出现在院子的墙头上,它紧张地四处张望,"叽叽喳喳"地叫了几声,见没什么反应,便倏地飞进了院子,落在竹筛边,"笃笃"地啄食着谷粒,很快就钻进了阿巴尼为它准备的"陷阱"。阿巴尼一拉绳子,竹筛"啪"的一声罩上了,我们跑出来,我轻轻掀开竹筛一角,小心翼翼地抓住了竹筛下惊魂未定的、颤抖着的小麻雀。想不到这孩子捉麻雀还真有一套办法。

"期中考试复习得怎样?"我终于问出了最让他担心的一句话,阿巴尼一脸难为情的模样。也难怪,这家伙近段时间一颗心全让麻雀给俘虏了,哪有心思复习功课呢?"老师,我错了,我不该因为抓麻雀而耽误了学习。""老师并不是说课后不能有其他的爱好,而是说任何爱好都应有一个限度,应适可而止。"我暗暗地点拨他,阿巴尼惭愧地低下了头,他知错了。

我又找来一张纸片,写下几行字,把它系在麻雀的腿上,再将麻雀塞进鸟笼，放在床底下，与阿巴尼一道离开了安德海家。

接下来的故事是我后来从阿巴尼那里听来的。

安德海与鲁克回家后，他们急忙从床底下找出鸟笼。"信使回来了，快来看。"安德海激动极了。"我早说过麻雀能充当信使的，其他人就是不信。"鲁克得意忘形了。他们迫不及待地扯下麻雀腿上的纸卷，结果一不小心，小麻雀从鲁克的手心挣脱，"扑棱"一声飞到屋外的墙头上去了。

两个小脑袋凑近纸条，只见上面清楚地写着："安德海、鲁克小朋友：你们的班主任让我提醒你们，马上就要期中考试了，你们却还有心思训练我们麻雀当信使，这是本末倒置的做法。我们麻雀生来就不是当信使的料，我们只会在草丛中跳舞，在灌木丛中歌唱，在田间地头捉虫子、捡拾谷粒和麦穗，你们就不要操这份闲心了吧。这封信既是我们麻雀家族传送的第一封信，也是最后一封信。"

他们课余时间还捉不捉麻雀当信使我不知道，但从他们后来的表现看起来，他们应该与麻雀"绝交"了——上课思想集中了，课堂作业工整了，家庭作业也能按时完成了。现在他们都在高一级的学校继续就读呢。

(改写自：[罗] 森廷布里亚努《邮差》)

【专家点评】

圈内暗示是一种特殊的信息传递方式，能够在无对抗性情绪的条件下，对人的认知、情感、意志以及行为产生影响。它避免了直来直去、开门见山的做法，以旁敲侧击的方式，使学生在无意识状态下接受教育信息，容易被学生（尤其是青春期有逆反心理的学生）心领神会。正确运用圈内暗示，能够让学生在不知不觉中调整自己的情感、语言和行动，从而收到润物无声的教育效果。

离开了教师与家长的监控与督导，在学生自由支配的世界里，某些学生身上的劣根性就会表露无遗。有学生迷上了网络，有学生沉迷于电子游戏，有学生迷上了言情小说，有学生爱上了动画短片，有学生三五成群沉醉于某些低级无聊的游戏或活动不听劝导……这种苗头一旦出现，教师又有所察觉，就必须采取果断而有力的措施及时加以教育转化，圈内暗示法就重在对学生的督促与引导。

圈内暗示涉及人类的思想、感情、行为等方方面面，重在发掘人类的种种优点，引导人们进入全新的世界，创造新的可能性，激发新的动力，为加速成功进程打下基础。

如今，圈内暗示法是很多交流和转变方法的核心。不论是建立和谐友善的人际关系，还是改变某种陋习，创造绚烂的未来，圈内暗示都在发挥着不为人知的作用。不过，如何在教育中有效地运用圈内暗示，还是一个很大的挑战。

点子57 反向阻止法——"雕塑"认错记

【方法解读】

一个教师的胸怀有多大,你给学生的空间就有多大。很多时候,从内心深处接纳一个学生,往往是所有教育的基础。

【现身说法】

那一年,因为年轻,学校安排我担任八年级三班的班主任。"新官上任三把火",对班级工作,我满怀热情。可就在我雄心勃勃,准备对班级原来的"钉子户"实施"整改"之际,麻烦却不期而至。

那堂课,我见班级的后进生排头兵黎玉似乎心情不错,就有意甩了一个比较容易的问题给他:"'我做过一个好梦,我们种的水稻,像高粱那么高,穗子像扫把那么长,颗粒像花生米那么大。几个朋友就坐在稻穗下面乘凉。'这句话是我国一位著名的杂交水稻专家说的,他发明的杂交水稻,被人称为中国继'四大发明'后对人类的第五大贡献,这位科学家就是我们上堂课提到的谁呢?"我笑吟吟地提问道。对初中生来说,这类问题就好比小学课本里的1加1等于多少一样简单,就算平时再不读书的学生,也能毫不含糊地脱口而出。我相信黎玉对我的主动示好,定会投桃报李。我静静地等待着他从口中说出那三个字来,然后,我再当着全班同学的面,给他戴上一顶高帽,以便收服他。

时间在等待中慢慢溜走了。黎玉坐在座位上,犹如一尊雕塑,屁股挪都没挪。没听说他耳朵有毛病呀,是不是刚才他分神了,没听清楚呢?我于是加大了分贝,把问题重复了一遍。他还是神情木然,一动不动。同桌吕贵看不下去了,用胳膊肘撞他,以示提醒。众目睽睽之下,他总算站起来了,但依然犹如泥塑、木雕,头望天花板,一副目空一切的姿态,对我的提问理都没理。"黎玉同学,请你回答刚才的提问。"我终于等不及了,主动出击。我就不信,面对我这个初来乍到的班主任的一番诚意,他竟然拉得下脸。

"我耳聋,听不见。"他振振有词。教室里传出低低的窃笑,是幸灾乐祸的窃笑。几乎同时,我分明看见,黎玉平时的几个"死党"一个个挤眉弄眼、扬扬得意,那神情比捡了个金元宝还开心。"他们这是故意刁难。"我猛然醒悟。难怪前任班主任将班级交接给我时,一副如释重负的模样。看来我必须耐心地打一场持久战,掌握主导权,我暗暗提醒自己。

"耳朵有毛病?只怪老师不了解实情。有请吕贵同学为他复述一遍问题。"我不急不躁,给他留足了面子。不想,他依旧尊口难开。我又接二连三地找了几个嗓门大的学生重复问题,他依旧置若罔闻。人的忍耐是有限的,更何况当年的我血气方刚、脾气火暴。我于是大声喝道:"耳朵有毛病,干吗不进特殊学校深造?为何在教室里听天书?"这一次,他倒听得很清楚,气冲牛斗地接了腔:"为何侮辱我的人格?"教室里顿时有了一股浓浓的火药味,全班静悄悄的,都在等着一幕好戏的上演。

关键时刻,教育家魏书生的一席话猛然在我的耳边回响:"人在发脾气、愤怒时,是智能较低下的时候,往往做出愚蠢的判断和荒唐的决定。要做好工作,为了集体,为了国家,也是为了学生,更是为了自己,必须控制自己的情绪,少发或不发脾气。""冰冻三尺,非一日之寒",后进生的转化是一个长期的过程,欲速则不达。在课堂上跟学生闹得脸红脖子粗,作为班主任,岂不令自己在学生面前威风扫地?何况我跟学生针锋相对,顺着学生的思维让事态发展下去,岂不正好落入学生事先设计好的陷阱?既然"正向阻止"会为事态的发展推波助澜,我何不巧借教育中现存的"反向阻止法"来化解这场尴尬的师生情绪对立呢?我硬生生地强压住那股即将喷发的心头怒火。

"我为自己刚才的话向黎玉同学道歉,作为你们的班主任,我确实应该注意自己的言行。这个问题不会回答也就算了,且留做课后的思考题。"我话锋一转,结束了这场毫无意义的师生意气之争。教室里响起了经久不息的掌声,为我豁达的态度,也为我诚恳的话语。

课后,黎玉走进了我的办公室,他是向我负荆请罪来了。"老师,对不起,我们误解了您。我们原以为您也会像原来的班主任一样,初来乍到就设计一个个地收拾我们。"他不好意思地低下头去。"老师也有不对的地方,我确实不该出口伤人。"我也诚恳地自我检讨。"不过,今天老师对你原本没有丝毫恶意。师生之间重在理解、尊重,有什么意见、建议,你尽可以当面说出,老师绝不会小肚鸡肠。只要我们班级所有成员劲往一处使,心往一道想,就绝对能建设好自己的班级,让别人刮目相看。你有这样的信心吗?"我拍拍他的肩膀,亲热地说。"有!"无数响亮的声音齐声回应道。我一愣,原来我可爱的学生们正齐刷刷地站在我办公室的窗外,偷听我俩的对话多时了。

【专家点评】

苏霍姆林斯基说过:"在我们创造性的教育活动中,对'后进生'的转变工作是最难啃的硬骨头之一。"面对师生间的矛盾和冲突,班主任若拿捏不准,仓促上阵,很容易造成师生矛盾升级。教育的目的不能达到,师生的情感又添了一道深深的鸿沟,真应慎之又慎。

青少年的心理是敏感而变幻莫测的,不同年龄段的学生有不同的特点。面对偶发的师生冲突,教师不是圣人,不能洞悉一切,也不能事先做好谋划。因此,根据事发的实际情况,在方法和技巧上做出适当的调整就显得格外重要。

批评教育不等于指责、怒骂、气势汹汹、赶尽杀绝。班主任应把批评的出发点建立在对学生真诚、友善、尊重、同情的基础上,把批评的目标定位于以后的改进和发展。切忌想当然,以己之心度学生之腹,目标不明、方法不清就糊里糊涂地向学生开火。

班主任应尽量避免与学生的正面交锋,当学生对教师的教育形成强烈的逆反心理时,班主任不妨暂且忍耐,甚至赞同学生的某些做法,走向学生心理定式的反面。意外的一击往往能使学生封闭的心理产生漏洞,逐渐改变并欣然接受教育。

点子58 差别强化法——手之罚

【方法解读】

差别强化法也被称为 WDEP 模式法,是基于威廉格拉斯的现实疗法而提出的,该模式非常适合于改变学生的不良行为。WDEP 模式中的 W (Want) 代表愿望,D (Doing) 代表行为,E (Evaluate) 代表评价,P (Plan) 代表计划。通过 WDEP 模式,我们能引导学生制订针对不良行为的"行为改变计划",从而实现对学生不良行为的逐步转变。

【现身说法】

我班胖子乔治那双爱多事的手差点让我没了辙,且让我先截取他那双手犯下的几桩劣迹以示读者。

劣迹一:数学课上,学生甲正聚精会神地做着课堂作业,不料同桌乔治故意将胳膊肘一撞,甲整洁的作业本上立即出现了一道长长的印痕,就像一个人标致的脸上突然被划了一道明显的口子。甲勃然大怒,欲挥拳相向,多亏数学老师及时救场,才避免了一场热闹的"大战"。

劣迹二:课间休息时间,老实憨厚的学生乙正在低头寻找下堂课的教材,乔治走过来,出手就是一招"降龙十八掌"中的"亢龙有悔",打得乙眼冒金星,额头重重地撞在了课桌上。真是欺人太甚,乙愤怒至极,站起来恶狠狠地回敬一招"黑虎掏心",不料乔治早嘻嘻哈哈地逃得无影无踪了。

劣迹三:下午自由活动时间,书法爱好者学生丙正襟危坐地练习毛笔字,写累了,放下笔歇一歇,乔治忙不失时机地走过去讨好道:"哦,书法家呀,这字写得真帅,就像你的人一样。哥们儿,借笔一用,让我也苦练几招。"学生丙舒心地听着乔治的恭维,点头同意了他的请求。不料可恶的乔治毛笔在手,立马往丙的脸上画去,丙立即成了货真价实的"黑脸包公"。

于是一场千米赛跑瞬间在校园里展开,据目击者说,那才叫精彩呢,两人棋逢对手,都差点打破了校运动会纪录。

"乔治,长此以往终究不是个办法,老师不可能成为你的'跟屁虫',同学们也不可能永远是你的'出气包'。对于你的这种不良行为,老师我是爱莫能助了。就当帮老师和同学们一个忙,你想个法子管管自己的手吧。"我一副无可奈何的模样令乔治无语。

"要不这样,你看好不好?"我以商量的语气说道,"给你一个弹力球吧,每当你离开座位时,你必须得带上它,用以提醒自己不要去招惹别人。同时,你也可借助于挤压弹力球来释放身上多余的能量。对,就采取这招'手之罚'的办法吧,让你控制住自己的那双手。"

我于是向他示范如何在表格上记录自己的行为。每次在他离开并返回座位的过程中,如果没有出手招惹别人,自己就在表格上记上一个加号,如果没有做到,就在表格上记上一个减号。如果累计获得了3个加号而减号没有连续超过2个,那么他就能赢得10分钟的自由听歌时间(他有个MP3,自习课时总喜欢挂在耳边听听)。

我把一张小表格贴在他的桌子上,告诉他按照我说的方法做好记录,并且在前几天每当他表现好的时候,我就会用"竖大拇指"或者"互相击掌"的手势表扬他。

他第一次离开座位时,双手紧握着弹力球,那份紧张劲儿就好像是一个正在高空表演走钢丝的杂技演员。看着他滑稽的模样,我忍俊不禁。他艰难地迈动着脚步,眼睛却在搜寻着前方的目标。哟,好家伙,张三跟李四,正在座位上玩锤子剪刀布"猜猜猜"游戏呢。这两个家伙看见他过来,怪声怪气地说:"哟,乔大侠、乔帮主驾到,小的们还不接驾?""哟,乔帮主,你不是契丹人吗,怎能号召中原武林群雄呢?你这帮主之位,我看就……""哈哈哈,哈哈哈……"接着是一群人得意的嘲笑。"有仇不报……"他不由得怒目圆睁,欲走上前去好好教训教训这两个不知天高地厚的家伙。猛然间,他瞥见了手里的弹力球,不由得泄了气:"便宜了这两个家伙,要不是跟老师……哼，有你们的好果子吃。"他咽一口唾沫，愤愤不平地昂着头闯过了这道关口。当他"安全"地返回座位时，心中似乎还有一丝愤懑。这也难怪，令江湖人士闻风丧胆的"乔大帮主"现身江湖，竟然空手而归，岂非怪事？我感到又好气又好笑，急忙走上前去安慰他："表现不错嘛，假以时日，说不定真能与昨日告别呢。"这话还真灵，他一扫愤懑之气，得意地看看我，提笔在表格上画了一个大大的加号。

都说"万事开头难""开弓没有回头箭"，可我们的乔治却是"万事保持难""开弓照样有回头箭"。这不，才第二遭，他就"原形毕露"了。

下课铃又响了，不动不安生的他自然要走出教室去呼吸呼吸新鲜空气。只见他两手握着弹力球，很滑稽地挪动了脚步。"一不留神"，狠狠地"碰上"了正在画画的苏三。"哎哟，谁呀？"苏三一声惊叫，画笔跟纸早掉到地上去了。他抬头看见是乔治，就像见了"瘟神"一般。就这样，两人你一言我一语地吵了起来，互不相让。"算了吧，你们。"眼看再不制止，事态将进一步恶化，我不得不出面了。

"你看这次应该在表格上记上哪个符号？"在他的座位边，我提醒道。"可我没错呀。要不是他……"他狡辩道。"我不是要你记录究竟是谁的错，我是要你记录你是否'碰上'了别人。"我不着他的道。"这不公平。"他继续抵赖。"请先记上你应得的减号，然后我们再来探讨该如何避免这类事情的发生。"我不带任何感情色彩地说。他抵赖不过，只好乖乖地在表格上画上一个减号。

后来的几天，他渐渐学会了独立记录自己的行为而不再需要我的提醒了，他得到的加号远远多于减号。在他连续获得几次奖励之后，我们将奖励的标准提高到一行中有4个加号，然后是5个加号。后来，他主动向我提出："老师，现在我走路不再需要握着弹力球了。"再后来，他彻底改正了爱动手动脚的毛病。当然，我这套"手之罚"的策略也宣告完成了它的历史使命。

【专家点评】

学生的不良行为是在长时间里形成的,因此,行为的转变及进步的过程会非常缓慢。传统的强制性的行为改变方法,教师实施起来往往感到心有余而力不足。这时,作为教师,你不妨想想以往的做法是否取得了良好的成效。如果以往效果不佳,何不借鉴一些更新颖、更有效的办法呢?

差别强化法就是这样一套转化"问题学生"的行之有效的方法。

差别强化就是运用行为强化和行为消失的原理,提高正性行为出现率,降低负性行为出现率的行为程序。本质上,它是一种条件反射的心理机制,会使人不自觉地按一定方式行动或下意识地接受一定的意见或信念。

它一般有七个程序:①定义积极行为;②定义消极行为;③确定强化物;④即时不断强化积极行为(行为强化);⑤消除对消极行为的强化(行为消失);⑥利用间歇性强化和自然强化物维持积极行为;⑦泛化计划。

在使用差别强化法时,教师应牢记:惩罚从来就不是教育的真正目的,转化才是教育的终极目标。

点子59　心灵对话法——与厌学孩子的心灵对话

【方法解读】

苏霍姆林斯基说过:"教育,首先是关怀备至地、深思熟虑地、小心翼翼地去触及幼小的心灵。在这里,谁有耐心和细心,谁就能取得成功。"师生的交流应该是情感的交流、心灵的交流。让我们用爱心、耐心、细心的"心灵对话",扣动学生的心弦,演奏出教育最和谐的音调。

【现身说法】

一、发现问题,理智提醒

数学课上,我正在认真地讲解着一元二次方程的解法,学生们一个个听得很仔细、很认真,唯有他——小杉,将头俯在课桌上,睡着了,口水流出老长,鼾声如雷,将好好的课堂搅得不成样子。又是他!气头上的我很想立马把他撵出教室,狠狠地整治整治。但理智告诉我:作为班主任,这样做虽然出了心头的一股闷气,却无疑是在将学生彻底推入厌学的深渊。我于是边讲课,边悄悄走到小杉身边,示意他的同桌小玉摇醒了他。

二、初次交锋,挖掘病因

办公室里,小杉神情木然地站在我的对面,一副无所谓的样子。摆明了,这孩子厌学不是一天两天了,面对老师的批评教育,他已经练就了"金刚不坏"之身。一般的痛斥和说教已经没有多大的作用了。怎么办?我决定放缓态度,与孩子深入交流。

"我已经关注你一段时间了,发现你有一个不太好的习惯。老师上课,你萎靡不振,但一下课,你就好像变了一个人似的,生龙活虎,精神极了,到底是什么原因?"我态度和善地说出了心中的疑虑。

原以为被叫进办公室会受我一顿狠剋,他低沉着头,做好了迎接狂风暴雨的准备。不想耳边陡然传来和风细雨,他不相信似的抬起头来,戒备森严的脸上露出了一丝不易察觉的笑容。我知道,我友善的态度赢得了他心灵的认同,这孩子有救。

小杉迟疑片刻,说出了自己内心的真实想法:"老师,我现在对上课没有一点兴趣。要我读书,我宁愿变一头牛去拉犁……"

听着孩子沉重的话语,我一时手足无措。读书在他的心目中竟然变成了这样一件苦差事,绝不是三言两语就能转变的,我决定继续深入挖掘他厌学背后的深层次原因。

通过与他的深入交谈,我了解到他形成这一不良学习心态主要有以下几个诱因。

其一是他的快乐观存在问题,他认为一天到晚不学习,自由地疯玩就是最快乐的事,学习完全是一项负担。其二是他对数学课有厌烦情绪。读小学时,有一次他感冒了,身体不舒服,在课堂上打瞌睡,数学老师不问缘由,对他一顿深揭狠批。自此,他将数学老师当作眼中的"仇人",数学老师一上课,他就头痛,在课堂上打呼噜也就不足为奇了。其三是他的家庭教育出了问题。小杉的父母对他要求很严格,家里就他一个孩子,父母对他的期望值很高,从小学开始,父母就一直陪他做家庭作业。做错了,父母着急得不得了,经常骂他说:"你这个样子读书,以后哪里考得上好学校?考不上好学校就找不到好工作,长大后喝西北风。"说着说着劈手就是一顿猛打,这样,他看见家庭作业就头疼,自然也就没半点学习的兴趣了。

三、积极干预,激发兴趣

教育的症结找到了,我心里有底了,我的转变策略也继之而出。

我有事没事总会找一些机会与他交流,这些机会一般都存在于非正式的场合。这种看似随意的交流,慢慢地打消了他的顾虑。一次,我们在放学的路上肩并肩走着，我谎称上街有事，跟他同路，他很高兴有我这个伴。

我装出不经意的样子问他："听说你们这个年纪的学生喜欢到网吧里待着，上网成瘾是不是享受？"他认真地回答："不算。""怎么不算？如果不是享受，你看现在的网吧生意多红火，好多青少年背着家长、老师去上网，打不听，骂不听，正是因为其中有足够快乐的感受。但作为读书的学生，这样的享受却会玩物丧志、祸害终身，我们还是不要的好。"他点点头，赞同了我的观点。

"我再问你一个问题，赌博算不算享受？"他又很认真地回答："不算，这个是犯罪，是国家法律不允许的。""怎么不算？你看现在社会上的闲散人等，有事没事总喜欢聚在一起赌个高兴、痛快。但这样的享受我可不敢恭维，我常常是将教书育人当作自己的享受。从这样平凡的工作中，我体验到了收获的喜悦，看着学生们的成长，我心里乐开了花。"听着我的解说，他默默地点头表示赞成。

"我还有一个疑问，上课不听课，打呼噜、睡大觉算不算享受？"我引出谈话的主题。他嗫嚅着说："这是一种错误的享受观。""为什么呢？"我明知故问。"虽然这种感受真的很舒服，但从另一个角度来说，不用心听课会受到良心的谴责，觉得对不起父母和老师，也对不起自己。"他意识到我说话的用意了，不好意思地回答道。"我觉得你近段时间进步不小哟，懂得很多大道理了嘛！我真心希望你能自我强化正确的人生观、苦乐观，正确地享受人生。"听着我的开导，他豁然开朗。

我知道，小杉厌学心态的形成与我的教学方式也不无关系。我的课堂太压抑、太沉闷。像小杉这样的厌学生，找不到学习的乐趣，找不到成功的喜悦，在我的课堂上变成"局外人"也就不足为奇了。

领悟到这一点，我开始自己的教学方式变革。我尽量将学习的乐趣带入课堂，营造欢快的教学环境；我强迫自己慢慢隐身到讲台背后，充分挖掘学生课堂上的参与热情，师生互动也多起来了……一段时间下来，我发现，小杉在课堂上的表现越来越积极，他渐渐领悟到了学习的快乐。

四、家校协作，共谱新曲

那天，我到小杉家家访，他父母很高兴我的到来，随之向我大倒苦水。说孩子学习如何不用功，成绩如何差，他们如何为他的前途担忧，等等。我打断了他们的倾诉，真诚地说："我今天是来向你们报喜的。自从他转学来我们班就读，他的学习态度越来越好，成绩也在节节攀升。我觉得小杉其实是个挺聪明的孩子，作为家长，我们应该更多地发自内心地赞美他，多激励，少批评、责怪，让他不断体会到成功带来的喜悦，树立起他的自信心。"我的开导赢得了他父母的真心认同，他们表示以后一定转变自己的教育方式，好好配合学校的工作。

自此，我发现小杉像变了一个人似的。学习兴趣一天天浓厚起来，他的脸上时时荡漾着开心的笑容。为了防止他反复，让他彻底与过去的不良习惯告别，对他这段时间表现出来的良好且积极的学习态度和行为，我多次予以正面的肯定。我对他说："看着你的进步，老师开心极了。只要你不断努力，老师相信你一定会成长为一个有能力、有出息、受尊重的人。但一个人的进步仅仅靠别人的激励是不行的，老师也不可能每天都给你戴上一顶高帽，更重要的是你本人能够振作起来，不断自我激励、自我鞭策，不断提高对自己的要求，从严要求自己，这样，才不会丢失前进的动力。"小杉认真地听着，表示一定会接受我的意见，并落实到自己的行动中。

他果然没有让我失望。在后面很长的一段时间里，虽然我们私下的交谈慢慢少了，但他并没有出现行为习惯上的反复，厌学的影子已完全离他而去了。

【专家点评】

学生厌学是一个社会、学校和家庭都担忧和关心的问题，也是学生心理问题中最普遍、最具危害性的问题。中国心理卫生协会儿童心理卫生专业委员会调查显示：60%左右的学生有厌学情绪，其中有学习存在困难的学生，也有成绩优良的学生。厌学会导致个体在心理、人格发展上出现各种不良表现，以致影响学生的健康成长，确实是教育工作者应认真面对的一道难题。

诚如苏霍姆林斯基所说："学习的愿望是一种精细而淘气的东西。形象地说，它是一枝娇嫩的花朵，有千万条细小的根须在潮湿的土壤里不知疲倦地工作，给它提供滋养。我们看不见这些根须，但是我们要悉心地保护它们，因为我们知道，没有它们，生命和美就会凋谢。"

转变一个厌学的学生，就是挽救一颗迷失了方向的灵魂，就是矫正一棵歪脖生长的小树，就是点燃一个孩子生命旅途中熊熊燃烧的火炬。作为班主任，我们怎么能够小视呢？

点子60　难得糊涂法——"糊涂"的爱

【方法解读】

"难得糊涂"是清代文学家郑板桥的名言，表达了一种处世哲学和人生感慨。这四个字用在班主任工作中，指的是班主任在对待学生的错误时，少一点清醒，多一点"糊涂"，睁一只眼闭一只眼，留下时间让学生自己去判断是非曲直，从而实现自我教育目的的一种工作方法。

【现身说法】

记忆的枝头挂满青涩的果实。

二十多年前那件窃书的往事至今仍历历在目，由一本书在班级里掀起的轩然大波仍不时袭击我脆弱的神经。要不是遇上您——龙老师，要不是您那一招"难得糊涂"，我真不敢想象现在的自己将会是一副什么模样。

那是一个物质与文化都相当匮乏的年代。我还记得一本精美的连环画就是我们当年的一道文化大餐。您为了满足我们对知识的渴求，通过同学们捐助的形式，收集了一堆破旧的书籍，又从您那少得可怜的每月30多元的工资中，挤出一点钱为我们买来了些世界儿童文学名著，这样就有了我们的班级图书馆。其中，大家最喜欢看的一本书是《安徒生童话》。图书馆的书只能在校借阅，不能带回家。

有一天放学时，图书管理员焦急地向您报告："老师，那本《安徒生童话》不见了。""不可能吧。"您皱皱眉头，"你再仔细找一遍。""我已经清查过很多遍了，单单不见它。"管理员肯定地说。消息像长了翅膀，瞬间在班上传遍了。"是那本《安徒生童话》。说不定做贼的人早有预谋。""真不要脸，这是老师用自己的血汗钱为我们买的，谁那样没有良心呀？！""不如大家把书包都打开，让老师来检查，这样就'清者自清，浊者自浊'了。"

有同学大声提议。"好，就这么办。"全班同学义愤填膺。

"坏了！"我的心一阵狂跳，平生第一次，我体会到"做贼心虚"的滋味——那本书就躺在我的书包里。书中的故事太精彩、太吸引人了。《卖火柴的小女孩》《丑小鸭》《皇帝的新装》……生动的故事情节在我的脑海中不停地跳跃，要是能把这本书据为己有，那该多好呀。可眼下的形势叫我如何是好？我这不是明摆着"偷鸡不成蚀把米"吗？要是让老师抓出来那该多丢人呀！老师，那一刻，您不会注意到那个躲在教室一角全身瑟瑟发抖的我，您也不会留意到那个坐在座位上汗流浃背、满面羞愧的我。或许您已了然于心，只不过您没有揭穿罢了。也就在那一刻，我神情恍惚，仿佛觉得全班同学的目光齐刷刷地射向我，鄙夷的眼神让我胆战心惊。我仿佛感觉到，您揪住我的耳朵把我提溜到我父亲的面前，父亲怒不可遏，扬起皮鞭抽得我皮开肉绽。我觉得自己仿佛行走在农家小院前，大人、小孩谁也不理我，都用怪怪的眼神盯着我，末了，鄙夷地吐口唾沫并骂一声："小贼！"从此，我将成为家族的耻辱、班级的恶魔、千夫可指的罪人，世界上一切美好的事物都将离我而去，展现在我面前的是一条生活的死胡同。

我恨不得找个地洞钻进去。

您肯定记不起接下来的情节了。

您扫视了全班一眼，阻止了将要发生的一切，平静地说："请同学们在各自的书包中、课桌里再好好找找，说不定刚才哪位同学粗心，没翻检清楚也未可知。"我也装模作样地和同学们一同翻检，结果自然是一无所获。面对这样的结果，您好像意识到了什么："这样吧，放学后，同学们回家都在家中找找，说不定哪位同学昨天由于无心之过，把书带回了家，找到后，交给老师就行了。"您说得很轻松。我如逢大赦，心中的一块石头落了地。

晚上回家躺在床上，我辗转反侧、难以入眠。这本书是还，还是不还呢？不还，也许无人知晓，但"贼"的阴影将伴随我一辈子，我将一辈子寝食难安；还了，谁知道龙老师会不会当着全班同学的面批评我，让我下不了台？

第二天我一大早就来到了学校，我咬咬牙，把心一横，豁出去了。与其永远受到内心的折磨，还不如背着"贼"的骂名心安理得。我捧着书，走进了您的办公室，低着头，一言不发，静静地等着一场狂风暴雨的来临。无论您批评得多么严厉，我都认了，只要不当着全班同学的面。不想，您和善地说："好样的，孩子。错而能改，善莫大焉。"

更让我意想不到的是，面对同学们探究的目光，您高声表扬了我："我们班的小希同学可真是个诚实勇敢的孩子。前天放学，由于一时失误，他把这本书带回了家。"您扬了扬手中的《安徒生童话》，"今天一大早他就把书带了回来。我们试想一下，要是他把这本书据为己有，又有谁知道？可他并没有这样做，这种诚实勇敢的精神难道不值得我们学习吗？"教室里响起了经久不息的掌声。我只觉得脸上热辣辣的，眼里盈满了泪花。老师，您不会想到，您这样一个不经意的举动，在一个犯错的孩子心中有多重的分量。当时，您完全可以一脚踏扁我，让我永世不得翻身，以泄您心头之愤。您却没有这样做，您反而赞美我，为我叫好，这一份感激之情学生无以言表，您的这一份恩德我没齿不忘。从此，我好似变了一个人，日夜苦读，决心以优异的成绩报答您的恩情，我果真没有让您失望。

如今，我已参加工作多年，每次回家探亲，我总不忘到您那里走走。我们还谈及当年我的那个错误，您可是完全不记得了，只是笑问道："真有那么一回事吗？真的让你那么狼狈吗？该是老师向你道歉呢。"

如今我终于明白，其实您一点也不"糊涂"！您心里清楚得很。您知道，对一个可怜的孩子踏上一只脚就是把他踢入了地狱之门，让他永世不得翻身。也许，当时您完全可以那样做，但您却用自己那宽阔的胸怀原谅了我的过失。您用您的仁慈、您的"糊涂"挽救了一个孩子，让他学会了剖析自己的灵魂，做一个正直的人！

【专家点评】

班主任工作中的"难得糊涂"不仅是一种个人修养、道德情操，还是一种人生境界、处世哲学，更是一种高深的教育智慧。"糊涂"其实是班主任的一番良苦用心。本来心如明镜，却故意将自己置于"糊涂"的位置，以维护犯错学生的自尊，呵护学生脆弱的心灵，激发学生的自我反省，实现不言之教。

学生犯错误很正常，班主任的眼里要"容得下沙子"，要"揣着明白装糊涂"。小毛病，小过失，就是圣人都难免会有，更何况是学生。

有些学生自尊心很强，特别爱面子。如果他因犯错而受到班主任的严厉批评，那么他的自尊心会受到极大的伤害，进而会产生对教师的对立情绪，厌倦学习，甚至休学、逃学。班主任如果对此类学生的小小过失进行"冷处理"，留下充分回旋的余地，促其灵魂自省，往往能达到较好的教育效果。

班主任的"难得糊涂"也有利于建立良好的师生关系。班主任的"糊涂"其实就是对学生错误的宽容，就是班主任爱心的充分体现。学生感受到班主任对其错误的原谅，也会从心底萌生对班主任的感激和爱戴之情。

总之，班主任在原则问题上不能糊涂，但在细枝末节的问题上可以装糊涂。用好"糊涂"两个字，班级管理不"糊涂"！

参 考 文 献

[1] 陈虹．中小学心理健康与心理咨询［M］．北京：中国人事出版社，2005．

[2] 陈绥，张建国．中小学班级管理学［M］．长沙：湖南大学出版社，1988．

[3] 黄超文．中学班主任培训教程［M］．长沙：湖南科学技术出版社，2008．

[4] 黄正平．专业化视野中的中学班主任［M］．长春：东北师范大学出版社，2005．

[5] 吉瑞香．半透明的情感世界［M］．北京：北京少年儿童出版社，1994．

[6] 卡耐基．人性的优点［M］．巫和雄，郑思洁，译．北京：中国法制出版社，2014．

[7] 李亚敏，刘娟．缔造完美教室——小学班本课程的开发与实践［M］．北京：中国轻工业出版社，2014．

[8] 李镇西．我这样做班主任——李镇西30年班级管理精华［M］．桂林：漓江出版社，2015．

[9] 梁星乔．没有教不好的学生——一代名师霍懋征爱的教育艺术［M］．北京：中国大百科全书出版社，2003．

[10] 刘旭．经营班级——中学班主任工作艺术［M］．成都：四川教育出版社，2007．

[11] 任顺元．奇妙的教育心理效应［M］．北京：教育科学出版社，1990．

[12] 苏霍姆林斯基．给教师的建议［M］．杜殿坤，编译．北京：教育科学

出版社，1984．

[13] 涂光辉．班主任工作技能[M]．长沙：湖南师范大学出版社，2000．

[14] 王君．班主任，青春万岁——王君带班之道[M]．北京：中国轻工业出版社，2013．

[15] 威特．卡尔·威特的教育[M]．刘恒新，译．北京：京华出版社，2001．

[16] 魏书生．班主任工作漫谈——献给青年班主任[M]．桂林：漓江出版社，1993．

[17] 许燕，王芳．教师健康人格促进[M]．北京：中国轻工业出版社，2008．

[18] 杨宝宏，李凤芹．学生心理健康教育全书[M]．北京：长城出版社，2000．

[19] 张仁贤．零距离接触——优秀班主任工作案例解读[M]．北京：中国轻工业出版社，2007．

[20] 张万祥．班主任工作创新艺术100招[M]．南京：江苏教育出版社，2002．

[21] 郑学志．班主任工作招招鲜[M]．长沙：湖南师范大学出版社，2005．

[22] 郑学志．中学主题班会设计与组织[M]．长沙：湖南师范大学出版社，2005．

[23] 郑学志．做一个会"偷懒"的班主任[M]．2版．北京：中国轻工业出版社，2019．

[24] 钟杰．一个学期打造优秀班集体[M]．福州：福建教育出版社，2015．

书评集锦

"鬼点子"是教育大智慧

书名中的"鬼点子",其实并不是小聪明,而是作者通过对教育现象的剖析,对教育方法的探寻,对教育规律的把握,升华而成的班主任工作的大智慧。这本书足足给了我们60副大剂量的"良药",很多点子我们尽可以放心地拿来就用,或者复制、粘贴后结合自己的班级生态灵活使用。作为一线班主任,我们着实需要这种实用的技法。

回味着一个个动人心魄的教育故事,一个个充满智慧的"鬼点子",我明白了,教育没有捷径可走,唯有踏踏实实地研究,真心实意地热爱,才是提升教育智慧最好且最有效的办法。

——戴荔(山东省曲阜市济宁学院第二附属小学语文高级教师,全国优秀辅导员)

刘坚新老师为人正直、善良、睿智,思维开放,博览群书,育人理念先进,文笔清新活泼,工作脚踏实地,班级管理富有爱心与创意,他把教书育人作为自己终身追求的事业。《班主任工作的60个"鬼点子"》是他多年班主任工作经验的总结,书中提出的"鬼点子"切合当前班主任工作的实际需要,"人格影响""模式创新""探索在线""实践求真""爱心启迪""应急技巧",来源于班级管理实践探索,富有前瞻性、创造性和指导性,帮助班主任很好地解决了班级管理的一系列难题,确实是一本集班级管理智慧之大成的好书,定会带给读者大大的惊喜与收获。

——陈丽舫(湖南省邵阳市北塔区高撑小学教师)

"鬼点子"从实践探索中来

刘坚新老师是真正的一线班主任工作名师,有丰富的班级管理实践经验。在我们这样的农村中学,教学条件简陋,教育研究有很多困难,刘老师却矢志不渝地追求着他心目中的山乡教育梦,并取得了很多成绩,成就了许多精彩的教育瞬间,确实令人佩服。他曾经在全县组建班主任工作研究团队,"班级管理创新研究"课题获得了"邵阳市基础教育成果一等奖"。刘老师曾带出大批优等生,他创造了班里79名学生全部升入省级重点高中的传奇,全县初中毕业生选尖考试第一名也出在他的班级,这对一所农村中学的班主任来说太不容易了。我与他共事近20年,深受其影响。针对班级文化建设、班级活动的开展,他的"点子"层出不穷,很有新意,实在值得我们借鉴和学习,相信这本书对从事教育工作的朋友会有重要的帮助。

——**周伟华**(湖南省邵阳县六里桥中学教导主任,
邵阳市教学改革比武特等奖获得者)

《班主任工作的60个"鬼点子"》一书一定会畅销。凭什么?凭的是刘老师原生态的教育实践和探索,凭的是刘老师一丝不苟的教育研究精神。刘老师的教育实践探索不做作、不虚假,来源于生活,又高于生活。我是个极其普通的农民,因为民间山歌和本土传说故事与刘老师结缘。刘老师为了收集到第一手素材,在近一年的时间里,和我进行山歌唱答,和我探讨本土传说,很好地挖掘、整理了我们地方的传统文化,为保护我们地方文化的独特性做出了贡献。更难得的是刘老师又将这些优秀的地方文化运用到教育中,熏陶学生的灵魂,产生独特的价值,确实让人钦佩!愿教育战线多一些刘老师这样接地气的教育专家!

——**黎麒麟**(湖南省邵阳县民间山歌手,乡土诗人)

"鬼点子"是爱的诠释

高尔基说过:"谁爱孩子,孩子就爱谁。只有爱孩子的人,才可以教育孩子。"刘老师就拥有一颗爱心,并将这爱的种子播种在学生的心田,让他们向阳生长。因为他知道爱是春风,能开启学生的心扉;爱是春雨,会滋润学生的心田;爱是春晖,能温暖学生的心怀;爱是桥梁,能让学生到达成功的彼岸。爱是一种智慧,教给我们巧妙、幽默而成功地化解"尴尬";爱是一门艺术,我们要用机敏的大脑、智慧的双眼捕捉每个孩子身上的闪光点。这些"鬼点子"开阔了我的教育视野,净化了我的教育灵魂,引领了我的教育成长!它们成了我教育生涯中令我回味无穷的"灵丹妙药"。

——周勇(湖北省鄂州市第一中学教师,鄂州市教改先进个人)

读罢60个"鬼点子",我最大的感受就是一个字——"爱"。作者对学生的爱、对教育的爱、对事业的爱极大地震撼了我的心灵。诚如作者所说,爱学生是一名教师生活中最重要的美德,是教育技巧的全部奥秘!刘老师这样心中有爱的教师自然也是成就精彩教育的教师!本人在部队里成长,后来脱下军装当了警察,虽说工作也尽职尽责,但扪心自问,说到底,我还是只把工作当作谋生的手段,而刘老师把自己的教育工作当作事业在追求。我认为刘老师是最棒的教师,是教师队伍的骄傲,向您致敬!

这本著作有实践、有理论、有鸡汤,不仅对班主任有启发,对我这样的单位工作人员也能起到净化灵魂的作用。这本著作出版后,我一定在第一时间购买学习。

——蒋旭耀(湖南省怀化市一级警督,诗人)

"鬼点子"非常实用

我特别喜欢刘坚新和郑学志两位智慧班主任编著的《班主任工作的60个"鬼点子"》。此书从人格影响到目标设定,从能力培养到心灵修炼等各方面都给出了非常实用的操作技巧和锦囊妙计。书中理论与实践紧密结合，娓娓道来，深入浅出；案例源于生活，读着就像身边事；方法巧妙科学，易学易做，拿来可用，效果极好。书中的每一个点子都堪称班主任工作的"金点子"！"点子"解读明晰精准，案例呈现生动活泼，专家点评精辟到位。我读之不忍释卷，受益良多。该书确实是班主任必读的一本好书。

——李毅新（河北省阜平县城厢中学高级教师）

班主任工作千头万绪，纷繁复杂，班级管理的问题和困扰层出不穷，我们经常会听到、看到班主任和学生斗智斗勇。因此，做一名智慧的班主任是很多教师追求的目标，也是众多班主任苦苦追寻的答案。作为班主任，如何既心态平和，又"足智多谋"？如何让班级和谐健康发展？《班主任工作的60个"鬼点子"》一书为班主任量身打造了班级管理的60个"鬼点子"，相信总有一款适合您。60个"鬼点子"，涉及顶层设计、系统思考、创意策略、创新做法，理论联系实际，教育案例源于生活，具有很强的指导性和可操作性。

——刘松涛（河南省柘城县第二高级中学高级教师）

"鬼点子"文字优美

60个"鬼点子"，60个智慧教育案例，60篇优美的教育散文精品。一个"老班"，一群孩子，"柴米油盐酱醋茶"的日子，"酸甜苦辣咸香涩"的故事，书写着青春，演绎着精彩，传递着真情。做专业的班主任，要有"鬼点子"：有"行到水穷处，坐看云起时"的淡然；有"将军额头跑开马，宰相肚里撑开船"的宽容；有"出其不意，攻其不备"的机智；有"绵绵细雨，润物无声"的真爱……60个锦囊妙计，六个部分既独立成篇又紧密相连的架构，专业视角的点拨，专业理论的支撑，定会让你茅塞顿开，助力你的成长。

——陈克敏（天津市静海区第五中学语文高级教师）

刘坚新老师这本用散文笔法撰写的著作写得太好、太美了！文笔清新活泼，教育案例生动感人，与其说这是一本班主任工作著作，不如说这是一个班主任的精美教育散文。这里没有枯燥乏味的说教，有的是具体可感的教育场景与应对策略，有的是作者平常教育生活中的积累、感悟和深思，我们会在赏心悦目的阅读中深深感叹作者教育智慧、教育策略的巧妙。发人深省的"鬼点子"、深刻精辟的专家点评，很好地解读了一系列教育难题，为广大一线班主任找到了班主任工作的方法、门径，是教育工作者宝贵的精神食粮，相信对广大一线班主任有很高的指导价值！

——**陈石岩**（广东省深圳市书画鉴赏家，诗人）

"鬼点子"让教育更精彩

读罢《班主任工作的60个"鬼点子"》，犹如被一缕阳光拨开眼前迷雾，又如跋涉于荒漠者适逢一泓甘醴，心中充满激动和惊喜。它解开了我在班级管理工作中遇到的许多疑难问题，指引了我的教育成长，让我的班级管理工作有了更多的灵气和底气，有了更多的策略和智慧！这些年，一旦遇到班级管理难题，我总会虚心向刘老师请教，刘老师总会不厌其烦，给予我耐心的指导。我的班级管理工作也慢慢从稚嫩走向成熟，从粗糙走向精细，从失败走向成功。刘老师不仅是我的益友，更是我成长路上的良师。

——**吕海群**（湖南省邵阳县六里桥中学优秀班主任）

读完60个"鬼点子"，我不禁陷入了沉思。作者的教育"鬼点子"如此丰富多彩，如此百变不穷，如此极具指导性、创造性，确实是真正从教育一线走出来的教育大家的智慧！这样精彩的"鬼点子"才是像我这样的一线班主任真正需要的教育锦囊！这些年，我作为班主任也算尽心尽力，大事小事，事必躬亲，忙得焦头烂额，但费力不讨好，管理效果很平常、很一般。这本"鬼点子"更新了我的教育智慧。原来，班级管理还有这么多崭新的模式可以运用！货币管理、网格管理、契约管理、虚拟管理、小组管理……班级管理还有这么多崭新的天地可以经营！创意评语、墙壁说话、男女生课程、班级议事……班级实践还有这么多鲜活的样式！积极心理、问题意识、创意生日、文化建构、纪念光盘……我决定，要把这些"鬼点子"运用到自己的班级管理中来，打造更优秀的班级，做更精彩的教育！

——**何佳正**（湖南省邵阳县第十一中学班主任）

万千教育 基础教育类书目

书号	书名	著、译者	定价(元)
班主任工作理念与方法系列			
2877	班主任工作的60个"鬼点子"	刘坚新 郑学志 编著	52.00
2879	班主任与家长沟通的艺术 ——创建优质家校关系的60个策略	郑学志 著	52.00
2204	做一个会"偷懒"的班主任（第二版）	郑学志 著	48.00
1708	怎样教授道德才有效 ——德育心理学家给教师的建议	杨韶刚 等译	48.00
1709	学生特殊问题发现与应对 ——给普通教师的建议	昝飞 等著	48.00
7316	把班级还给学生 ——班集体建设与管理的创新艺术	郑立平 著	26.00
7344	遭遇问题学生 ——问题学生的教育与转化技巧	万玮 编著	25.00
7317	魅力班会是怎样炼成的	杨兵 著	25.00
8631	家校沟通，没有痛过你不会懂 ——知名班主任梅洪建的心路历程	梅洪建 著	32.00
0539	如何上好班级心理辅导活动课 ——钟志农答疑50问	钟志农 著	42.00
9902	德育主任新方略	丁如许 著	32.00
8611	班主任工作中的心理效应	刘儒德 主编	35.00
1135	班主任有效沟通的艺术与技巧	李进成 著	36.00

0541	班主任如何破解德育低效难题	赵 坡 著	35.00
9135	班主任，青春万岁——王君带班之道	王 君 著	34.00
8770	班主任如何带好差班	赵 坡 著	30.00
8309	扶年轻班主任上马	王 莉 著	38.00
7926	教师必须掌握的教育惩戒艺术	郑立平 等 著	28.00
7928	做一个聪明的班主任 ——对常见七类学生的教育艺术	郑立平 等 著	28.00
班主任工作理念与方法系列合计			**694.00**

中学/中职班主任专业技能系列			
0938	好班是怎样炼成的 ——中学班主任班级建设之道	谢 云 主编	38.00
9882	初中主题班会设计技巧与优秀案例	郑学志 主编	34.00
9056	高中主题班会设计技巧与优秀案例	郑学志 主编	32.00
9557	打造高中卓越班级的42个策略	覃丽兰 著	38.00
9990	打造中职卓越班级的41个策略	李 迪 著	32.00
9905	中职主题班会设计技巧与优秀案例	李 迪 著	35.00
9604	中学德育问题与对策	李 季 贾高见 著	35.00
8463	中学班主任的70个临场应变技巧	刘令军 等 著	34.00
中学/中职班主任专业技能系列合计			**278.00**

……
欲了解更多图书信息，请登录：www.wqedu.com
联系地址：北京市西城区三里河路6号院2号楼213室　万千教育
咨询电话：010-65181109，65262933

*本目录定价如有错误或变动，以实际出书为准。